THE CENSUS RECORDS OF ELBERT COUNTY 1820-1860
and
THE 1850 CENSUS OF WILKES COUNTY

Compiled by:
Irene Stilwell Wilcox

Southern Historical Press, Inc.
Greenville, South Carolina

Copyright 1979
By: The Rev. Silas Emmett Lucas, Jr.

All rights reserved. No part of this publication may be reproduced, stored in a retrieval system, transmitted in any form, posted on to the web in any form or by any means without the prior written permission of the publisher.

Please direct all correspondence and orders to:

www.southernhistoricalpress.com
or
SOUTHERN HISTORICAL PRESS, Inc.
PO BOX 1267
Greenville, SC   29601
southernhistoricalpress@gmail.com

ISBN #0-89308-155-8

Printed in the United States of America

PREFACE

Elbert County, Georgia, was created by Legislative Act, Dec. 10, 1790, from Wilkes County and named for Major-General Samuel Elbert. Georgia honored her brave Elbert with the rank of Major-General in the State Militia, while at the same time he was advanced to the rank of Brigadier General in the Continental Army, and upon returning home he was soon made Governor of the State, in which capacity he signed the bill chartering the University of Georgia.

There are few counties in Georgia richer than Elbert in historic names and historic places. First upon the list belongs the world-renowned heroine of the Revolution—**Nancy Hart**. She lived on War Woman's Creek, a little stream some few miles above the ford on Broad river, and here she captured the Tories at the point of her musket. Five acres of land in this immediate vicinity have been purchased jointly by the Stephen Heard Chapter, D. A. R. of Elberton, Ga., and by the Nancy Hart Chapter D. A. R. of Milledgeville, Ga., and the site of the home is marked.

Captain James Jack, an officer of distinction in the Continental army came to Elbert County from Mecklenburg County, North Carolina.

Near Heardmont, in the eastern part of the county, stood the old home of **Stephen Heard**, one of the most noted of Georgia's early patriots and pioneers, and a Governor of the State. Ten acres of land near Heardmont, including the graveyard where Governor Stephen Heard lies buried, have been acquired by the Stephen Heard Chapter for memorial purposes.

Fort James was situated on a point of land between the Broad and the Savannah rivers, and was built to defend the old Colonial settlement at Dartmouth. On the ruins of Dartmouth was built the town of **Petersburg** which was at one time one of the foremost commercial centers of Georgia; a tobacco market in the early days, but now abandoned and one of the lost towns of Georgia.

In the two volumes of Georgia Landmarks, Memorials and Legends, by Lucian L. Knight, former State Historian of Georgia, can be found a most interesting account of Elbert County.

Most of the early settlers of Elbert County were North Carolinians, but along the Broad river in the lower part of the county, there were a number of settlers from Virginia, who came to Georgia with Governor George Matthews in 1784.

Wilkes county was named for John Wilkes, a member of Parliament who opposed the policy of Great Britain towards the American Colonies which brought about the Revolutionary War. It was created 1777 from the northern part of Saint Paul's Parish, and lands acquired by the Royal Governor, Sir James Wright, from the Creek and Cherokee Indians in payment of their debts to the Indian traders, and called the "Ceded Lands." The treaty was signed at Augusta, June 1, 1773, by Governor Wright and John Stewart, His Majesty's sole agent for Indian affairs in the Southern District of America.

The first Land Court for granting the "Ceded Lands" was held at Augusta Sept. 27, 1773. Other Courts were held at Dartmouth, Wrightsborough, Broad River and Augusta until June 1775.

Originally Wilkes embraced all of Elbert county, cut off 1790, all of Oglethorpe, cut off 1793, part of Warren, 1793, all of Lincoln, 1796, part of Greene 1802, part of Talliaferro 1825 and 1828.

The first authentic settlement of what was included in Wilkes county originally, later in Elbert, was Dartmouth, known to have been in existence as early as 1773. From available historic sources, it appears to have been a trading post, protected by Fort James, the town and river Dart named for the Earl of Dart who procured from the King special privileges for the "Indian Trading Company of Georgia." The name of the river was changed to Broad prior to Nov. 1773, and still bears that name.

TABLE OF CONTENTS

1820 Census of Elbert County, Georgia	1 - 5
Index to the 1820 Census	6 - 10
1830 Census of Elbert County, Georgia	13 - 17
Index to the 1830 Census	18 - 22
Some Pensioners of the Revolutionary War on 1840 Census	25
1840 Census of Elbert County, Georgia	27 - 31
Index to the 1840 Census	31 - 35
1850 Census of Elbert County, Georgia	39 - 73
Index to the 1850 Census	74 - 78
1860 Census of Elbert County, Georgia	81 -105
Index to the 1860 Census	106 -109
1850 Census of Wilkes County, Georgia	113 -132
Index to the 1850 Census	133 -135
Surname Index of Persons of Other Names*	136 -138

(Note: * The indexes are of "Heads of Households" only. The index listed above is of persons living in those households with names other than the ones listed in the regular index.)

1820 Census of Elbert County, Georgia

Heads of Households

Microfilm No. 33

Roll No. 8

Read and Indexed by

Irene Stilwell Wilcox
1973

Names are frequently spelled in unusual ways and some are not legible on the microfilm.

Current spelling of names is used in the index in order to aid in research.

When seeking further information from the National Archives, always give complete information: Microfilm Number, Roll Number, Name of County and State, and District Number where districts are shown. Not all census records show districts.

1820 Census of Elbert County, Georgia

Signed by John Dobbs
Witnessed by Ransom Worrell and Davis Dobbs

Christian District:

1. Christian, Presley
2. Rose, Amos
3. Downer, Joseph, Sr.
4. Clark, Joshua
5. Jarrett, Archelus
6. Nunnally, William
7. Almond, Usery
8. Gunter, James
9. Rose, Grantum
10. Anderson, John
11. Downer, Joseph, Jr.
12. Barnett, Nathaniel
13. Banks, Willis
14. Therlkild, John
15. Lesseur, Samuel, Jr.
16. Butler, Peter P.
17. Snellings, John
18. Bragg, William S.
19. Wyche, George
20. Wilkins, John
21. Howell, Samuel D.
22. Butler, John
23. Butler, Patrick
24. Algood, Spencer
25. Mathews, Phillip
26. Wright, Davis
27. Dollar, James
28. Banks, James A.
29. Osborne/Ausborn, John
30. Osborne/Ausborn, Pleasant
31. Cauldin, Alexander
32. Glenn, Joseph
33. Smith, Charles
34. Glenn, James
35. Coolsby, Reuben
36. Brown, James H.
37. Presley, Charles
38. Brawner, Joseph
39. Brawner, Henry
40. Spencer, William
41. Dillard, James
42. Barnes, Priscilla
43. Kinnebrew, Henry
44. Smith, William
45. Smith, Henry
46. Mize, Saul
47. Dye, Burrell
48. Bell, Joseph
49. Satterwhite, James
50. West, Andrew
51. White, Shelton
52. Spencer, Octavius
53. Gray, Hezekiah
54. White, John
55. Brawner, John
56. Phipps, Lewis
57. Christian, Isaac
58. Brawner, Henry P.
59. Brawner, James N.
60. Almond, Isaac
61. Hix, William
62. Wood, James
63. Oliver, James
64. Boothe, David P.
65. Boothe, Robert
66. Webb, John
67. Webb, Burrel
68. Christian, Robert B.
69. Christian, Reuben
70. Shackleford, Edmond
71. Webb, Augustin
72. Oglesby, William
73. Colverd, John S.
74. Oglesby, George
75. Faulkner, William
76. Morris, Sherwood

Rufus Christian District:

77. Christian, Rufus
78. Oglesby, Leroy
79. Christian, William B
80. Deadwyler, Martin
81. Ridgeway, Burrel
82. Oglesby, Drury
83. Means, Alexander
84. Parham, Isham
85. White, John
86. Nix, Jeremiah
87. Vaughan, Alexander
88. Webb, Wiley
89. King, James
90. Upshaw, Richard
91. Parham, Dixon
92. Carter, William R.
93. Sanders, Tyre
94. Carpenter, Absalom
95. Ashworth, John
96. Pritchett, John
97. Brown, Nelson
98. Herndon, James
99. Sanders, Thomas
100. Stowers, Lewis, Jr.
101. Braiding, Anselm
102. Highsmith, James
103. Rucker, William
104. Andrews, Benjamin
105. Wallis, Rhody
106. Banks, John, Sr.
107. Cason, John
108. Dicky, John
109. McGuire, William D.
110. Jones, James
111. Cook, Charles
112. Baker, Elijah
113. Adams, Thomas F.
114. Moss, John
115. Rucker, James
116. Tyner, Richard
117. Byrd, John
118. Crump, Robert
119. Jones, Thomas
120. Vick, Elisha
121. Stowers, Thomas
122. McMullan, Neal
123. Scales, John
124. Watson, John
125. Smith, Robert
126. Totman, Benjamin
127. Phelps, Thomas
128. Posey, Thomas
129. Webb, Margaret
130. Webb, William
131. Carlin/Cearlin, Elizabeth
132. Lesseur, Samuel, Sr.
133. David, Jacob W.
134. Terry, Thomas
135. Wilhite, Philemon R.
136. Edwards, John
137. Morgan, William C.
138. Oglesby, Thomas
139. Anderson, James
140. Wilhite, John R.
141. Deadwyler, Joseph
142. Almond, Thomas
143. Almond, John
144. Ridgeway, James
145. Chapel, Thomas B.
146. Alexander, Mordica
147. Moon, Stephen
148. Booch, John
149. Boothe, Elizabeth
150. Moor, Thomas
151. White, Anderson
152. Beard, Robert
153. Phelps, James
154. Webb, James
155. Boothe, Nancy
156. Boothe, Prudence
157. Jones, Micajah
158. Adams, Samuel
159. McMillan, Thomas
160. Wilkinson, D. D.
161. Hilley, William
162. Shelton, John
163. McMullan, Patrick
164. Farmer, John
165. Helms, Nathaniel
166. Watson, Thomas
167. Johnston, Archibald
168. Johnston, Angus
169. James, Thomas
170. Powell, Francis, Sr.
171. Shiflett, Powell
172. Burns, William
173. Shelton, Elijah
174. McGee, Anselm

Dooley District:

175. Dooley, William
176. Ward, Richard
177. Tyner, Tolison
178. Carpenter, Joshua
179. Martin, John
180. Page, William
181. Teasley, Joshua
182. Maddox, Benjamin
183. Teasley, James
184. Hunt, Moses
185. McGuire, William
186. Tyner, Harris
187. Ross, Daniel
188. Harper, Henry A.
189. Wilson, James, Jr.
190. McMullan, Jeremiah
191. McCurley, William
192. Wheeler, Charles
193. Wilson, James, Sr.
194. Wilson, Thomas
195. Childers, Wiley
196. Stowers, Benjamin
197. Maddox, Loston(?)
198. McMullan, Lewis
199. Stowers, Lewis, Sr.
200. Highsmith, John
201. Underwood, Joshua
202. Bobo, Benjamin
203. McMullan, William
204. Richardson, Amos
205. Maddox, Chandler
206. Powell, Killis

Dobbs District:

207. Dobbs, John
208. Myers, George B.
209. Wheeler, Lucy
210. Farmer, Benjamin
211. Fain, John
212. Kelly, Joseph
213. Dickson, David
214. Vickery, Joseph
215. Dooley, William
216. Head, Benjamin
217. Reynolds, James
218. Hickman, Martha
219. Goss, Horatio L.
220. Hale/Hail, Benjamin
221. Scales, Joel

#	Name	#	Name	#	Name
222	Davis, John	304	Denny, David	381	McGarity, Gardner
223	Williamson, Walker	305	Henry, John	382	Lyon, Martha
224	Dobbs, David	306	Moore, Zachariah C.	383	Fleming, Moses
225	Dobbs, Louisianna	307	Henry, William	384	Adams, Richard C.
226	Johnston, Malcolm	308	Coker, Malacia?	385	Gaines, Ann T.
227	Johnston, Johnston	309	Pace, Barnabas	386	Carter, Thomas S.
228	Palmeter, Paul	310	Henry, Alexander	387	Horton, John
229	Kelly, William	311	Nelms, William	388	Teasley, Levi
230	Kelly, David	312	Staples, Thomas	389	Harcrow, Samuel
231	Haynes, William	313	Skinner, Clara	390	Pulliam, Mathew
232	McMullan, Elizabeth	314	Coker, Alsey	391	Johnston, Alexander
233	Bobo, Burrel	315	Tucker, John	392	Pulliam, Robert
234	Dean, Charles	316	Dudley, John T.	393	Bond, Elizabeth
235	Parks, Abraham	317	Dudley, Ignatius	394	Rowsey, Stephen
236	Phelps/Felps, Samuel E.	318	Davis, Briton	395	Harper, Josiah
		319	Handley, Jarrett	396	McCurry, John
237	Phelps/Felps, Sinkler	320	Martin, John	397	Banks, Ralph
238	McDonald, John	321	Depriest, Elizabeth	398	Wheeler, George
239	Haynes, Moses, Jr.	322	Moore, Sarah	399	Adams, Thomas
240	Chandler, Mary	323	Elder, Edward	400	Adams, James B.
241	Reynolds, Charles	324	Nix, George	401	Franklin, Francis
242	Haynes, Moses, Sr.			402	Underwood, Jarrett
243	Ferguson, Norman		**Hannah District:**	403	Smith, Jesse
244	Vickery, James			404	Maxwell, Thomas
245	Tyler, Henry	325	Hannah, James	405	Harcrow, Hugh, Sr.
246	Tyler, Reuben L.	326	Northern, John	406	Landers, Humphrey D.
247	Holmes, Shad___	327	Buff, Stephen	407	Hunt, James
248	Ray, Peter	328	Faulk, Henry		
249	Prather, Nathaniel	329	Roberts, Wilson		**White District:**
250	Vawter, Joanna	330	Story, Lucy		
251	Hill, Priscilla	331	Burden, Archibald	408	White, Eppy
252	Ramsey, Benjamin	332	Rowsey, Edmond	409	Haynes, Thomas
253	McCurry, Angus, Jr.	333	Davis, Pleasant	410	Ginn, Jesse
254	Scales, Thomas	334	Tibbits, Thomas	411	Rice, Leonard
255	Keeling, Leonard	335	Bond, Nathan	412	Hendrick, Jesse
256	McGarity, Abner	336	Thornton, Benjamin	413	Page, William
257	Vickery, Joseph, Sr.	337	Thornton, Reuben	414	Harbin, Sarah
258	Robertson, William	338	White, Stephen	415	Vines, Sarah
259	Boatright, Daniel	339	Hilley, Francis	416	Carr, John
260	White, William	340	Thornton, Lucy K.	417	Baskin, Robert
261	Brown, James L.	341	Nelms, Jordan	418	Ballinger, William
262	Rush, Lewis B.	342	Rowsey, James	419	Lawrence, James
263	Cutliff, Benjamin	343	Higginbotham, Jacob	420	Heard, James P.
264	Gordon, John	344	Cristler?, Julius	421	Merrett, T?
265	Powell, Francis, Jr.	345	Lunsford, James	422	Bryan, John
266	Forbes, Henry	346	Burden, James	423	Dooley, Bennett
267	McDonald, Alexander	347	Newburn, Archibald	424	Brown, Wyatt
268	Horn, Absalom	348	Maxwell, William	425	Hole_?_, Fleming
269	Holly, Eritha	349	Dickason, Robert	426	Carr, David
270	Fowler, Rachel	350	Teasley, William	427	White, John M.
271	McCurry, Angus, Sr.	351	Collatt, John	428	Brown, William
272	Talmons?, Lewis	352	McCurry, Laughlin	429	Ballinger, John, Jr.
273	Waters, Lucy	353	Ashworth, Elisha	430	Rice, Jesse
274	Prather, James	354	Thornton, Elizabeth	431	Chisolm?, John
275	Simpson, Mary	355	Maxwell, John	432	Turner, George
276	Carden, Charles	356	Maxwell, Elijah	433	Brown, Abraham
277	Bentley, Sam	357	Maxwell, Joel	434	Horton, Jeremiah
278	Coker, Jacob	358	Bond, Nelson	435	Watson, John
279	Rice, William	359	Dickason, John	436	Brown, John
280	Coker, Isaac	360	Thornton, Benjamin, Jr.	437	Legrand, Jesse
281	Fitts, John	361	Burden, Henry	438	Clark, Williamson
282	Skinner, Morris			439	Ballard, Jesse
283	Raines, Dabney		**Higginbotham District:**	440	Dean, Frederick
284	Boothe, Gabriel			441	Jordan, James
285	Trammell, William	362	Higginbotham, William	442	Brown, Andrew
286	Smallwood, Mark	363	Gortman, Daniel	443	Hendrick, Leon
287	Hendrick, Whitehead	364	Spears, Mercer	444	Winn, Benjamin
288	Penn, John	365	Harcrow, Hugh, Jr.	445	Patterson, Jesse
289	Hathcock, Hosea	366	Tait, William H.	446	Ballinger, David
290	Christian, Charles W.	367	Dodd, James	447	White, John
291	Weatherinton, Richard	368	Ginn, Silvana	448	Scales, Aaron
292	Page, Level?	369	Lipford, H. T. M. M.	449	Duncan, Moses
293	Penn, John, Jr.	370	Kennedy, William	450	Grady, Needham
294	Denny, Edward	371	Edens, Job	451	Cape, Brinkley
295	Denny, Robert	372	Kennedy, Robert	452	Patterson, Nimrod
296	Nelms, Jonathan	373	Harbin, William	453	McGarity, Kindred
297	Dudley, James	374	Teasley, Thomas	454	Bryan, Moses
298	Skinner, George W.	375	Dodd, Sarah	455	Blackwell, Hardy
299	Christian, Turner	376	Hansard, William	456	Ginn, Ruffin
300	McCormick, John	377	Mills, Moses	457	Statham, Jesse
301	Roberts, Joseph	378	Mills, James	458	White, Luke
302	Legrand, John H.	379	Davis, Thomas	459	Burden, William
303	Denny, Thomas	380	Sandrage, Clayborn	460	Eaves, Rhoda

461	Bray, John			621	Tait, Sarah
462	Ballinger, John, Sr.	**Ward District:**		622	Patrick, Daniel K.
463	Harbin, John			623	Hall, Henry
464	Cape, Lelia	543	Ward, Abner	624	Barron, David
465	Brown, Hiram	544	Jordan, James	625	Burton, Binns
466	Dunca, Pearson	545	Patterson, Samuel	626	Jones, Solomon
467	Carlton, Stephen	546	Harper, Richard	627	Davis, William
468	Roberts, John	547	Caines, Livingston P.	628	Gray, John
469	Head, John S.	548	Haley, John	629	Lane, Thomas
470	Spear, Ann	549	Couch, John	630	McGehee, Samuel
471	Wallis, Thomas	550	Hudson, Alexander	631	Hulme?, Duke W.
472	Moss, William	551	Harper, Charles	632	Watkins, Samuel
473	Henry, Charles	552	Cunningham, John	633	Hubbard, John
474	Kelly, William	553	Haley, Reuben	634	Terrell, Timothy
475	Gentry, Wyatt	554	Alexander, William	635	Collada, William
476	Clark, Edward, Sr.	555	Warren, Harrison	636	Jones, Arthur
477	Powell, William R.	556	Alexander, Allen	637	Tatum, Jesse
478	Underwood, Joseph	557	Jenkins, Samuel	638	Childs/Chiles, John
479	Turner, Sarah	558	Shiflett, Picket	639	Hines, Mary
480	Decker, Allen	559	Caines, Richard S.	640	Adams, Martin
481	Gulley, John	560	Wright, Isaiah	641	Herndon, Michael
482	Buffington, Joseph	561	Seal, Richard J.	642	Blackwell, Joseph
483	Cash, Reuben	562	Caines, Francis	643	Anderson, George
484	Haley/Hailey, William	563	Terry, Joseph	644	Dailey, John
485	Dutton, Thomas	564	Rhodelander, Peter	645	Davis, Nancy
486	Head, Tavner	565	Craft, Anderson	646	Lovingood, Harman
487	White, Martin	566	Hulme, John	647	Davis, Terry
488	Cash, John	567	Haley, James	648	Hudgens, James, Jr.
489	Allen, William	568	Crawford, William	649	Richardson, William H.
490	Ferrell, Micajah	569	Gaines, Robert T.	650	Shinalt/Chenault, Nelson
491	Pruitt, William	570	Davis, Richard		
492	Cash, Jesse	571	Allen, John W.	651	Dixon, Robert
493	Wanslow, Thomas	572	Bates, John	652	Burton, Blackman
494	Allen, Samuel	573	Gee, Samuel	653	Coursey, Daniel
495	Craft, John	574	Mayberry, Thomas W.	654	Hudson, William, Sr.
496	Davis, John	575	Craft, William	655	Tait, Zimri
497	Taylor, William	576	Cash, Moses	656	Colbert, William
498	----	577	Davis, Nancy, Sr.	657	Hearston, H. B.
499	Smithy, Isaac	578	Wood, William	658	Tait, David
500	Yow, Catherine	579	Brewer, Horatio	659	Tait, John
501	Allen, Ephraim	580	Tatum, Thomas	660	Terrell, Joseph
502	Hinton, Thomas	581	Brewer, William B.	661	Tait, James M.
503	Campbell, James	582	Johnston, Nathan	662	Burton, Thomas
504	Oliver, Shelton	583	Tucker, Robert	663	Burton, Tabitha
505	Jordan, Fountain	584	Johnston, James	664	Thompson, William
506	Oliver, Thomas	585	Tait, Enos, Sr.	665	Hamilton, Robert
507	Harris, John	586	Johnston, Susan	666	Sexton, Lewis
508	Rowzee, Winslow	587	Johnston, Thomas	667	Sexton, Elizabeth M.
509	Allen, Edmond	588	Cook, Benjamin	668	Spencer, Griffin
510	Pruitt, John	589	Middleton, Betsy C.	669	Owen, Barsheba
511	Dunn, John	590	Blackwell, Dunstan	670	Evans, Elom
512	King, Zuriah	591	Hudson, William	671	Oliver, Simon
513	Gulley, William	592	Burton, Bathsheba	672	McGehee, Hugh
514	Bates, Jesse	593	Hudson, Gilum?	673	Watkins, Joseph
515	Wheeler, Benjamin	594	Mills, William	674	Johnston, Larkin
516	White, John W.	595	Jones, Lewis	675	Thornton, Evans
517	Head, George M.	596	Jones, Wiley	676	Dickson, Zachariah
518	Patterson, James	597	Jones, Jane	677	Nelms, John
519	Gulley, Valentine	598	Jones, Fanny	678	Mann, Asa
520	Greenway, Elijah	599	Osley/Owsley, Jesse	679	Mann, Jeremiah
521	Bailey, William	600	Morris, Daniel	680	White, John, Sr.
522	Terrell, William	601	Nash, George		
523	McGuire, Anderson	602	McDonald, John	**Terrell District:**	
524	Low, Thomas	603	Williams, C. B.		
525	Harper, Carlton B.	604	Nunnally, James F.	681	Terrell, James T.
526	Bowman, Zachariah	605	Dice, Solomon	682	Tait, Caleb
527	Crawford, Lucy	606	Owen, George	683	Tait, Elisha
528	Alexander, Mary	607	Thompson, Asa	684	Tait, James
529	Johnston, Mary	608	Michem, John	685	Tait, Enos
530	Cobb, Mary	609	Jones, Hiram	686	Rich, William
531	Bullis, John	610	Osley/Owsley, Zachariah	687	Hammond, Job
532	Crump, Aggy	611	Carter, John	688	Morgan, Isham, Jr.
533	Shackleford, Edmond	612	Tucker, Eppes	689	Cunningham, William
534	White, James E.			690	Bevell, Thomas
535	Underwood, William H.	**Tatum District:**		691	Tait, Permelia
536	Adams, William			692	Colbert, Susannah
537	White, John	613	Bowen, William	693	Fleming, Henry
538	Haynes, Wallis G.	614	Dunlap, William	694	Anthony, Micajah
539	Daniel, John	615	Nunnally, Walter	695	Rambert, Samuel
540	Taylor, John	616	Childers, John	696	Burton, Leroy
541	Riley, James	617	Wall, Willis	697	Edwards, Augustin
542	Sadler, William	618	Middleton, John	698	Martin, Beverly
		619	Barron, Thomas	699	Stokes, Archibald
		620	Colson, James		

700 Wadkins, John	780 Beck, John	859 Chambers, William
701 Herring, James	781 Henry, Benjamin	860 Andrews, Benjamin
702 Tabor, P. A.	782 Guest?, Presley	861 Christian, John
703 Chipman, Joseph	783 Oliver, Caleb	862 Ford, Elisha
704 Snead, Elijah	784 Thornton, Daniel	863 Crittendon, Juda
705 Shackleford, Henry	785 Jones, William	864 Shepherd, Samuel
706 Smith, Benjamin	786 Crisler?, Joseph	865 Prichard, Rebecca
707 Moss, John	787 Jeter, Barnett	866 Penn, William
708 Langston, Jesse	788 Bibb, Benjamin S.	867 Christian, Elijah
709 Thornton, Sandford	789 Bibb, Joseph W.	868 Coker, Abraham
710 Thornton, Jeremiah	790 Hall, Toliver	869 Pruitt, Susannah
711 Clark, Robert	791 Cleveland, John	870 Mann, William H.
712 Blackwell, Sally C.	792 Rowzee, Foster	871 Coleman, John
713 Blackwell, Parks	793 Strawn, Amos	872 Roberts, Jesse
714 Anderson, James	794 Cabiness, Henry	873 Jordan, William
715 Blackwell, Banks	795 Alexander, Willis	874 Pledger, Murrell
716 Thornton, Dozier	796 Lewis, Jeremiah	875 Lunceford, William
717 Smith, David	797 Gaar, George	876 Standiford, Benjamin
718 Nix, William	798 Alexander, John	877 Pulliam, Joseph
719 Fanning, Laughlin	799 Daniel, James	878 Thompson, Gaines
720 Colson, Abraham	800 Nash, George B.	
721 Gaines, William	801 Lewis, John	**Penn District:**
722 Henderson, William	802 Clark, Larkin	
723 Brown, William	803 Banks, William	879 Hogan, L___
724 Alexander, Edmond	804 Hutchenson, James	880 Lunceford, George
725 Garr, Adam	805 White, Elizabeth	881 Penn, Thomas
726 Doss, Joel	806 Banks, John H.	882 Scales, George
727 Wheeler, Thomas	807 Alexander, Nancy	883 Horton, William
728 Franklin, Job	808 Herndon, Susannah	884 Satterwhite, Francis
729 Eavenson, George		885 Reagan, Charles
730 Hall, Robert	**Rucker District:**	886 Nix, Joseph
731 Carroll, Mary		887 Upshaw, John, Jr.
732 Alexander, Peter	809 Rucker, James	888 King, Jacob W.
733 Carter, James	810 Wanslow, Reuben	889 King, Robert
734 Fortson, James	811 Banks, James, Jr.	890 Pledger, Thomas, Sr.
735 Thornton, Dozier	812 White, William	891 Christian, James
736 Fanning, John	813 Ellington, Garland	892 Bond, William
737 Phipps, Richard	814 Morrison, Washington	893 Carter, George
738 Mann, John	815 Wall, Wiley	894 Stinchcomb, Levi
739 Ford, John	816 Beck, William A.	895 Hammond, John
740 Beck, Robert	817 Smith, Zachariah	896 Stinchcomb, Absalom
	818 Allen, Singleton	897 Andrews, Bentley
Smith District:	819 Allen, Thomas	898 Christian, William P.
	820 Allen, William	899 Mann, Joel
741 Smith, Joseph	821 Gray, Joseph	900 Shepherd, Peter
742 Eavenson, Eli	822 Alston, Gilley	901 Lowrymore, Samuel
743 Moss, Abraham	823 Slaton, John	902 Arnold, Davis
744 Roebuck, William	824 Tucker, Shem	903 Upshaw, Rebecca
745 Hansard, John	825 Tucker, Francis	904 Hunt, Nancy M.
746 Thomason, John	826 Banks, James, Sr.	905 Butler, Haley
747 Henderson, Simeon	827 Heard, Elizabeth	906 Turman, George
748 Mercer, John	828 Heard, Barnabas	907 Pace, Basil
749 Higginbotham, Bartley	829 Colbert, Thomas	908 Peters, Abner
750 Cunningham, Franklin	830 Allen, Beverly	909 Mason, William
751 Banks, Thomas A.	831 Clark, James	910 Gunter, James, Sr.
752 Hansard, Thomas S.	832 Bolton, Gardner	911 Wells, John
753 Teasley, Silas	833 Dennard, John	912 Oliver, Peter
754 Bailey, Samuel N.	834 Morris, Joseph	913 Baar, David
755 Hudson, Molly	835 Morrison, Ezra	914 Hudson, Benjamin
756 Thornton, Jonathan	836 Arnold, James	915 Whitman, William
757 Jones, Wiley	837 Cleveland, Reuben	916 Oliver, McCarty
758 Mann, James	838 Jones, Stanley	917 Adams, James
759 Henderson, Joseph	839 Perriman, Anthony A.	918 Nash, Alice
760 Hulme, William	840 Worrell, Ransom	919 Sorrow, Elijah
761 White, David	841 Harper, Bradford	920 Clark, Rebecca
762 Alexander, George	842 Simmons, John	921 Dye, Brown
763 Fanning, Benjamin	843 Chambers, Thomas	922 Woodley, John
764 Ward, William	844 Bell, Mayfield	923 Dye, William
765 Moss, Ephraim	845 Oglesby, Robert C.	924 Bullard, Thomas
766 Beverly, Anthony	846 Pledger, James	925 Edwards, James
767 Patterson, William	847 Ford, Isaac	926 Berry, Elijah
768 Roebuck, Robert	848 Hix, Johnston	927 Gunter, John
769 Herndon, Edward, Sr.	849 King, Ambrose	928 Jack, James
770 Brown, Benjamin	850 Johnston, Thomas	929 Brown, Horatio
771 Fortson, Benjamin	851 Hix, David	930 Clark, David
772 Dutton, James	852 Shoemaker, Talton	931 Clark, Christopher
773 Rucker, Joseph	853 King, William	932 Seal, John
774 White, Henry	854 Pledger, Thomas, Jr.	933 Penn, Benjamin
775 Herndon, Edward, Jr.	855 Brawner, Joel	934 Phipps, Lewis
776 Foster, John L.	856 Crittenden/Crittenton, Elijah	935 Brown, Jesse
777 Keys/Kees?, Thomas		936 Allgood, John
778 Alston, William H.	857 Lawrence, Sarah	937 Pledger, Lemuel
779 Akin, Thomas	858 Statham, John	938 Burton, Thomas

939 Taylor, Winny
940 Allgood, Samuel
941 Allgood, Edward
942 Williams, Mathew L.
943 Richardson, William
944 Melane, William D.
945 Burton, Richard
946 Thonpson, Wills
947 Baker, Amos
948 Carter, Elizabeth
949 Morris, John W.
950 Lion, Elizabeth
951 Brewer, Elizabeth
952 Rich, Mary
953 Butler, Daniel
954 Butler, Nathan
955 Jones, Drucilla
956 Harris, Thomas
957 Banks, James J.
958 Hightower, Philemon
959 Childers, Holomon
960 Hamm, James
961 Dye, David
962 Key, James
963 Bell, William
964 Bell, Olive
965 Hightower, Reuben
966. Edwards, Jesse
967 Nash, James
968 Bell, Elizabeth
969 Snellings, Rebecca

Oliver District:

970 Allgood, John Y.
971 Nolan, William
972 Cook, Issachar
973 Cook, John F.
974 Bell, Thomas, Sr.
975 Mattox, David
976 Morrison, James
977 Nunnally, John
978 Allgood, Peter
989 Bell, James
980 Elliott, Thomas
081 Cook, Abraham
982 Cook, John
983 Cook, Joshua
984 Cook, Smith
985 Cook, Thomas
986 Cook, Samuel
987 Therlkeld/Therlkill?, Thomas
988 Mobley, Isaac
989 Brown, Aaron
990 Cook, Mary
991 Cook, Nathaniel
992 Stone, William
993 Cook, John B.
994 Goode, Nicholas
995 Childers, Thomas
996 Hudson, David, Jr.
997 Hudson, Booker
998 Allgood, William, Jr.
999 Irons, McKinny
1000 Cook, George
1001 Snelling, Samuel
1002 Allgood, William, Sr.
1003 Jack, Patrick
1004 Hogan, James
1005 Lowry, Edmond
1006 Smith, Parish
1007 Oliver, Thomas
1008 King, William
1009 Upshaw, Leroy
1010 Smith, Valentine
1011 Hendricks, Jesse, Sr.
1012 Woods, William
1013 Burch, William S.
1014 Fortson, Thomas
1015 Jeter, Dudley
1016 Richardson, Walker
1017 Laninham/McLanahan?

1018 Blackwell, Ralph
1019 Wilhite, Lewis
1020 Winfield, John
1021 David, Peter
1022 Hamm, Gideon
1023 Smith, Leonard
1024 Hendrick, William
1025 Depriest, James A.
1026 Burns, William
1027 Oliver, Dionysius
1028 Edwards, Isaac O.
1029 Hudson, David, Sr.
1030 Key, William B.
1031 Woodley, Andrew
1032 Kee/Key?, Chiles T.
1033 Perrin, George
1034 Davis, William C.

Maxwell District:

1035 Teasley, Isham
1036 Johnston, Daniel
1037 Hilley, Thomas
1038 Underwood, Lemuel
1039 Ginn, Isaac
1040 Willis, John
1041 Henderson, William
1042 Weston, Job
1043 Heard, George W.
1044 Inseep?, George
1045 Pledger, Johnson S.
1046 Brown, Harden
1047 Brown, Reuben
1048 Cook, Fenton
1049 Fortson, Richard
1050 Jones, Thomas
1051 Hickman, Walker
1052 Holt, William
1053 Carter, Robert M.
1054 Reese/Reece, David A.
1055 Carter, Robert M.
1056 Thompson, Wiley
1057 Verdell, John A.
1058 Maxwell, Simeon
1059 Higginbotham, John P.
1060 Brown, Edmond
1061 Fortson, Jesse
1062 Stodgehill, Durrett
1063 Hendrick, Jesse, Jr.
1064 Hammond, Alfred
1065 Harris, Jeptha K.
1066 Carter, H____
1067 Richardson, Richard
1068 James, David R.
1069 Bryan, Thomas
1070 Parker, Joseph
1071 Horton, Thomas
1072 Cheek, William, Sr.
1073 Cheek, William, Jr.
1074 Cheek, Burgess
1075 Kelly, Barnabas
1076 Horton, James
1077 Horton, Thomas, Sr.
1078 Bray, David
(Note: Imperfect microfilm; some names missing; about 10 indistinct.)

INDEX

Adams, James 917
  James B. 400
  Martin 640
  Richard C. 384
  Samuel 158
  Thomas F. 113
  William 536
Akin, Thomas 779
Alexander, Allen 556
  Edmond 724
  George 762
  John 798
  Mary 528
  Mordica 146
  Nancy 807
  Peter 732
  William 554
  Willis 795
Allen, Beverly 830
  Edmond 509
  Joseph 789
  Ephraim 501
  John W. 571
  Samuel 494
  Singleton 818
  Thomas 819
  William 489,820
Algood/Allgood:
  Edward 941
  John 936
  John Y. 970
  Peter 978
  Samuel 940
  Spencer 24
  William, Jr. 998
  William, Sr. 1002
Almand/Almond:
  Isaac 60
  John 143
  Thomas 142
  Ursery 7
Alston, Gilley 822
  William H. 778
Anderson, George 643
  James 139,714
  John 10
Andrews, Benjamin 104,860
  Bentley 897
Anthony, Micajah 694
Arnold, Davis 902
  James 836
Ashworth, Elisha 353
  John 95
Ausborn (see Osborn)
  John 29
  Pleasant 30

Baar, David 913
Bailey, Samuel N. 754
  William 521
Baker, Amos 947
  Elijah 112
Ballard/Bullard?:
  Jesse 439
Ballenger, David 446
  John 462
  John, Jr. 429
  William 418
Banks, James, Jr. 811
  James, Sr. 826
  James A. 28
  James J. 957
  John, Sr. 106
  John H. 806
  Ralph 397
  Thomas A. 751
  William 803
  Willis 13
Barnes, Priscilla 42
Barnett, Nathaniel 12
Barron, David 624
  Thomas 619

Baskin, Robert 417
Bates, Jesse 514
  John 572
Beard, Robert 152
Beck, John 780
  Robert 740
  William A. 816
Bell, Elizabeth 968
  James 979
  Joseph 48
  Mayfield 844
  Olive 964
  Thomas, Sr. 974
  William 963
Bentley, Sam 277
Berry, Elijah 926
Bevel, Thomas 690
Beverly, Anthony 766
Bibb, Benjamin 788
  Joseph 789
Blackwell, Banks 715
  Dunstan 590
  Hardy 455
  Joseph 642
  Parks 713
  Ralph 1018
  Sally C. 712
Boatright, Daniel 259
Bobo, Benjamin 202
  Burrel 233
Bolton, Gardner 832
Bond, Elizabeth 393
  Nathan 335
  Nelson 358
  William 892
Booth/Boothe:
  David P. 64
  Elizabeth 149
  Gabriel 284
  John 148
  Nancy 155
  Prudence 156
  Robert 65
Bowen, Horatio 929
  William 613
Bowman, Zachariah 526
Bragg, William S. 18
Braiding, Anselm 101
Brawner, Henry 39
  Henry P. 58
  James N. 59
  Joel 855
  John 55
  Joseph 38
Bray, David 1078
  John 461
Brewer, Elizabeth 951
  Horatio 579
  William B. 581
Brown, Aaron 989
  Abraham 433
  Andrew 442
  Benjamin 770
  Edmond 1060
  Harden 1046
  Hiram 465
  James H. 36
  James L. 261
  Jesse 935
  John 436
  Nelson 97
  Reuben 1047
  William 428,723
  Wyatt 424
Bryan, John 422
  Moses 454
  Thomas 1069
Buff, Stephen 327
Buffington, Joseph 482
Bullard, Thomas 924

Bullis, John 531
Burch, William S. 1013
Burden, Archibald 331
  Henry 361
  James 346
  William 459
Burns, William 172,1026
Burton, Bathsheba 592
  Binns 625
  Blackmon 652
  Leroy 696
  Tabitha 663
  Thomas 662,938
  Richard 945
Butler, Daniel 953
  Haley 905
  John 22
  Nathan 954
  Patrick 23
  Peter P. 16
Byrd, John 117

Cabiness, Henry 794
Campbell, James 503
Cape, Brinkley 451
  Leila 464
Carden, Charles 276
Carlin/Cearlin?:
  Elizabeth 131
Carlton, Stephen 467
Carpenter, Absalom 94
  Joshua 178
Carr, David 426
  John 416
Carroll, Mary 731
Carter, Elizabeth 948
  George 893
  H.? P. 1066
  James 733
  John 611
  Robert M. 1055
  Thomas S. 386
  William R. 92
Cash, Jesse 492
  John 488
  Moses 576
  Reuben 483
Cason, John 107
Cauldin, Alexander 31
Chambers, Thomas 843
  William 859
Chandler, Mary 240
Chapel, Thomas B. 145
Cheek, Burgess 1074
  William, Jr. 1073
  William, Sr. 1072
Childers, Holomon 959
  John 616
  Thomas 995
  Wiley 195
Childs/Chiles:
  John 638
Chipman, Joseph 703
Chisolm, John 431
Christian, Charles W. 290
  Elijah 867
  Isaac 57
  James 891
  John 861
  Presley 1
  Reuben 69
  Robert B. 68
  Rufus 77
  Turner 299
  William B. 79
  William P. 898
Clark, Christopher 931
  David 930
  Edward, Sr. 476
  James 831
  Joshua 4

Clark, Larkin 802
  Rebecca 920
  Robert 711
  William, Jr. 1073
  William, Sr. 1072
  Williamson 438
Cleveland, John 791
  Reuben 837
Cobb, Mary 530
Coker, Abraham 868
  Alsey 314
  Isaac 280
  Jacob 278
  Malachi 308
Colbert, Susannah 692
  Thomas 829
  William 656
Coleman, John 871
Collada, William 635
Collatt, John 351
Colson, Abraham 720
  James 620
Colvard, John S. 73
Cook, Abraham 981
  Benjamin 588
  Charles 111
  Fenton 1048
  George 1000
  Issachar 972
  John 982
  John B. 993
  John F. 973
  Joshua 983
  Mary 990
  Nathaniel 991
  Samuel 986
  Smith 984
  Thomas 985
Couch, John 549
Coursey, Daniel 653
Craft, Anderson 565
  John 495
  William 575
Crawford, Lucy 527
  William 568
Crisler/Chrisler:
  Joseph 786
  Julius 344
Crittendon/Crittenton:
  Elijah 856
  Juda 863
Crump, Aggy 532
  Robert 118
Cunningham, Franklin 750
  John 552
  William 689
Cutliff, Benjamin 263

Dailey, John 644
Daniel, James 799
  John 539
David, Jacob W. 133
  Peter 1021
Davis, Briton 318
  John 222,496
  Nancy 645
  Nancy, Sr. 577
  Pleasant 333
  Richard 570
  Terry 647
  Thomas 379
  William 627
  William C. 1034
Dean, Charles 234
  Frederick 440
Decker, Allen 480
Deadwyler, Joseph 141
  Martin 80
Dennard, John 833
Denny, David 304
  Edward 294
  Robert 295
  Thomas 303

Depriest, Elizabeth 321
  James A. 1025
Dice, Solomon 605
Dickerson, John 359
  Robert 349
Dickson, David 213
  Zachariah 676
Dicky, John 108
Dillard, James 41
Dixon, Robert 651
Dobbs, David 224
  John 207
  Louisianna 225
Dodd, James 367
  Sarah 375
Dollar, James 27
Dooley, Bennett 423
  William 175,215
Doss, Joel 726
Downer, Joseph, Jr. 11
  Joseph, Sr. 3
Dudley, Ignatius 317
  James 297
  John T. 316
Duncan, Moses 449
  Pearson 466
Dunlap, William 614
Dunn, John 511
Dutton, James 772
  Thomas 485
Dye, Brown 921
  Burrell 47
  David 961
  William 923

Eaves, Rhoda 460
Eavenson, Eli 742
  George 729
Edens, Job 371
Edwards, Augustin 697
  Isaac C. 1028
  James 925
  Jesse 966
  John 136
Elder, Edward 323
Ellington, Garland 813
Elliott, Thomas 980
Evans, Elom 67

Fain, John 211
Fanning, Benjamin 763
  John 736
  Laughlin 719
Farmer, Benjamin 210
  John 164
Faulk, Henry 328
Faulkner, William 75
Ferguson, Norman 243
Ferrell (see Terrell),
  Micajah 490
Fitts, John 281
Fleming, Henry 693
  Moses 383
Forbes, Henry 266
Ford, Elisha 862
  Isaac 847
  John 739
Fortson, Benjamin 771
  James 734
  Jesse 1061
  Richard 1049
  Thomas 1014
Foster, John L. 776
Fowler, Rachel 270
Franklin, Francis 401
  Job 728

Gaar, Adam 725
  George 797
Gaines, Ann T. 385
  Francis 562
  Livingston P. 547
  Richard S. 559

Gaines, Robert T. 569
  William 721
Gee, Samuel 573
Gentry, Wyatt 475
Gibbs, William 1053
Cinn, Isaac 1039
  Jesse 410
  Ruffin 456
  Silvana 368
Glenn, James 34
  Joseph 32
Goode, Nicholas 994
Goolsby, Reuben 35
Gordon, John 264
Gortman, Daniel 363
Goss, Horatio L. 219
Grady, Needham 450
Gray, Hezekiah 53
  John 628
  Joseph 821
Greenway, Elijah 520
Guest, Presley 782
Gulley, John 481
  Valentine 519
  William 513
Gunter, James 8
  James, Sr. 910
  John 927

Hail/Hale, Benjamin 220
Hailey/Haley, William 484
Haley, James 567
  John 548
  Reuben 553
Hall, Henry 623
  Robert 730
  Toliver 790
Hamilton, Robert 665
Hamm, Gideon 1022
  James 960
Hammond, Alfred 1064
  Job 687
  John 895
Handley, Jarrett 319
Hannah, James 325
Hansard, John 745
  Thomas S. 752
  William 376
Harbin, John 463
  Sarah 414
  William 373
Harcrow, Hugh, Jr. 365
  Hugh, Sr. 405
  Samuel 389
Harper, Bradford 841
  Carlton B. 525
  Charles 551
  Henry A. 188
  Josiah 395
  Richard 546
Harris, Jeptha K. 1065
  John 507
  Thomas 956
Hathcock, Hosea 289
Haynes, Moses, Jr. 239
  Moses, Sr. 242
  Thomas 409
  William 231
  Willis G. 538
Head, Benjamin 216
  George M. 517
  John S. 469
  Tavner 486
Heard, Barnabas 828
  Elizabeth 827
  George W. 1043
  James P. 420
Hearston, H. B. 657
Helms, Nathaniel 165
Henderson, Joseph 759
  Simeon 557
  William 722,1041
Hendley, Jarrett 319

Hendrick/Hendricks:
  Jesse 412
  Jesse, Jr. 1063
  Jesse, Sr. 1011
  Leon 443
  Whitehead 287
  William 1024
Henry, Alexander 310
  Benjamin 781
  Charles 473
  John 305
  William 307
Herndon, Edward, Jr. 775
  Edward, Sr. 769
  James 98
  Michael 641
  Susannah 808
Hickman, Martha 218
  Walker 1051
Higginbotham, Bartley 749
  Jacob 343
  John P. 1059
  William 362
Highsmith, James 102
  John 200
Hightower, Philemon 958
  Reuben 965
Hill, Priscilla 251
Hilley, Francis 339
  Thomas 1037
  William 161
Hines, Mary 639
Hinton, Thomas 502
Hix, David 851
  Johnston 848
  William 61
Hogan, James 1004
  L_____ 879
Hole_____, Fleming 425
Holly, Eritha 269
Holmes, Shad 247
Holt, William 1052
Horn, Absalom 268
Horton, James 1076
  Jeremiah 434
  John 387
  Thomas 1071
  Thomas, Sr. 1077
  William 883
Howell, Samuel D. 21
Hubbard, John 633
Hudgens, James, Jr. 648
Hudson, Alexander 550
  Benjamin 914
  Booker 997
  David, Jr. 996
  David, Sr. 1029
  Gilum 593
  Molly 755
  William 591
  William, Sr. 654
Hulme, Duke W. 631
  John 566
  William 760
Hunt, James 407
  Moses 184
  Nancy M. 904
Hutchenson, James 804

Inseep?, George 1044
Irons, McKinney 999

Jack, James 928
  Patrick 1003
James, David R. 1068
  Thomas 169
Jarrett, Archelaus 5
Jenkins, Samuel 557
Jeter, Barnett 787
  Dudley 1015
Johnson/Johnston:
  Alexander 391
  Angus 168

Johnson/Johnston-cont'd:
  Archibald 167
  Daniel 1036
  James 584
  Johnston 227
  Larkin 674
  Malcolm 226
  Mary 529
  Nathan 582
  Susan 586
  Thomas 587,850
Jones, Arthur 636
  Drucilla 955
  Fanny 598
  Hiram 609
  James 110
  Jane 597
  Lewis 595
  Micajah 157
  Solomon 626
  Stanley 838
  Thomas 119,1050
Jordan, Fountain 505
  James 441,544
  William 873

Kee/Key?, Chiles T. 1032
Keeling, Leonard 255
Kelly, Barnabas 1075
  David 230
  Joseph 212
  William 229,474
Kennedy, Robert 372
  William 370
Key, James 962
  William B. 1030
Keys/Kees, Thomas 777
King, Ambrose 849
  Jacob W. 888
  James 89
  Robert 889
  William 853,1008
  Zuriah 512
Kinnebrew, Henry 43

Landers, Humphrey D. 406
Lane, Thomas 629
Langston, Jesse 708
Laninham(McLanahan?),
  Thomas 1017
Lawrence, James 419
  Sarah 857
Legrand, Jesse 437
  John H. 302
Lesseur, Samuel, Jr. 15
  Samuel, Sr. 132
Lewis, Jeremiah 796
  John 801
Lion(Lyon), Elizabeth 950
Lipford, H. T. M. M. 369
Lovingood, Harman 646
Low, Thomas 524
Lowry, Edmond 1005
Lowrymore, Samuel 901
Lunceford, George 880
  William 875
Lunsford, James 345
Lyon, Martha 382

McCurley, William 191
McCormick, John 300
McCurry, Angus, Jr. 253
  Angus, Sr. 271
  John 396
  Laughlin 352
McDonald, Alexander 267
  John 238,602
McGarity, Abner 256
  Gardner 381
  Kindred 453
McGee, Anselm 174
McGehee, Hugh 672
  Samuel 630

McGuire, Anderson 523
  William 185
  William D. 109
McMillan, Thomas 159
McMullan, Elizabeth 232
  Jeremiah 190
  Lewis 198
  Neal 122
  Patrick 163
  William 203

Maddox, Benjamin 182
  Chandler 205
  Loston? 197
Mann, Asa 678
  James 758
  Jeremiah 679
  Joel 899
  John 738
  William H. 870
Martin, Beverly 698
  John 179,320
Mason, William 909
Mathews, Phillip 25
Mattox, David 975
Maxwell, Elijah 356
  Joel 357
  John 355
  Simeon 1058
  Thomas 404
  William 348
Mayberry, Thomas W. 574
Means, Alexander 83
Melane, William D. 944
Mercer, John 748
Merrett(Marrett?),
  Toun? 421
Michem(Mitchem), John 608
Middleton, Betsy C. 589
  John 618
Mills, James 378
  Moses 377
  William 594
Mize, Saul 46
Mobley, Isaac 988
Moon, Stephen 147
Moor/Moore, Thomas 150
Moore, Sarah 322
  Zachariah C. 306
Morgan, Isham, Jr. 688
  William C. 137
Morris, Daniel 600
  John W. 949
  Joseph 834
  Sherwood 76
Morrison, Ezra 835
  James 976
  Washington 814
Moss, Abraham 743
  Ephraim 765
  John 114,707
  William 472
Myers, George B. 208

Nash, Alice 918
  George 601
  George B. 800
  James 967
Nelms, John 677
  Jonathan 296
  Jordan 341
  William 311
Newburn, Archibald 347
Nix, George 324
  Jeremiah 86
  Joseph 886
  William 718
Nolan, William 971
Northern, John 326
Nunnally, James F. 604
  John 977
  Walter 615
  William 6

Oglesby, Drury 82
  George 74
  Leroy 78
  Robert C. 845
  Thomas 138
  William 72
Oliver, Caleb 783
  Dionysius 1027
  James 83
  McCarty 916
  Peter 912
  Shelton 504
  Simeon 671
  Thomas 506,1007
Osley/Owsley:
  Jesse 599
  Zachariah 610
Owen, Barsheba 669
  George 606

Pace, Barnabas 309
  Basil 907
Page, Level? 292
  William 180,413
Palmeter, Paul 228
Parham, Dixon 91
  Isham 84
Parker, Joseph 1070
Parks, Abraham 235
Patrick, Daniel K. 622
Patterson, James 518
  Jesse 445
  Nimrod 452
  Samuel 545
  William 767
Penn, Benjamin 933
  John 288
  John, Jr. 293
  Thomas 881
  William 866
Perriman, Anthony 839
Perrin, George 1033
Peters, Abner 908
Phelps, James 153
  Samuel E. 236
  Sinkler/Sinclair? 237
  Thomas 127
Phipps, Lewis 56,934
  Richard 737
Pledger, James 846
  Johnson S. 1045
  Lemuel 937
  Murrell 874
  Thomas, Jr. 854
  Thomas, Sr. 890
Posey, Thomas 127
Powell, Francis, Jr. 265
  Francis, Sr. 170
  Killis 206
  William R. 477
Prather, James 274
  Nathaniel 249
Presley, Charles 37
Prichard, Rebecca 865
Pritchett, John 96
Pruitt, John 510
  Susannah 869
  William 491
Pulliam, Joseph 877
  Mathew 390
  Robert 392

Raines, Dabney 283
Rambert/Rembert?,
  Samuel 695
Ramsey, Benjamin 252
Ray, Peter 248
Reagan, Charles 885
Reese, David A. 1054
Reynolds, Charles 241
  James 217
Rhodelander, Peter 564
Rice, Jesse 430

Rice, Leonard 411
  William 279
Rich, Mary 952
  William 686
Richardson, Amos 204
  Richard 1067
  Walker 1016
  William 943
  William H. 649
Ridgeway, Burrel 81
  James 144
Riley, James 541
Roberts, Jesse 872
  John 468
  Joseph 301
  Wilson 329
Robertson, William 258
Roebuck, Robert 768
  William 744
Rose, Amos 2
  Grantum 9
Ross, Daniel 187
Rousey/Rowzee,
  Edmond 332
  Foster 792
  James 342
  Stephen 394
  Winslow 508
Rucker, James 115,809
  Joseph 773
  William 103
Rush, Lewis B. 262

Sadler, William 542
Sanders, Thomas 99
  Tyre 93
Sandrage, Clayborn 380
Satterwhite, Francis 884
  James 49
Scales, Aaron 448
  George 882
  Joel 221
  John 123
  Thomas 254
Seal, John 932
  Richard J. 561
Sexton/Saxon,
  Elizabeth M. 667
  Lewis 666
Shackleford, Edmond 70,533
  Henry 705
Shelton(Skelton?),
  Elijah 173
  John 162
Shepherd, Peter 900
  Samuel 864
Shiflett, Picket 558
  Powell 171
Shinalt (Chenault?),
  Nelson 650
Shoemaker, Talton 852
Simmons, John 842
Simpson, Mary 275
Skinner, Clara 313
  George M. 298
  Morris 282
Slaton, John 823
Smallwood, Mark 286
Smith, Benjamin 706
  Charles 33
  David 717
  Henry 45
  Jesse 403
  Joseph 741
  Leonard 1023
  Parish 1006
  Robert 125
  Valentine 1010
  William 44
  Zachariah 817
Smithy, Isaac 499
Snead, Elijah 704
Snellings, John 17

Snellings, Rebecca 969
  Samuel 1001
Sorrow, Elijah 919
Spear/Spears, Ann 470
  Mercer 364
Spencer, Griffin 668
  Octavius 52
  William 40
Standiford, Benjamin 876
Staples, Thomas 312
Statham, Jesse 457
  John 858
Stinchcomb, Absalom 896
  Levi 894
Stodgehill, Durrett 1062
Stokes, Archibald 699
Stone, William 992
Story, Lucy 330
Stowers, Benjamin 196
  Lewis, Jr. 100
  Lewis, Sr. 199
  Thomas 121
Strawn, Amos 793

Tabor, P. A. 702
Tait/Tate:
  Caleb 682
  David 658
  Elisha 683
  Enos 685
  Enos, Sr. 585
  James 684
  James M. 661
  John 659
  Permelia 691
  Sarah 621
  William H. 366
  Zimri 655
Talmons?, Lewis 272
Tatum, Jesse 637
  Thomas 580
Taylor, John 540
  William 497
  Winny 939
Teasley, Isham 1035
  James 183
  Joshua 181
  Levi 388
  Silas 753
  Thomas 374
  William 350
Terrell (see Ferrell):
  James T. 681
  Joseph 660
  Timothy 634
  William 522
Terry, Joseph 563
  Thomas 134
Therlkeld, John 14
  Thomas 987
Thomason, John 746
Thompson, Asa 607
  Gaines 878
  Wiley 1056
  William 664
  Wills 946
Thornton, Benjamin 336
  Benjamin, Jr. 360
  Daniel 784
  Dozier 716,735
  Elizabeth 354
  Evans 675
  Jeremiah 710
  Jonathan 756
  Lucy K. 340
  Reuben 337
  Sandford 709
Tibits/Tibbitts, Thomas 334
Totman, Benjamin 126
Trammell, William 285
Tucker, Eppes 612
  Francis 825

Tucker, John 315
   Robert 583
   Shem 824
Turman, George 906
Turner, George 432
   Sarah 479
Tyler, Henry 245
   Reuben L. 246
Tyner, Harris 186
   Richard 116
   Tolison 177

Upshaw, John, Jr. 887
   Leroy 1009
   Rebecca 903
   Richard 90
Underwood, Jarrett 402
   Joseph 478
   Joshua 201
   Lemuel 1038
   William H. 535

Vaughan, Alexander 87
Vawter/Vaughter,
   Joanna 250
Verdell, John A. 1057
Vick, Elisha 120
Vickery, James 244
   Joseph 214
   Joseph, Sr. 257
Vines, Sarah 415

Wadkins(Watkins),
   John 700
Wall, Wiley 815
   Willis 617
Wallis, Rhody 105
   Thomas 471
Wanslow, Thomas 493
Ward, Abner 543
   Richard 176
   William 764
Warren, Harrison 555
Waters, Lucy 273
Watkins (see Wadkins),
   Joseph 673
   Samuel 632
Watson, John 124,435
   Thomas 166
Weatherinton, Richard 291
Webb, Augustin 71
   Burrel 67
   James 154
   John 66
   Margaret 129
   Wiley 88
   William 130
Wells, John 911
West, Andrew 50
Weston, Job 1042
Wheeler, Benjamin 515
   Charles 192
   George 398
   Lucy 209
   Thomas 727
White, Anderson 151
   David 761
   Elizabeth 805
   Eppy 408
   Henry 774
   James E. 534
   John 54,85,447,537
   John, Sr. 680
   John M. 427
   John W. 516
   Luke 458
   Martin 487
   Shelton 51
   Stephen 338
   William 260,812
Wilhite, John R. 140
   Lewis 1019
   Philemon R. 135

Wilkins, John 20
Wilkinson, D. D. 160
Williams, Mathew L. 942
   C. B. 603
Williamson, Walker 223
Willis, John 1040
Wilson, James, Jr. 189
   James, Sr. 193
   Thomas 194
Winfield, John 1020
Winn, Benjamin 444
Wood, James 62
   William 578
Woodley, Andrew 1031
   John 922
Woods, William 1012
Worrell, Ransom 840
Wright, David 26
   Isaiah 560
Wyche, George

Yow, Catherine 500

1830 Census of Elbert County, Georgia

Heads of Households

Microfilm No. M19

Roll No. 17

Read and Indexed by

Irene Stilwell Wilcox

1975

1830 Census of Elbert County, Georgia

Page 119:

Falk, Henry
Hill, Elam
Pitts, Jincy
Legrande, John W.
Seamore (Seymour), Zachariah
Coker, Jacob
Coker, Alcey
Hendricks, Whitehead
Christian, Charles W.
Moss?, Tabitha
Penn, Mary
Booth, Victor E.
Ruff, Shadrack
Moss, Sarah
Booth, Nancy
Vasser, John
Culbreth, Anguish
Hicks, William
Ridgeway, James
Almand (Almond), John
Wilhite, Philemon
Arnold, Davis
Oglesby, Thomas
Upshaw, Haston
Threlkeld, Oliver
Oglesby, Drury

Page 120:

Wallace, Thomas
Hendry, Charles
Hendricks, Milum
Meret (Merrett), T____
Harbin, John
Scales, Aaron
Brown, William A.
Ginn, Jesse
Cape, Brinkley
Brown, Andrew
Harbin, Sarah
Duncan, John
Rice, Leonard
Steedly, William
Jordan, Obedience
Jordan, Stephen
Dodd, Thomas
Duncan, Pearson
Roberts, John
Smith, Elijah
Smith, Robert
Pace, Barnabas
Ashley, Edward
Henry, Sarah
Pierce, Isham
Hathcock, James

Page 121:

Peeler, Cader
Payne, Thomas H.
Burden, Henry
Shepherd, Samuel
Sandage, Claiborne
Maxwell, William
White, Stephen
Bond, Joel
Carter, James
Bond, Willis
Nelms, James
Tyner, Harris
Bailey, William
Riley, James
Teasley, Isham
Hutchison, Joel
Dutton, Thomas
Crawford, Lucy
Hunt, Moses
Brown, James
Jordan, Fountain

Page 121 cont'd:

Means, Jacob
Pruitt, Joshua
Haley, John

Page 122:

Gaines, Francis
Taylor, Elizabeth
Taylor, Jesse
Gairy (Gary), Van D.
Taylor, Susannah
Underwood, Joseph
Smith, Fielding
Prater, William M.
Turner, Thomas
Craft, William
Culley, Valentine
Alexander, James P.
McGee, William
Robertson, William
Henderson, Simeon, Jr.
Terry, Joseph
Simpson, Mary
Greenway, Elijah
Davis, John
Heard, George W.
Brown, Benjamin
Daniel, James J.
Ward, Jeptha H.
Gaines, Richard G.

Page 123:

Shiflett, Picket, Sr.
Gaines, Robert T.
Kerby, James
Craft, Samuel
Hinton, Peter
Cash, Moses
Kelling, Leonard
Dickerson, Robert
Rucker, Catherine
Shackelford, Henry
Fitts, William H.
Webb, Margaret
Shackelford, Edmond
Stodgehill, Durret
Willis, Mildred
Smith, Paris
Head, Benjamin
Weston, Job
Shoemaker, Tarlton
Higginbotham, John S.
Daniel, David
Rucker, Joseph
Booth, Robert
Booth, Joseph J.
Witcher, ? C.

Page 124:

Butler, Haley
Hamm, Stephen
Goolsby, Reuben
Dye, David
Lowremore, Andrew
Kesley, David
Haynes, Thomas
Kelly, William
Rowel?, Jesse
Dunn, John
Alexander, Mary
Dutton, Thomas, Jr.
Adams, Hiram
Alexander, William
Daniel, John
Cunningham, John A.
Craft, Washington
Mitchell, Mary

Hinton, Robert
Riley, Patsy
Haley, William
Cleveland, Jacob M.
Ramsey, David B.
Bowman, Zachariah
Buffington, William
Hamm, Jane

Page 125:

Tennell, William
Davis, James
Harris, Joanna
Lockhart, James
Ashworth, Noah
Hamm, Elizabeth
Jordan, James
Teasley, Russel
Parnall (Parnell), Edward
Gulley, John
Strickland, Abner
Strickland, Joseph
Hinton, John L.
Hinton, James S.
Tucker, Harberd
Gaines, Henry J.
Scott, Lawson
Parnall (Parnell), Abraham
Hammonds (Hammons), Alfred
Hendrick, Cornelius
Pritchett, Nicholas
Underwood, Reuben
Powell, William P.
Sadler, John F.
Ramsey, Thomas
Holmes, Joshua

Page 126:

Fleetwood, Elizabeth
Ramsey, Archibald
Cash, Howard
Cash, Jesse
Cleveland, James
Craft, John, Jr.
Cash, Stephen
Gulley, William
Gulley, Richard
Smith, Robert
Powell, Francis
Dooley, William
Holbrook, Fleming
Card, Samuel
Skelton, Jabez
Beggs, Thomas
Jones, Joseph ?
McDonald, Hugh
Masters, Levi
Mauldin, Fleming
Dunn, John, Jr.
Dobbs, Silas
Pritchett, Thomas
Ashworth, John
McGuire, William D.
Hutchenson, Moses
Harris, Jeptha V.

Page 127:

Drennon, Joseph W.
Hunt, Sion
Teasley, Beverly A.
Nelms, John
Carpenter, Joshua S.
Hickman, William W.
McGuire, Thomas
Rucker, William
Banks, John
McGee, Amel (Ansel?)
Tyner, Tolison
Tyner, William

13

Page 127 cont'd:

Sullivant (Sullivan), Pleasant
Page, Elizabeth
Teasley, Silsa
Skelton, John, Sr.
Totman, Joshua
Carter, Lewis
Highsmith, John
Skelton, Richard
Martin, James B.
Powell, Willis
Dooly, William W.
Wilson, James
Pritchett, Delfa
Shiflett, Robert, Jr.
Chisolm, Ann

Page 128:

Shiflett, James
Neal, Benjamin
Couch, Samuel
Stowers, Jeremiah
McMullan, Patrick
Dutton, James
Stowers, Lewis
Shiflett, Powel
Scales, John
Price?, James
Ramsey, Mary
Ramsey, Kelbern
Jones, Thomas
Browning, Henry T.
Sadler, James R.
Orson, Benjamin
Mantz, William
Gunter, Allen
Gordon, John
Powell, Richard J.
Scales, Thomas
Holmes, Shadrack
Rogers, Isham G.
Patterson, James
Griffen, Hardy
Hynes (Hines), Mary

Page 129:

Kelly, James W.
Neal, Lindsay
Griffin, Leonard V.
Prothro, Zilpha
Sullivan, William H.
Haynes, Sarah
Prothro, George
Canden, Charles
Haynes, William
McCurry, Angus
White, Mary
White, Jesse
Tyler, Reuben D.
Waters, Lucy
Tyler, Henry
Glenn, Simeon T.
Goolsby, Jeremiah
Williams, William
Bone, Mahala
Carpenter, Abraham
Ashley, John
Masters, Mary
Fowler, Rachel
Holly, Editha
Rogers, John
Rousseau, Jeptha V.

Page 130:

Goss, Horatio J.
Bailey, Charles
O_____, Angus M.
McDonald, Margaret

Boatwright, Daniel
Sammons, Burwell
Sammons, Lewis
Sammons, Jeremiah
Skelton, Martin
Vickery, James
Sanders, Calvin P.
Sanders, Lewis
Sanders, Elias
Sanders, _____ P.
Prosser, James D.
Dean, Charles
Reynolds, James
Bobo, Burwell
Reynolds, William
Powell, Elijah
Rhodes, Hannah
Farmer, Perry
Johnson, Macon
Griffin, Jonathan
Anderson, Robert

Page 131:

Denny, Edward A.
_____, William
Roberts, Joseph, Jr.
Webb, Urbin A.
Staples, Thomas
Blackwell, Hardy
Roberts, Joseph, Sr.
Cheek, William
Christian, William P.
Dudley, Ignatius
Coker, Newel
Pace, Dreadzel
Hathcock, Hosea
Brown, John
Christian, Thomas J.
Ford, Elisha
Tucker, Robert W.
White, Martin
Bentley, Samuel
Nelms, Jesse
Hendrick, James
Jordan, William
Hill, Abraham
Unus, Samuel
Faulkner, William
Wilkins, Clement
Threlkeld, Nancy

Page 132:

Dennard, John
Wingfield, John
Oglesby, Robert C.
Bowen, Horatio C.
Coker, Malachi
Kelly, Barnabas
Carr, John
Smith, Valentine
Moss, William
Allen, Joseph
Reed, William P.
Hansard, Thomas S.
Campbell, William B.
McCurry, Daniel
Banks, Richard
Hudson, David
Clark, Samuel
Barnes, John
Page, Watson D.
Jones, Olivia?
Oglesby, Lindsay
McGehee, Hugh
White, Shelton
Faulkner, William O.
Horton, Thomas
Phelps, Thomas
Hunt, Nancy M.

Page 133:

Hall, Taliaferro
_____, Catherine
Payton, Moses
Duncan, Henry
Ray, William
Wynn (Winn), Benjamin
Denny, David
White, John H.
Ridgeway, Burrel
Downer, Joseph, Jr.
Eaves, William
Nicholls, Nathaniel
Webb, Burrel
Snellings, John
Edwards, John
Brown, Abraham
Ballenger, William
Glenn, Thomas M.
Clark, Williamson
Raines, John W.
Crittendon, Elijah (also Critenton)
Powell, Oliver C.
Andrews, Benjamin
Richard, Rachel
Carleton, Stephen
Downs, Jesse
Hamm, Elizabeth

Page 134:

Haynes, William D.
Smith, William W.
Phillips, Wiley
Edmonson, Samuel
Edmonson, Thomas
Page, John
Cox, George
Threlkeld, John
Patterson, Andrew
Davis, Moses
Culley, Thomas
Parker, Joseph
Parker, William H.
Redwine, Jacob
Lowremore, James
Burnett, Jeremiah
McGarity, John
Horton, James
Horton, Elizabeth
Bray, David
Bray, John
Ballenger, John
Ginn, Wiley
Kelly, Ramey
Steel, Robert
Johnson, Lindsay

Page 135:

Roberts, Presley B.
Rice, Aaron
Roberts, Moses
Hendricks, Jesse
Johnson, James
Blair, Middleton
Vines, Joseph
White, Eppy
Allison, John
Bramblett, Elizabeth
Bowen, William
White, John M.
McGarity, Archibald
Allen, William
Smith, John
Smith, Nathaniel
Peek, Solomon
Vickery, Aaron, Jr.
Peek, Elizabeth
Brown, Wiley B.
Smith, Jesse
Kelly, William
Blair, Allen

14

Page 135 cont'd:

Patterson, Nimrod
Grady, Needham
―――――, William A.

Page 136:

Houston, Benajah
Thompson, Wiley
Jones, Thomas
Carter, John W.
Oliver, Thomas
Griffin, William W.
Heard, Thomas J.
Davis, Isaac C.
Gibbs, Thomas
Herring, John
Fortson, Richard
Speed, Ferrel
Smith, Zachariah
Gaar, William
Hudson, Richard D.
James, David R.
Worrill, Ransom
McGarity, Gardner
Bobo, Benjamin
Page, Level
Cook, Theodosius, Jr.
Parham, Harrison
Hudson, Benjamin
Holmes, James
Means, Alexander

Page 137:

Henderson, Simeon
Barr, George J.
Blackwell, Joseph
Tinsley, William D.
Turman, Samuel
Colbert, Thomas
Chapman, David
Cook, Abraham
Downer, Joseph, Sr.
Stinchcomb, Absalom
Banks, Henry
Stone, William
Colvard, John S.
Goulding, Alexander
Hudson, William
Prosser, Asa
Houseley (Owsley), John
Hunt, George
Shackelford, Asa C.
Lofton, James
Bowen, William U.
Penn, William
Herndon, Edward
Herndon, Michael
Brawner, Middleton
Bell, James
Fortson, Easter

Page 138:

Pledger, Thomas
Higginbotham, John T.
Craft, Anderson
Grober, John J.
Booth, Gabriel
Parrott, James D.
Johnson, William
Ginn, Joshua
Thornton, Thomas A.
Ford, Isaac
Verdel, John A.
Parham, Isham
Perryman, Anthony A.
Price, Mathew
King, William
Dobbs, David
Aycock, Richard D.

Alexander, Elam
Peeler, Abner
Dobbs, Elijah
Rowsey, Stephen
Gibbs, Fortson
Campbell, Obadiah
Clark, Christopher
Edwards, Jesse
Kemp, David V.
Nelms, Wiley

Page 139:

Cook, John
Stinchcomb, Levi
Bond, William
Adams, James
Anderson, James O.
Fortson, Elizabeth
McLanahan, Mary
Burch, Elizabeth
Upshaw, Rebecca
Reagan, James
Rogers, George
Key, Charles F.?
Goulding, William
Fortson, Tavner W.
Jones, Edmund
Clark, Zachariah H.
Arnold, John
Jones, Arthur
Moon, William H.
Barr, Robert S.
Nash, Henry E.
Butler, David G.
Grant, Gregory
Edwards, Isaac O.
Jones, Davis
Bell, Jonathan
Downer, John

Page 140:

Jones, Hiram
Mattox, David
Mattox, Nathan
Jack, James
Christian, Ira
Housley (Owsley), William
Carter, George
Winbush, Alexander
Cork, William T. O.
Hendricks, Jesse
Brown, Jesse
Duncan, Moses
Denny, Robert
Gay, F_____
Bentley, Jesse
Downs, James
Jones, William
Butler, Peter P., Sr.
Dudley, James L.
Calloway, Lawrence
Penn, John
Hardman, Joel
Upshaw, James
Craft, John
Hicks, Johnson
Pace, John
Bray, Lewis

Page 141:

Burton, Thomas
Eaves, Rhoda
Rice, William
Lowremore, Samuel
Wilhite, Joseph V.
Burden, William
Newbern, Archibald
Pulliam, Matthew
Dudley, John T.
Burden, Archibald

Lunsford, Reuben
Moore, William S.
Teasley, Joshua
Mabry, Thomas
Upshaw, Leroy
McClanahan (McLanahan), James
Hall, John
Mitchell, Isaac G.
Butler, Peter P., Jr.
Scales, George
Allgood, John
Booth, William S.
Nelms, William
Mann, Jorn R.
Pledger, Isaac M.

Page 142:

Christian, Turner
Butler, George S.
Pledger, Wesley
Seamore (Seymour), Zachariah
Roberts, Willis
Wiley, William S.
Parham, Isham, Jr.
Andrews, Burley
Dickie, John
Burns, William
Henry, Alexander
Carter, Thomas S.
Thompson, Gaines
Horton, William
Pulliam, Joseph
Smith, Lindsay
Upshaw, George
Lunsford, James
Oliver, Jackson
Presley, Charles
Black, Matthew J.
Ware, Frances
Houston, Alexander
Raines, Dabney
Langston, Jesse
Dickerson, Robert P.
Henderson, James

Page 143:

Adams, James B.
Farmer, John
Rush, Lewis P.
McMullan, William
Haynes, Moses
Haynes, James
Davis, John
Bagwell, John
White, John W.
Keeling, Thomas
Dean, John
Self, Samuel E.
Adams, James
Wiley, Thomas
Teasley, Benajah
Dobbs, Jesse
McCurry, John
Johnson, Alexander
Bond, Nathan
Teasley, James
McMullan, Sinclair
Thompson, Jesse W.
Reynolds, Meredith
Fane, Robert
King, Keziah
Adams, Samuel
Fane, John

Page 144:

Myers, George B.
Underwood, Joshua
Williamson, Walker

15

Page 144 cont'd:

Reynolds, Charles
McMullan, Thomas
Kerby (Kerbee?), Willis
Cobb, James
Crump, Robert
Jones, Garland
Rucker, Pardon
Adams, Richard C.
Jackson, John H.
Wilson, Lewis
Reynolds, Berry
Jones, James H.
Bobo, Lewis
Daniel, John
Thornton, John
Bailey, William
Decker, Young A.
Vickery, Joseph
Dyer, Joel H.
Richardson, James V.
Teasley, Thomas J.
Bird, Russel

Page 145:

Dooly, Bennet
Richardson, M____ M.
Cason, John
Richardson, Amos
Ginn, William
Allen, Edmond
Skelton, Wiley
Cunningham, Franklin
Lunsford, William
Cason, Edward
Skelton, John
Patterson, Samuel
Henderson, William
Roebuck, William
Evans, Abraham
Eavenson, William
Dobbs, Asa
Norman, Elijah P.
Thomason, John
Parks, James
Hilley, William
Harris, John
Rowsey, William
Ginn, Luke
Johnson, John
Dods (Dodd?), William
Highsmith, Thomas H.

Page 146:

Parks, Abraham
Crisler, Benjamin
Nelms, Nathaniel
Thornton, Daniel
Carpenter, James
Teasley, John A.
Brawner, Simeon
Fortson, Thomas
Brown, James N.
Oglesby, William
David, Jacob
Stephens, Henry H.
Almand (Almond), Ann
Webb, Abner
Ford, John
Almand (Almond), Simeon
Oglesby, George
Moore, Thomas
Morris, Sherod
Raines, Henry
Deadwyler, Joseph
Webb, Milton P.
Wiley, George
Brawner, James M.
King, William

Page 147:

Booth, John
Oliver, James
Oliver, Simeon
Brawner, Joseph
Campbell, William D.
Rowsey, Foster
Cook, Smith
Cook, Issachar
Mills, William
Downer, William W.
Cook, Theodosius, Jr.
Willis, Thomas F.
Brawner, Henry P.
Goulding, Barnet
Tait, Edward B.
Parnall (Parnell), Moses
Thornton, Jeremiah
Gaar, George
Thonrton, Jeremiah, Sr.
White, William
Mann, Stephen A.
Thornton, Benjamin, Jr.
Stowers, Thomas
Hulme, John
Pruitt, John
Conwell, Samuel E.

Page 148:

McCurley (McKerley?), Moses
Thornton, Daniel, Sr.
Davis, Pleasant
Maxwell, John
White, John
Hudson, Mary
Hilley, Francis
Warren, Jeremiah S.
Morgan, Kindred
Adams, John
Cleveland, Reuben
Patterson, William
Wansley, Thomas
James, William
Maxwell, Benson
Greenway, John H.
Adams, Abner
Rowzee (Rowsey?), Winslow
Roebuck, John C.
Bailey, Wesley S.
Chandler, Mordecai
Higginton, James J.
Banks, James, Jr.
Patterson, Wiley D.
Hansford, Sarah
Whitman, William

Page 149:

Terrell, Britania
Jones, Willis B.
Forester, Jesse
Adams, Thomas P.
Rucker, Lemuel
Edwards, William
Mann, Asa
Jordan, Isaac
Mann, Jeremiah
Henderson, Simeon
Threlkeld, Willis
Hardy, Mary
Gunter, John
Hudson, Madison
Lesseur, Samuel
Butler, Peter P.
Dillard, James
Butler, Martha
Cook, John
Mathews, Phillip
Bell, Mary
Davis, James
Brown, Edward

Bolton, Isaac
Gray, Rebecca
Dye, Burrell (Burwell?)
David, Samuel

Page 150:

Bell, Thomas
Bell, David
Osley (Owsley?), Zachariah
Key, William B.
Elliott, Thomas C.
Clark, David
Sack, William H.
Woodley, Temperance
Dye, William
Bullard, Ann
Satterwhite, James
Clark, William D.
Oliver, Beryian?
Chiles (Childs), Seaborn
Baker, Amos
Morrison, Thomas
Sorrow, Elijah
Bell, Joseph
Snellings, Samuel
Banks, James, Sr.
Oliver, Dyonisius
Oliver, McCarty, Sr.
Davis, Terry
Allen, Beverly
Tucker, H. D.
Dye, Jane
Jones, Lewis R.

Page 151:

Brewer, William F.
Howell, Samuel D.
Lovingood, Harmon
Oliver, Shelton
Rooker?, Alexander
Foster, William
Davis, Joseph W.
Jones, Jane
Bullard, Thomas
Allgood, William
Bell, Thomas, Sr.
Overton, Ann
Allgood, Mary
Jones, Lewis J.
Nash, James
Hamm, James
Jones, Drucilla
Bell, James, Jr.
Butler, James
Spencer, Griffith
Gray, Reese
Morgan, Isham
Rich, John
Nash, Alice
Maxwell, William
Owens, Bathsheba
Brewer, William B.

Page 152:

Wall, Willis
McLaughlin, Duncan C.
Nunnelee (Nunnally), Walter
Burton, Nancy
Tate, William M.
Allen, Sarah
Wall, Wiley
Akin, Thomas
Jones, Marshall
Bell, Nancy
Banks, Thomas A.
Lewis, Jeptha
White, Henry
Alexander, Willis
Oliver, Thomas H.
Bailey, Esachiah

Page 152 cont'd:

Hammond, John
Alexander, William C.
Collins, Samuel
Ward, Abner
Wansley, Reuben
Tucker, Stephen C.
Dutton, Gaines
Tate, John
Dickerson, Zachariah
Blackwell, Ralph
Hall, Catherine

Page 153:

Alexander, Peter
McAllister, Alexander
Andrews, Charles
Bentley, James
Christian, Elijah
Butler, James
Ward, John P.
Tate, Enos, Sr.
Ward, Jane
Colson, Abraham
Harris, Tryon
Cook, Beverly C.
Colledy, William
Ethington, Rice
Jones, Fletcher
Tate, James
McGuire, John S.
Hudson, Lucy
Bevel, Thomas
Fleming, William
Fleming, Margaret
Power, Samuel
Terrell, Sarah
Edwards, Robert L.
Rich, William
Tate, Enos, Jr.
Burton, William

Page 154:

Tate, Permelia
Saxon, John M.
Saxon, Lewis W.
Stark, Samuel C.
Spalding, Albert M.
Rembert, James
Rembert, Samuel
Dixon, Robert
Coleman, Jonas
Miller, Jedidiah S.
Wadkins, Henry M.
Crawford, Henry
Stokes, Archibald
Dallas, Dennis B.
____land, Solomon
Lee, George H.
Burton, Blackmon
Burton, Leroy
Evans, Elizabeth
Burton, Abraham
Wadkins, John
Hamilton, Robert
Tate, James M.
Nunnelee (Nunnally), James F.
Chiles (Childs), Lewis G.
Brewer, Susan

Page 155:

Richardson, William M.
Brewer, Edmund H.
Jones, Samuel C.
Haynes, Reuben S.
Royal, William
Harper, Pompey
Gray, Susannah
Harper, Sarah

Harper, Grace
Freeman, George
Nash, Jeremiah
Morgan, Thomas
Childres, Holman
Colson, James
Berry, Elijah
Osley (Owsley), Jesse
Turman, Abner T.
Jones, Jordan
Jones, Solomon
Heard, Mary
Blackwell, Dunstan
Alexander, Allen
Morrison, Washington
McCart? (McCarty), John
Alston, Gilly
Tatum, Jesse

Page 156:

Alston, James Y.
Strawn, Amos
Haynes, Stephen
Heard, Elizabeth
Allen, Singleton W.
Childres, John
Keys, Thomas
Arnold, Elizabeth
Clark, Mary
Alston, Christian L.
Blackwell, Park
Hill, Lewis
Beck, William A.
Clark, Larkin
Oliver, Nancy
James, Isaac
Alexander, Tabitha
Cleveland, Rhody
Lewis, Susannah
Rucker, Mary
Oliver, Henry S.
Akin, Johnson
Banks, Ann
Brown, Jules K.
Anthony, Elijah
Anthony, Nelly
Anthony, David

Page 157:

Thornton, Francis
Pruitt, William
Beck, John
Harper, Bedford
Skaggs, Henry
Simmons, John
Herndon, Susannah
Foster, John S.
Fannin, Benjamin
Higginbotham, Bartley
Hearne, Thomas
Bell, Elizabeth
Burch, James J.
Cook, George
Davis, Thomas F.
Tucker, Ethel, Jr.
Tucker, William
Tucker, Ethel, Sr.
Thomas, Ezekiel
Johnson, Susan
Davis, Nancy
Arnold, William
Blackwell, Parks
Brown, Dozier
Brown, Elbert
Hulme, John T.
Herndon, Dillard

Page 158:

Rec (Reece?), Richard
Black, Thomas

Hulme, Margaret
Moss, Martin
Lewis, Jeremiah, Jr.
Loftis, William
Hinton, Thomas
Adams, John
Cunningham, Joseph
Wheeler, Isaac
Eavenson, George
Roberts, Elizabeth
Crawford, William
Wansley, John
Ward, William
Brown, William
Bailey, Henry
Bailey, Samuel N.
Gaines, Ralph
Gaines, William
Wheeler, Leroy
Nelms, Jordan
Underwood, Ezekiel
Johnson, Thomas
Taylor, Willis
Thornton, Lucy

Page 159:

Thornton, Elsey
Adams, William
Adams, Thomas
Tippits, Thomas
Brown, Nancy
Franklin, Wiley E.
Adams, Lawrence
Self, Sincler (Sinclair?)
Crisler, Julius
Thornton, Elizabeth
Maxwell, Thomas
Maxwell, Joel
Scales, Richard J.
Teasley, Sarah
Landers, William
Hunt, James
Harcrow, Hugh, Jr.
Harcrow, Hugh, Sr.
Johnson, Daniel M.
Ashworth, Elisha
McCurry, John
Johnson, Daniel, Sr.
Dodds, Sarah
Mewborn, Thomas
Ginn, Isaac
Dickerson, John
Ginn, Elisha

Page 160:

Bentley, Hiram
Vaughan, William
Harmon, John
Christian, Robert R.
Vaughan, Alexander
Deadwyler, Martin
Montague, Susan G.
Brown, Lewis
Oglesby, James
Almond, Sarah
Hall, Thomas
Lowremore, Sarah
Vining, John
Booth, Prudence
Christian, Mary
Motes, Joseph
Mason, Andrew
Mason, William
Penn, Thomas
Threlkeld, Delilah
Watson, Abner
Upshaw, John
McGuire, Anderson
Wyche, George
Mize, Saul
Kinnebrew, Edwin & Henry

INDEX

(Note: Numbers indicate census page number)

Adams, Abner 148
  Hiram 124
  James 139,143
  James B. 143
  John 148
  John C. 158
  Lawrence 159
  Richard C. 144
  Samuel 143
  Thomas 159
  Thomas F. 149
  William 159
Akin, Johnson 156
  Thomas 152
Alexander, Allen 155
  Elam 138
  James P. 122
  Mary 124
  Peter 153
  Tabitha 156
  William 124
  William G. 152
  Willis 152
Allen, Beverly 150
  Edmond 145
  Joseph 132
  Sarah 152
  Singleton W. 156
  William 135
Algood/Allgood, John 141
  Mary 151
  William 151
Allison, John 135
Almand/Almond, Ann 146
  John 119
  Sarah 160
  Simeon 146
Alston, Christian 156
  Gilley 155
  James Y. 156
Anderson, James O. 139
  Robert 130
Andrews, Benjamin 133
  Burley 142
  Charles 153
Anthony, David 156
  Elijah 156
  Nelly 156
Arnold, Davis 119
  Elizabeth 156
  John 139
  William 157
Ashley, Edward 120
  John 126
Ashworth, Elisha 159
  John 126
  Noah 125
Aycock, Richard D. 138

Bailey, Charles 130
  Esachiah 152
  Henry 158
  Samuel N. 158
  Wesley S. 148
  William 121,144
Bagwell, John 143
Ballenger, John 134
  William 133
Banks, Ann 156
  Henry 137
  James, Jr. 148
  James, Sr. 150
  John 127
  Richard 132
  Thomas A. 152
Baker, Amos 150
Barnes, John 132
Barr, George J. 137
  Robert S. 139

Beck, John 157
  William A. 156
Beggs, Thomas 126
Bell, David 150
  Elizabeth 157
  James 137
  James, Jr. 151
  Jonathan 139
  Joseph 150
  Mary 149
  Nancy 152
  Thomas 150
  Thomas, Sr. 151
Bentley, Hiram 160
  James 153
  Jesse 140
  Samuel 131
Berry, Elijah 155
Bevel, Thomas 153
Bird/Byrd, Russel 144
Black, Matthew J. 142
  Thomas 158
Blackwell, Dunstan 155
  Hardy 131
  Joseph 137
  Park 156
  Parks 157
  Ralph 152
Blair, Allen 135
  Middleton 135
Bobo, Benjamin 136
  Burwell 130
  Lewis 144
Boatwright, Daniel 130
Bolton, Isaac 149
Bond, Joel 121
  Nathan 143
  William 139
  Willis 121
Bone, Mahala 129
Booth, Gabriel 138
  John 147
  Joseph J. 123
  Nancy 119
  Prudence 160
  Robert 123
  Victor E. 119
  William S. 141
Bowen, Horatio C. 132
  William 135
  William U. 137
Bowman, Zachariah 124
Bramblet, Elizabeth 135
Brawner, Henry P. 147
  James M. 146
  Joseph 147
  Middleton 137
  Simeon 146
Bray, David 134
  John 134
  Lewis 140
Brewer, Edmond H. 155
  Susan 154
  William B. 151
  William F. 151
Brown, Abraham 133
  Andrew 120
  Benjamin 122
  Dozier 157
  Edward 149
  Elbert 157
  James 121
  James N. 146
  Jesse 140
  John 131
  Jules K. 156
  Lewis 160
  Nancy 159
  Wiley B. 135

Brown, William 158
  William A. 120
Browning, Henry 128
Buftington, William 124
Bullard, Ann 150
  Thomas 151
Burch, Elizabeth 139
  James J. 157
Burden, Archibald 141
  Henry 121
  William 141
Burnett, Jeremiah 134
Burns, William 142
Burton, Abraham 154
  Blackmon 154
  Leroy 154
  Nancy 152
  Thomas 141
  William 153
Butler, David G. 139
  George S. 142
  Haley 124
  James 151,153
  Martha 149
  Peter P., Sr. 140
  Peter P., Jr. 141
  Peter P. 149

Calloway, Lawrence 140
Campbell, Obadiah 138
  William B. 132
  William D. 147
Canden (Carden?),Charles 129
Cape. Brinkley 120
Card, Samuel 126
Carlton/Carleton, Stephens 133
Carpenter, Abraham 129
  James 146
  Joshua S. 127
Carr, John 132
Carter, George 140
  James 121
  John W. 136
  Lewis 127
  Thomas S. 142
Cash, Howard 126
  Jesse 126
  Moses 123
  Stephen 126
Cason, Edward 145
  John 145
Chandler, Mordecai 148
Chapman, David 137
Cheek, William 131
Childres, Holman 155
  John 156
Childs/Chiles, Lewis G.154
  Seaborn 150
Chisolm, Ann 127
Christian, Charles W. 119
  Elijah 153
  Ira 140
  Mary 160
  Robert R. 160
  Thomas J. 131
  Turner 142
  William P. 131
Clark, Christopher 138
  David 150
  Larkin 156
  Mary 156
  Samuel 132
  William D. 150
  Williamson 133
  Zachariah H. 139
Cleveland, Jacob M. 124
  James 126

Cleveland, Reuben 148
  Rhody 156
Cobb, James 144
Coker, Alsey 119
  Jacob 119
  Malachi 132
  Newell 131
Colbert, Thomas 137
Coleman, Jones 154
Colledy, William 153
Collins, Samuel 152
Colson, Abraham 153
  James 155
Colvard, John S. 137
Conwell, Samuel E. 147
Cook, Abraham 137
  Beverly C. 153
  George 157
  Issachar 147
  John 139,149
  Smith 147
  Theodosius, Jr. 147
Cork, William T. 140
Couch, Samuel 128
Cox, George 134
Craft, Anderson 138
  John 140
  John, Jr. 126
  Samuel 123
  Washington 124
  William 122
Crawford, Henry 154
  Lucy 121
  William 158
Crisler/Chrisler, Benjamin 146
  Julius 159
Crittendon, Elijah 133
Crump, Robert 144
Culbuth/Culbreth, Anguish 119
Cunningham, Franklin 145
  John A. 124
  Joseph 158

Dallas, Dennis B. 154
Daniel, David 123
  James J. 122
  John 124,144
David, Jacob 146
  Samuel 149
Davis, Isaac C. 136
  James 125,149
  John 122,143
  Joseph W. 151
  Moses 134
  Nancy 157
  Pleasant 148
  Terry 150
  Thomas F. 157
Dean, Charles 130
  John 143
Decker, Young A. 144
Deadwyler, Joseph 146
  Martin 160
Dennard, John 132
Denny, David 133
  Edward A. 131
  Robert 140
Dickerson, John 159
  Robert 123
  Robert P. 142
  Zachariah 152
Dickie, John 142
Dillard, James 149
Dixon, Robert 154
Dobbs, Asa 145
  Elijah 138
  David 138
  Jesse 143
  Silas 126
Dodd, Sarah 159
  Thomas 120

Dods, William 145
Dooley, Bennet 145
  William 126
  William W. 127
Downer, John 139
  Joseph, Jr. 133
  Joseph, Sr. 137
  William W. 147
Downs, James 140
  Jesse 133
Drennon, Joseph W. 127
Dudley, Ignatius 131
  James L. 140
  John T. 141
Duncan, Henry 133
  John 120
  Pearson 120
  Moses 140
Dunn, John 124
  John, Jr. 126
Dutton, Gaines 152
  James 128
  Thomas 121
  Thomas, Jr. 124
Dye, David 124
  Jane 150
  Burrell/Burwell 149
  William 150
Dyer, Joel H. 144

Eavenson, George 158
  William 145
Eaves, Rhoda 141
  William 133
Edmondson, Samuel 134
  Thomas 134
Edwards, Isaac O. 139
  Jesse 138
  John 133
  Robert L. 153
  William 149
Elliott, Thomas C. 150
Ethington, Rice 153
Evans, Abraham 145
  Elizabeth 154

Falk, Henry 119
Fain/Fane, John 143
  Robert 143
Fannin, Benjamin 157
Farmer, John 143
  Perry 130
Faulkner, William 131
  William O. 132
Fitts, Jincy 119
  William H. 123
Fleetwood, Elizabeth 126
Fleming, Margaret 153
  William 153
Ford, Elisha 131
  Isaac 138
  John 146
Forester, Jesse 149
Fortson, Easter 137
  Elizabeth 139
  Richard 136
  Tavner W. 139
  Thomas 146
Foster, John S. 157
  William 151
Fowler, Rachel 129
Franklin, Wiley E. 159
Freeman, George 155

Gaar, George 147
  William 136
Gaines, Francis 122
  Henry J. 125
  Ralph 158
  Richard G. 122
  Robert T. 123
  William 158
Gary, Van D. 122

Gay, F. _____ 140
Gibbs, Fortson 138
  Thomas 136
Ginn, Elisha 159
  Isaac 159
  Jesse 120
  Joshua 138
  Luke 145
  Wiley 134
  William 145
Glenn, Simon T. 129
  Thomas M. 133
Goolsby, Jeremiah 129
  Reuben 124
Gordon, John 128
Goss, Horatio J. 130
Goulding, Alexander 137
  Barnet 147
  William 139
Grady, Needham 135
Grant, Gregory 139
Gray, Rebecca 149
  Reese 151
  Susannah 135
Greenway, Elijah 122
  John H. 148
Griffin, Hardy 128
  Jonathan 130
  Leonard V. 129
  William W. 136
Grober, John J. 138
Gulley, John 125
  Richard 126
  Thomas 134
  Valentine 122
  William 126
Gunter, Allen 128
  John 125,149

Haley, John 121
  William 124
Hall, Catherine 152
  John 141
  Thomas 160
  Taliaferro 133
Hamm, Elizabeth 125,133
  James 151
  Jane 124
  Stephen 124
Hamilton, Robert 154
Hammond, John 152
Hammons, Alfred 125
Hansard, Thomas S. 132
Hansford, Sarah 148
Harbin, John 120
  Sarah 120
Harcrow, Hugh, Jr. 159
  Hugh, Sr. 159
Hardman, Joel 140
Hardy, Mary 149
Harmon, John 160
Harper, Bedford 157
  Grace 155
  Pompey 155
  Sarah 155
Harris, Jeptha V. 126
  Joanna 125
  John 145
  Tryon 153
Hathcock, Hosea 131
  James 120
Haynes, James 143
  Moses 143
  Reuben S. 155
  Sarah 129
  Stephen 156
  Thomas 124
  William 129
  William D. 134
Head, Benjamin 123
Heard, Elizabeth 156
  George W. 122
  Mary 155

Heard, Thomas J. 136
Hearne, Thomas 157
Henderson, James 142
   Simeon 137,149
   Simeon, Jr. 122
   William 145
Hendricks, Cornelius 125
   James 131
   Jesse 135,140
   Milum 120
   Whitehead 119
Hendry, Charles 120
Henry, Alexander 142
   Sarah 120
Herndon, Edward 137
   Dillard 157
   Michael 137
   Susannah 157
Herring, John 136
Hickman, William W. 127
Hicks, Johnson 140
   William 119
Higginbotham, Bartley 157
   John S. 123
   John T. 138
Higginton, James J. 148
Highsmith, John 127
   Thomas H. 145
Hill, Abraham 131
   Elam 119
   Lewis 156
Hilley, Francis 148
   William 145
Hinton, James S. 125
   John L. 125
   Peter 123
   Robert 124
   Thomas 158
Holbrook, Fleming 126
Holly, Editha 129
Holmes, James 136
   Joshua 125
   Shadrack 128
Horton, Elizabeth 134
   James 134
   Thomas 132
   William 142
Houseley/Housley, John 137
   William 140
Houston, Alexander 142
   Benajah 136
Howell, Samuel D. 151
Hudson, Benjamin 136
   David 132
   Lucy 153
   Madison 149
   Mary 148
   Richard D. 136
   William 137
Hulme, John 147
   John T. 157
   Margaret 158
Hunt, George 137
   James 159
   Moses 121
   Nancy M. 132
   Sion 127
Hutchinson, Joel 121
   Moses 126
Hynes/Hines, Mary 128

Jack, James 140
Jackson, John H. 144
James, David R. 136
   Isaac 156
   William 148
Johnson, Alexander 143
   Daniel M. 159
   Daniel, Sr. 159
   James 135
   John 145
   Macon 130
   Lindsey 134

Johnson, Susan 157
   Thomas 158
   William 138
Jones, Arthur 139
   Davis 139
   Drucilla 151
   Edmond 139
   Fletcher 153
   Garland 144
   Hiram 140
   James H. 144
   Jane 151
   Jordan 155
   Joseph C. 126
   Lewis J. 151
   Lewis R. 150
   Marshall 152
   Olivia 132
   Samuel G. 155
   Solomon 155
   Thomas 128,136
   William 140
   William B. 149
Jordan, Fountain 121
   Isaac 149
   James 125
   Obedience 120
   Stephen 120
   William 131
Keeling, Leonard 123
   Thomas 143
Kelly, Barnabas 132
   James W. 129
   Ramey 134
   William 124,135
Kemp, David V. 138
Kerbee/Kerby, James 123
   Willis 144
Kesley, David 124
Key, Charles 139
   William B. 150
Keys, Thomas 156
King, Keziah 143
   William 138,146
Kinnebrew, Edwin 160
   Henry 160

Landers, William 159
Langston, Jesse 142
Lee, George H. 154
Legrand, John N. 119
Lesseur, Samuel 149
Lewis, Jeptha 152
   Jeremiah, Jr. 158
   Susannah 156
Lockhart, James 125
Loftis, William 158
Lofton, James 137
Lowremore, Andrew 124
   James 134
   Samuel 141
   Sarah 160
Lovingood, Harmon 151
Lunceford/Lunsford,
   James 142
   Reuben 141
   William 145

McAllister (McCallister),
   Alexander 153
McCart, John 155
McCurley/McKerley,
   Moses 148
McCurry, Angus 129
   Daniel 132
   John 143,159
McDonald, Hugh 126
   Margaret 130
McGarity, Archibald 135
   Gardner 136
   John 134
McGee, Ansel/Amel? 127
   William 122

McGehee, Hugh 132
McGuire, Anderson 160
   John S. 153
   Thomas 127
   William D. 126
McLanahan (McClanahan),
   James 141
   Mary 139
McLaughlin, Duncan C. 152
McMullan, Patrick 126
   Sinclair 143
   Thomas 144
   William 143

Mabry, Thomas 141
Mann, Asa 149
   Jeremiah 149
   John R. 141
   Stephen A. 147
Mantz, William 128
Martin, James B. 127
Mason, Andrew 160
   William 160
Masters, Levi 126
   Mary 129
Mathews, Phillip 149
Mattox, David 140
   Nathan 140
Mauldin, Fleming 126
Maxwell, Benson 148
   Joel 157
   John 148
   Thomas 159
   William 121,151
Means, Alexander 136
   Jacob 121
Meret (Marrett?), T__ 120
Mewborn, Thomas 159
Miller, Jedidiah 154
Mills, William 147
Mitchell, Isaac G. 141
   Mary 124
Mize, Saul 160
Montague, Susan G. 160
Moon, William H. 139
Moore, Thomas 146
   William S. 141
Morgan, Isham 151
   Kindred 148
   Thomas 155
Morris, Sherod 146
Morrison, Thomas 150
   Washington 155
Moss, Martin 158
   Sarah 119
   Tabitha 119
   William 132
Motes, Joseph 160
Myers, George B. 144

Nash, Alice 151
   Henry E. 139
   James 151
   Jeremiah 155
Neal, Benjamin 128
   Lindsay 129
Nelms, James 121
   Jesse 131
   John 127
   Jordan 158
   Nathaniel 146
   Wiley 138
   William 141
Newbern, Archibald 141
Nicholls, Nathaniel 133
Norman, Elijah P. 145
Nunnelee (Nunnaly),
   James F. 154
   Walter 152

Oglesby, Drury 119
   George 146
   James 160

Oglesby...cont'd:
  Lindsay 132
  Robert C. 132
  Thomas 119
  William 146
Oliver, Beryian? 150
  Christian 156
  Dyonisius 150
  Henry S. 156
  Jackson 142
  James 147
  Nancy 156
  McCarty, Sr. 150
  Shelton 151
  Simeon 147
  Thomas 136
  Thomas H. 152
Orson, Benjamin 128
Osley (Owsley?), Jesse 155
  Zachariah 150
Overton, Ann 151
Owens, Bathsheba 151
O_____, Angus M. 130

Pace, Barnabas 120
  Dreadzel 131
  John 140
Page, Elizabeth 127
  John 134
  Level 136
  Watson D. 132
Parham, Isham 138
  Isham, Jr. 142
  Harrison 136
Parker, Joseph 134
  William H. 134
Parks, Abraham 146
  James 145
Parnell (Parnall),
  Abraham 125
  Edward 125
  Moses 147
Parrott, James D. 138
Patterson, Andrew 134
  James 128
  Nimrod 135
  Samuel 145
  Wiley D. 148
  William 148
Payne, Thomas H. 121
Payton, Moses 133
Peek, Elizabeth 135
  Solomon 135
Peeler, Abner 138
  Cader 121
Penn, John 140
  Mary 119
  Thomas 160
  William 137
Perryman, Anthony A. 138
Phelps, Thomas 132
Phillips, Wiley 134
Pierce, Isham 120
Pledger, Isaac M. 141
  Thomas 138
  Wesley 142
Powell, Elijah 130
  Francis 126
  Oliver C. 133
  Richard J. 128
  William P. 125
  Willis 127
Power, Samuel 153
Prater, William M. 122
Presley, Charles 142
Price, James 128
  Matthew 138
Pritchett, Delfa 127
  Nicholas 125
  Thomas 126
Prosser, Asa 137
  James D. 130
Prothro, George 129

Prothro, Zilpha 129
Pruitt, John 147
  Joshua 121
  William 157
Pulliam, Joseph 142
  Matthew 141

Raines, Dabney 142
  Henry 146
  John W. 133
Ramsey, Archibald 126
  David B. 124
  Kelbern 128
  Mary 128
  Thomas 125
Ray, William 133
Reagan, James 139
Redwine, Jacob 134
Reece/Reese, Richardson 158
Reed/Reade, William P. 132
Rembert, James 154
  Samuel 154
Reynolds, Berry 144
  Charles 144
  James 130
  Meredith 143
  William 130
Rhodes, Hannah 130
Rice, Aaron 135
  Leonard 120
  William 141
Rich, John 151
  William 153
Richard, Rachel 133
Richardson, Amos 145
  James V. 144
  Malge? M. 145
  William M. 155
Ridgeway, Burrel 133
  James 119
Riley, James 121
  Patsy 124
Roberts, Elizabeth 158
  John 120
  Joseph, Jr. 131
  Joseph, Sr. 131
  Moses 135
  Presley B. 135
  Willis 142
Robertson, William 122
Roebuck, John C. 148
  William 145
Rogers, George 139
  John 129
  Isham G. 128
Rooker?, Alexander 151
Rousseau, Jeptha V. 129
Rousey/Rowzee,
  Foster 147
  Stephen 138
  William 145
  Winslow 148
Rowe1?, Jesse 124
Royal, William 155
Rucker, Catherine 123
  Joseph 123
  Lemuel 149
  Mary 156
  Pardon 144
  William 127
Ruff, Shadrack 119
Rush, Lewis P. 143

Sack, William H. 150
Sadler, James R. 128
  John F. 125
Sammons, Burwell 130
  Jeremiah 130
  Lewis 130
Sandege, Claiborne 121
Sanders, Calvin P. 130
  Elias 130
  Lewis 130

Sanders, _____ P. 130
Satterwhite, James 150
Saxon, John M. 154
  Lewis W. 154
Scales, Aaron 120
  George 141
  John 128
  Richard J. 159
  Thomas 128
Scott, Lawson 125
Self, Samuel E. 143
  Sinclair? 159
Seymour, Zachariah 119,142
Shackelford, Asa C. 137
  Edmond 123
  Henry 123
Shepherd, Samuel 121
Shiflett, James 128
  Picket, Sr. 123
  Powel 128
  Robert, Jr. 127
Shoemaker, Tarlton 123
Simmons, John 157
Simpson, Mary 122
Skaggs, Henry 157
Skelton, Jabez 126
  John, Sr. 127
  John 145
  Martin 130
  Richard 127
  Wiley 145
Smith, Elijah 120
  Feilding 122
  Jesse 135
  John 135
  Lindsay 142
  Nathaniel 135
  Paris 123
  Robert 120,126
  Valentine 132
  William 134
  Zachariah 136
Snellings, John 133
  Samuel 150
Sorrow, Elijah 150
Spalding, Albert M. 154
Speed, Ferrel 136
Spencer, Griffith 151
Staples, Thomas 131
Stark, Samuel C. 154
Steedly, William 120
Steel, Robert 134
Stephens, Henry H. 146
Stinchcomb, Absalom 137
  Levi 139
Stodgehill, Durret 123
Stokes, Archibald 154
Stone, William 137
Stowers, Jeremiah 128
  Lewis 128
  Thomas 147
Strawn, Amos 156
Strickland, Abner 125
  Joseph 125
Sullivan, Pleasant 127
  William H. 129

Tait, Edward B. 147
Tate, Enos, Sr. 153
  Enos, Jr. 153
  James 153
  James M. 154
  John 152
  Permelia 154
  William M. 152
Tatum, Jesse 155
Taylor, Elizabeth 122
  Jesse 122
  Susannah 122
  Willis 158
Teasley, Benajah 143
  Beverly A. 127
  Isham 121

Teasley, James 143
  John A. 146
  Joshua 141
  Russel 125
  Sarah 159
  Silas 127
  Thomas J. 144
  William D. 137
Tennell, William 125
Terrell, Britania 149
  Sarah 153
Terry, Joseph 122
Thomas, Ezekiel 157
Thomason, John 145
Thompson, Gaines 142
  Jesse W. 143
  Wiley 136
Thornton, Benjamin, Jr. 147
  Daniel 146
  Daniel, Sr. 148
  Elizabeth 159
  Elsey 159
  Francis 157
  Jeremiah 147
  Jeremiah, Sr. 147
  John 144
  Lucy 158
  Thomas A. 138
Tinsley, William D. 137
Tippits (Tibbits?), Thomas 159
Totman, Joshua 127
Threlkeld, Delilah 160
  John 134
  Nancy 131
  Oliver 119
  Willis 149
Tucker, Ethel, Jr. 157
  Ethel, Sr. 157
  Harberd 125
  H. D. 150
  Robert W. 131
  Stephen C. 152
  William 157
Turman, Abner T. 155
  Samuel 137
Turner, Thomas 122
Tyler, Reuben D. 129
  Henry 129
Tyner, Harris 121
  Tolison 127
  William 127

Underwood, Ezekiel 158
  Joseph 122
  Joshua 144
  Reuben 125
Unus, Samuel 131
Upshaw, George 142
  Haston 119
  James 140
  John 160
  Leroy 141
  Rebecca 139

Vasser, John 119
Vaughan, Alexander 160
  William 160
Verdel, John A. 138
Vickery, Aaron 130
  Aaron, Jr. 135
  James 130
  Joseph 144
Vines, Joseph 135
Vining, John 160

Wadkins (Watkins),
  Henry M. 154
  John 154
Wall, Wiley 152
  Willis 152
Wallace, Thomas 120
Wansley, John 158

Wansley, Reuben 152
  Thomas 148
Ward, Abner 152
  Jane 153
  Jeptha H. 122
  John P. 153
  William 158
Ware, Frances 142
Warren, Jeremiah S. 148
Waters, Lucy 129
Watson, Abner 160
Webb, Abner 146
  Burrel 133
  Elijah 123
  John D. 123
  Margaret 123
  Milton P. 146
  Urbin A. 131
Weston, Job 123
Wheeler, Isaac 158
  Leroy 158
White, Eppy 135
  Henry 152
  Jesse 129
  John 148
  John H. 133
  John M. 135
  John W. 143
  Martin 131
  Mary 129
  Shelton 132
  Stephen 121
  William 147
Whitman, William 148
Wiley, George 146
  Thomas 143
William S. 142
Wilhite, Joseph V. 141
  Philimon 119
Wilkins, Clement 131
Williams, William 129
Williamson, Walker 144
Willis, Mildred 123
  Thomas F. 147
Wilson, James 127
  Lewis 144
Winbush, Alexander 140
Wingfield, John 132
Witcher, _. C. 123
Woodley, Temperance 150
Worrill, Ransom 136
Wyche, George 160
Wynn/Winn, Benjamin 133

1840 Census of Elbert County, Georgia

Heads of Households

Microfilm No. M 704

Roll No. 40

Read and Indexed by

Irene Stilwell Wilcox

1975

Names are frequently spelled in unusual ways in all censuses. Some are not legible. Current spelling is used in index as this may make research easier.

The 1840 census had districts indicated and numbered, not named. The districts do not appear in numerical order on the film. It is important to notice in what districts names appear. This helps to locate lands and also indicates names of neighbors.

This census does not number individuals. I have numbered them to make use of the index easier.

Special Information

1840 Census

Under a column headed "Pensioners of Revolutionary War or Other Military Services" the following names were listed with ages of each given:

William Trammel	83
Amos Richardson	76
William Gaines	83
William Ward	82
John Daniel	80
John Davis	87
Benjamin Brown	77
James Riley	82
Richard Gulley	85
William Kelly	82
David Carter	82
John Cook	79

Also given: Total White Males 3060
Total White Females 3024

1840 Census of Elbert County, Georgia

District 189:

1 Smith, Benjamin
2 Williams, James K.
3 Russell, Stoddard
4 Nelms, William B.
5 Hendrick, Frances
6 Willis, Milly
7 Oglesby, Drury
8 Eavenson, George
9 White, William
10 Oglesby, Robert C.
11 Harper, John A. H.
12 James, David R.
13 Harper, William H.
14 Adams, Abner
15 Worrell, Eleanor
16 Christian, Ira
17 Smith, Zachariah
18 Oliver, C. D.
19 Tucker, Samuel C.
20 Thompson, Elizabeth
21 Burch, Elizabeth
22 Hester, Robert
23 Jones, John E. S.
24 Stanford, Samuel B.
25 Stodgehill, Joel
26 Anderson, James E.
27 Fortson, Benjamin G.
28 Baker, John T.
29 Barr, George J.
30 Jones, Thomas
31 Harris, __ . C.
32 Gray, Reese
33 Kirby (Kirbee),William
34 Cosby, Henry H.
35 Chamberland, Robert
36 Arnold, Davis
37 Pulliam, Willis
38 Hammond, Alfred
39 Holmes, James
40 Buffington, William
41 Campbell, William B.
42 Cooper, Kennon
43 Moore, Jeremiah E.
44 Stone, Keron
45 Fortson, Eastin
46 Alexander, Flim A.
47 Bourne, Henry
48 Watson, Job
49 Thomas, John
50 Moss, William
51 Ramsey (Rumsey),Fields
52 Lane, Richard
53 Oliver, Thomas
54 Brawner, James
55 Harper, John

District 193:

56 Brawner, Jeptha F.
57 Brawner, Henry P.
58 Lowrimore, Andrew
59 Tate, Edmond B.
60 Harris, Sarah
61 Hubbard, Vinson
62 Roberts, Francis
63 Downer, Joseph
64 Wilkins, Clement
65 Booth, Robert N.
66 Coxe (Cox), Jacob
67 Hansard, James A.
68 Dye, David
69 Brawner, Joseph
70 Roberts, Joseph
71 Mobley, M. C.
72 Kerlin, David
73 Stone, James A.
74 Bullard, Thomas B.
75 Dennard, Wiley
76 Dennard, John
77 Wyche, Agatha
78 Downer, John
79 Kinnebrew, Jasper
80 Hamm, Stephen
81 Brown, James N.
82 Butler, David C.
83 Mills, William
84 Bell, William
85 Bell, Green
86 Bell, Mary
87 Hansard, William P.
88 Mathews, Phillip
89 Downer, William W.
90 Kerlin, Samuel
91 Mathews, William
92 Dye, William
93 Brawner, Elizabeth
94 Fortson, Richard
95 Decker, Whitefield
96 Crawford, Oliver
97 Gray, Rebecca
98 Mobley, Frances
99 Brawner, Jesse M.
100 Mattox, Henry P.
101 Goulding, Richard
102 Bullard, William G.
103 Cleveland, Peter
104 Kinnebrew, Edwin
105 Butler, Peter P.
106 Snellings, John
107 Smith, Mary
108 Coliday, William
109 Brawner, Henry, Sr.
110 Stephens, Henry H.
111 Dennard, Mitchel
112 Butler, Nathan
113 Hearn, Thomas

District 197:

114 Faulkner, Asa E.
115 Faulkner, William
116 Hall, Robert
117 Bond, Eppy
118 Smith, Robert
119 Frazier, James W.
120 Jordan, Elizabeth
121 Rooks, Dennis
122 Kettle, Margaret
123 White, James M.
124 Smith, Parish
125 Burns, William
126 Lowrimore, Samuel
127 David, Samuel
128 Higginbotham, John S.
129 Hamm, Samuel
130 Bond, William
131 King, John
132 Smith, Frances M.
133 Burton, Thomas
134 Edwards, William H.
135 Black, John W.
136 Upshaw, Elizabeth
137 Brawner, John F.
138 Bond, Martin
139 Cook, William T. O.
140 Thornton, Benjamin
141 Hall, Mariah
142 Fitts, Jency
143 Andrews, Benjamin
144 Andrews, William T.
145 King, Nancy
146 Shoemaker, Tarleton
147 Crittendon, Elijah
148 Hamm, Elizabeth
149 Butler, Haley
150 Davis, Richard
151 Harmon, John S.
152 Lunceford, Roland
153 Fleming, David C.
154 Barton, John H.
155 Edwards, Jesse
156 Goulding, Barnet
157 Webb, Urbin A.
158 Hall, Thomas
159 Roberts, Sally
160 Mills, Thomas
161 Coker, Washington
162 Christian, William J.
163 Bond, Henry W.
164 Seymour, Zachariah
165 Penn, James
166 Seymour, John W.
167 Sandridge, James M.
168 Burden, James
169 Scales, George
170 Tibbits, Joseph C.
171 Sewell, Joseph
172 Fitts, Tandy W.
173 Upshaw, Leroy
174 Carter, Thomas S.
175 Hall, Simeon
176 Andrews, Charles
177 Crittendon, Henry W.
178 Houseley (Owsley), Frances
179 Smith, Lion
180 Pulliam, Joseph
181 Harmon, John, Sr.
182 Andrews, Gideon B.
183 Hancock, John P.
184 Dickey, John
185 Vaughan, Isaac D.
186 Nix, Sarah
187 White, Robert
188 Pledger, Isaac M.
189 Peeler, Benjamin
190 Richards, Rachel
191 Maxwell, Benjamin
192 Rosser, Jeptha
193 Dickerson, Robert
194 Pledger, Thomas
195 Rowsey, William
196 Phillips, James
197 Wilson, James
198 Fowler, Rachel
199 Hunt, Nancy M.

District 191:

200 Carlton, Henry
201 Gunter, John
202 Willis, Thomas F.
203 Clark, David
204 Reagan, William
205 Young, John
206 Clark, Christopher
207 Jones, Elizabeth
208 Hines, Mary
209 Hudson, Madison
210 Jones, Thomas
211 Morrison, Thomas
212 Pratt, William J.
213 Bell, Enoch
214 Martin, Nathaniel
215 Jones, James
216 Osley, Zachariah
217 Osley, Larkin
218 Bell, James
219 Jones, Lewis R.
220 Hudson, Richard D.
221 Roberts, Hugh W.
222 Bell, Elizabeth
223 Bell, Thomas
224 Dye, Elizabeth
225 Jones, Arthur
226 Elliott, Thomas C.
227 Snellings, Samuel
228 Herndon, Benjamin
229 Gunter, James M.
230 Johnson, Anthony
231 Foster, Judith

232	Hudson, David B.	312	Newburn, Archibald	392	McKinley, Robert
233	Butler, Wiley	313	Maxwell, William	393	Keys, John D.
234	Bell, David	314	Lunceford, James	394	Johnston, James J.
235	Snellings, Peter P.	315	Nelms, Nathaniel	395	Tait, David
236	Smith, Lindsay H.	316	Mewburn, John	396	Nunnellee, James F.
237	Mabry, Thomas W.	317	McCoy, Jackson	397	Glenn, William H.
238	Rowsey, Simeon	318	------	398	Tate, Enos
239	Bell, Thomas, Sr.	319	Tibbits, Job W.		
240	Rodgers, John W.	320	Lunceford, George		**District 198:**
241	Smith, Green W.	321	Maxwell, Jesse		
242	Davis, Terry	322	Ginn, William	399	Risner, Aaron
243	Hamm, James	323	Maxwell, Joel	400	Dunn, John
244	Cook, John	324	Maxwell, Elijah	401	Fain, Eppy
245	Jones, Davis	325	Jordan, Stephen W.	402	Hickman, M. W.
246	Stark, Samuel C.	326	Mewburn, Thomas	403	Kelly, James
247	Kerby, James M.	327	Teasley, Sarah	404	Bobo, Burwell
248	Slay, Parker	328	Teasley, John A.	405	Jones, James W.
249	Sorrow, Elijah	329	Sandridge, Claiborn	406	Head, Benjamin
250	Cook, Sarah	330	Hutcherson, Joshua	407	Brown, Robin
251	Cook, Judith W.	331	Mason, Daniel	408	Dobbs, Jesse
252	Key, Chiles T.	332	Dickinson, John	409	Brown, Hamilton
253	Turman, Abner T.	333	Thornton, Reuben	410	Ramsey, James
254	Nash, James, Sr.	334	Thornton, John M.	411	Holmes, Lewis
255	Nash, James, Jr.	335	Thornton, Memory	412	Neal, Benjamin
256	Nash, Hudson H.	336	Adams, William H.	413	McMullan, Sinclair
257	Baker, Amos	337	Teasley, Jane	414	McCurry, Angus
258	Taylor, Robert P.	338	Maxwell, Thomas J.	415	Farmer, John
259	Allgood, James F.	339	Burden, Henry	416	Parks, Abraham
260	Gunter, John W.	340	King, Luriah	417	Thompson, John
261	Clark, William	341	Nelms, Jordan	418	White, Jesse
262	Brown, Marshal J.	342	Ginn, Sylvania	419	Tyler, Reuben
263	Clark, B. B.	343	Brown, James E.	420	Neal, A. M.
264	Nash, Thomas J.	344	McCurry, Laughlin	421	Reynolds, Charles
265	Taylor, Rebecca	345	McCurry, John	422	Gordon, John
266	Dye, Jane	346	Dodds, Sarah	423	McDonald, John
267	Royals, William	347	Page, William	424	Crawford, Leroy H.
268	Turman, Yancy	348	Johnson, Daniel M.	425	McCurry, John S.
269	Jones, William S.	349	Teasley, Lucy	426	Holmes, Shadrack
270	Brewer, E. H.	350	Banks, Nathaniel	427	Rogers, Isham G.
271	Brewer, Charlotte	351	Higginbotham, John	428	Johnston, Alexander
272	Bennet, Richard	352	Ayers, Rachel	429	Dooley, William W.
		353	Rucker, William	430	Ramsey, Thomas
	District 315:	354	Ginn, Elisha	431	Kelly, William
				432	Skelton, Martin
273	Loftis, William		**District 192:**	433	Carden, Moses J.
274	Adams, James B.			434	Crocker, Lemuel
275	Pulliam, William	355	Turman, Thomas J.	435	Bobo, Benjamin H.
276	Eavenson, George	356	Hester, James M.	436	Brownlee, William
277	Adams, John M.	357	Cade, D. B.	437	Rhodes, John
278	Pulliam, Mathew	358	Edwards, Felix G.	438	Goss, H. J.
279	Hansard, Mary	359	Sayer, Archibald N.	439	Walker, John
280	Bond, Willis	360	Lyon, Nancy	440	McDonald, Hugh
281	Bond, Nathan	361	Sate?, Uriah O.	441	Steeple, James
282	Rowsey, Stephen	362	Armstead, Ajax	442	McDonald, Margaret
283	Harper, Elijah	363	Stokes, Archibald	443	Bailey, Armstead
284	Hunt, Hullam?	364	Balchin, Thomas	444	Dooley, Mitchel M.
285	Moss, Martin	365	Hill, James	445	Masters, Mary
286	Smith, Singleton	366	Burton, Abraham	446	Ashley, Austin
287	Burden, Archibald	367	Nelms, James C.	447	Carter, David
288	Burden, Micajah	368	Evans, Elam	448	Waters, Lucy
289	Bond, Joel	369	Watkins, John	449	Waters, Jesse
290	Davis, Pleasant	370	Burton, Nicholas	450	Ashley, Polly
291	Penn, Thomas H.	371	Evans, William	451	McGuire, William
292	Norman, Elijah B.	372	------	452	Wright, William
293	Cunningham, Franklin	373	Childs, Lewis G.	453	Farrow, Jowel
294	Fleming, Moses T.	374	Coleman, Jane	454	SAmmon, Burwell
295	Adams, William	375	Dixon, Robert	455	Sammon, Lewis
296	Fleming, Sarah	376	Dixon, Thomas	456	Waters, Abraham
297	Fleming, M. L.	377	Ellenbury, James J.	457	Vickery, Polly
298	Johnson, Daniel	378	Martin, Richard W.	458	Dyer, Joel
299	Higginbotham, John G.	379	Saxon, Drury T.	459	Loony, Thomas
300	Harcrow, Hugh	380	Dixon, John	460	Vickery, Joseph
301	Dooley, Bennet	381	Dixon, William	461	Mantz, William
302	Hutcherson, Joel	382	Gray, William	462	Steeple, John
303	Teasley, Thomas	383	Staunton, Joseph	463	Thornton, Daniel
304	Parks, Marshall	384	Saxon, John M.	464	Hendrix, Cornelius
305	Rucker, Barden	385	Ward, John B.	465	Underwood, Joshua
306	Bell, Pierce	386	Tate, Permelia	466	Reynolds, Marida
307	Garr, William	387	Wilson, James	467	Powell, Elijah
308	Dickinson, Robert P.	388	------	468	Richardson, Willis
309	McGarity, Gardner	389	Fleming, Margaret	469	Rhodes, Hannah
310	White, Stephen	390	Bevil, Elizabeth	470	Hickman, Jane
311	Tibbits, Thomas	391	Rich, Richmond	471	Fain, Robert

472	Richardson, Sarah	551	Stowers, Thomas	631	Brown, Elbert
473	Crow, Pinkney	552	Turner, Thomas	632	Thornton, Eppy W.
474	Dooley, William	553	Ward, William	633	Adams, John C.
475	Crawford, William H.	554	Tyrell, William	634	Wiley, Hugh A.
476	Cosper?, Lewis	555	Crawford, Lucy	635	McLanahan, Mary
477	Dobbs, Josiah	556	Alexander, William	636	Rucker, Catherine
478	Cosper?, Jacob	557	Daniel, John	637	Morris, Johnson
479	Sadler, William B.	558	Alexander, Mary	638	Brown, George W.
480	Tyler, Henry	559	Ward, Frances	639	Blackwell, Ralph
481	McCurry, Polly	560	Fleetwood, Thomas J.	640	Herndon, Dillard
		561	Hulme, John	641	Pugh, John
District 199:		562	Wanslow, Larkin	642	Blackwell, Elizabeth
		563	Powell, Wiley	643	Nelms, James M.
482	Sadler, John F.	564	Greenway, John W.	644	Hansard, L. J.
483	Terrell, Robert M.	565	Daniel, Allen	645	Self, Samuel E.
484	Adams, Thomas F.	566	Craft, William	646	Rucker, Joseph
485	Holmes, Allen	567	Craft, John, Jr.	647	White, John
486	Craft, Willis	568	Cunningham, John A.	648	Garr, Mary
487	Holmes, James M.	569	Madden, Robert	649	Guy, Nancy
488	Rowzee (Rowsey), Winslow	570	Hinton, W. W.		
		571	Martin, Woodbury	District 202:	
489	Haley, John	572	Stephenson, Samuel		
490	Crawford, Barton E.	573	Stamps, Henry	650	Almand, John
491	Shiflett, Josiah	574	Pickens, John	651	Ridgeway, James
492	Prather, William	575	Hinton, Peter	652	Hamm, Willis R.
493	Cash, Moses	576	Craft, Solomon	653	Almand, James
494	Gaines, Francis	577	Roberts, James W.	654	Campbell, William D.
495	Riley, James	578	Patterson, Brown	655	Bentley, John E.
496	Robertson, William	579	Partain, Henry C.	656	Wilhite, P. A.
497	Hunt, Moses	580	Harris, Edward	657	McClain, Haliday
498	Ramsey, Archibald	581	Gulley, William	658	Campbell, Obed
499	Crawford, James L.	582	Harper, Mary	659	Harper, Pompey
500	Alexander, Robert L.	583	Hinton, Thomas	660	Deadwyler, Martin
501	Craft, Washington	584	Dutton, Thomas	661	Vasser, John
502	Jenkins, Milly			662	Andrews, Burley
503	Cash, Reuben	District 196:		663	Page, James B.
504	Gaines, R. T.			664	Moore, William J.
505	Greenway, John H.	585	Warren, Jeremiah S.	665	Hewell, William
506	Scott, Lemuel	586	Hulme, Margaret	666	Deadwyler, Henry R.
507	Gulley, John	587	Taylor, Willis	667	Blair, Middleton
508	Brown, James	588	Roebuck, William	668	Thornton, Dozier
509	Alexander, George	589	Chandler, Asa	669	Deadwyler, Alice
510	Holmes, Joshua	590	Fannin, Benjamin	670	Webb, Walton P.
511	Alexander, Elam	591	McAllister, James J.	671	Oliver, James
512	Stephenson, John	592	Bailey, Ezekiel	672	Brown, Jesse
513	Hulme, George W.	593	Alexander, Thomas R.	673	Stinchcomb, Levi
514	Wanslow, Thomas	594	Carter, Lucy	674	Wyche, George C.
515	Davis, John	595	Daniel, John	675	Hammond, F. W.
516	Gaines, George	596	Adams, N. M.	676	Carpenter, J. S.
517	Decker, J. A.	597	Thomason, John	677	Vasser, William O.
518	Terry, Joseph	598	Adams, John	678	Smith, Jacob B.
519	Ashworth, Elisha	599	Moore, John S.	679	Booth, John S.
520	Shiflett, Picket	600	Hansard, John	680	Oglesby, Drury
521	Daniel, James J.	601	Cleveland, Jacob M.	681	Fortson, Jesse M.
522	Chapman, David	602	Hulme, John	682	Oglesby, James
523	Means, Jacob	603	Gaines, Ralph	683	Ridgeway, John T.
524	Craft, Anderson	604	Maley, Sidney	684	Booth, Nathaniel
525	Alexander, James B.	605	Roebuck, Eppy W.	685	Colvard, Sarah
526	Conwell, David E.	606	Alexander, Julia	686	Parham, George W.
527	Jenkins, James	607	Black, Thomas	687	Vaughan, Alexander
528	Cobb, James	608	Patterson, William	688	Watson, Abner
529	Ashworth, Noah	609	Griffin, R. T.	689	Oglesby, Rufus
530	Powell, William R.	610	Patterson, Wesley	690	Oglesby, William
531	Galloway, William	611	James, Isaac	691	Wilhite, P. R.
532	Craft, John	612	White, Henry	692	Parham, Mary
533	Hinton, John L.	613	Dickerson, Nancy A.	693	Edwards, John
534	Daniel, David	614	Alexander, Peter	694	McKinney, Samuel
535	Hinton, James S.	615	Alexander, Catherine	695	Parham, William
536	Taylor, Jesse	616	Ashworth, Elijah	696	Gibson, William
537	Cleveland, James M.	617	Maley, Johnson	697	Colvard, John W.
538	Bowman, Tech?	618	Shackelford, John	698	Booth, Robert
539	Johnston, William	619	Reynolds, James	699	Moore, John N.
540	O'Briant, Thomas	620	Clark, James	700	Webb, Lilly?
541	Brown, Benjamin	621	Roebuck, John W.	701	Thomas, Jett
542	Franklin, Wiley E.	622	Goss, Benjamin	702	Oliver, Shelton
543	Franklin, Frances	623	Gaines, William	703	Richards, William
544	Sullivan, Milly	624	Brown, William		
545	Adams, Hiram G.	625	Wanslow, Reuben	District 190:	
546	Abney, Wiley	626	Dickerson, John T.		
547	Shennall, Samuel	627	Shackelford, S. M.	704	Almand, John W.
548	Powell, Tinsley	628	Brown, E. H.	705	Jones, Hiram
549	Scott, Lawson	629	Eavenson, Thomas	706	Shields, John
550	Powell, James	630	Johnston, Thomas	707	Jones, Keziah

708 Wall, Willis	788 Thornton, William D.	868 Palmer, Jesse
709 Grant, Gregory	789 Thornton, Daniel	869 Rice, Richard
710 Reagan, John	790 Cray, Joseph	870 Hilley, William, Jr.
711 Wall, Jesse C.	791 Jones, Elijah	871 Hilley, Thomas
712 Herndon, Michael	792 Prather, Amos	872 Williamson, Stephen
713 Tate, John	793 Harper, Bedford	873 Skelton, Richard
714 Prather, Josiah	794 Blackwell, Park	874 Highsmith, John
715 Faulkner, James J.	795 Verdell, John A.	875 Carpenter, James
716 Griffin, Jonathan	796 Cray, Sarah	876 Smith, John
717 Tait, Elizabeth	797 Winbish, James	877 Bone, Mahala
718 Caldwell, Sarah	798 Morgan, Lucy	878 Gunter, Allen
719 Allgood, William	799 Allen, Singleton W.	879 McMullan, Patrick
720 Wall, Bud C.	800 Nash, Jeremiah	880 McCurley, Moses
721 Perryman, Albert G.	801 Heard, Elizabeth	881 Stephenson, William H.
722 Kilgore, William L.	802 Tatum, Jesse	882 McKinney, Alexander
723 Alexander, Allen	803 Tait, Jacobell	883 McCurley, George
724 Strawn, Amos	804 Alexander, Tabitha	884 Stowers, Francis G.
725 Henry, Lucy	805 Banks, Frances A.	885 Dutton, Thomas
726 Bowen, William	806 Herndon, Susan	886 Gaines, Willis A.
727 Rich, William	807 Haley, William B.	887 Watson, John G.
728 Nunnellee, Jane	808 Rucker, Mary	888 Shiflett, James
729 Wall, Wiley	809 Anthony, William	889 Pritchett, Jesse
730 Ellington, Rice	810 Anthony, Elijah	890 Jones, James
731 Woods, Thomas	811 Anthony, David	891 Pritchett, Thomas
732 Edwards, Joseph T.		892 Stowers, Jeremiah
733 Palmer, James M.	District 200:	893 Mullinix, Aaron
734 Buffington, ___. M.		894 Davis, Vina
735 Edwards, John F.	812 Gary, Van D.	895 Ramsey, Felix
736 Edwards, Robert L.	813 Fountain, James	896 McMullan, John
737 Mills, William	814 Hilley, William, Sr.	
738 Colson, James	815 Robertson, Samuel	(Note: Numbers skipped to
739 Tucker, William	816 Skelton, John, Sr.	900)
740 Johnston, Jane D.	817 Jones, Seaborn S.	
741 Harris, J. V.	818 Pritchett, Nicholas	District 201:
742 Lovingood, H.	819 Shiflett, John	
743 Childers, Holman	820 Beggs, William H.	900 Tucker, William
744 Harper, Gracy	821 Shiflett, Powell	901 Ford, Richard
745 Osley, Jesse	822 Gaines, Richard S.	902 Booth, Gabriel
746 Dye, Thompson B.	823 Scales, Lewis	903 Shaw, Samuel
747 Butler, William	824 Chapman, Fred	904 Duncan, H.
748 Terrell, Sarah	825 Barrow, Barnabas	905 Hendrick, Whitehead
749 Gray, John	826 Skelton, Wiley	906 Ginn, Wiley
750 Ward, Jane	827 Myers, William	907 Coker, John
751 Davis, Joseph W.	828 Neal, Lindsay	908 Eaves, Rhoda
752 Nunnellee, John	829 Cason, Edward	909 Burden, Nelson
753 Jones, Jane	830 Stephens, S.	910 Hill, Elisha
754 Heard, Thomas J.	831 Beggs, Ann B.	911 Moon, Charles G.
755 Blackwell, Dunstan	832 Curry, John S.	912 Seymour, Tich
	833 Adams, L. M.	913 Henry, James M.
District 195:	834 Adams, James	914 Kelly, Adam
	835 Scales, John	915 Hathcock, William R.
756 Ramsey, David R.	836 Decker, Young A.	916 Tucker, William G.
757 Arnold, Wilton J.	837 Chapman, James	917 Smith, Prudence
758 Wigginton, J. J.	838 Banks, James J.	918 Shaw, Edward
759 White, William B.	839 Thornton, Benjamin	919 Coker, Malachi
760 McMillan, Robert	840 Hunt, Sion	920 Ruff, Shade
761 Barrett, J. H. M.	841 Holmes, Willis	921 Christian, Rufus
762 Hilley, Francis	842 McMullan, Frances	922 Phillips, Thomas
763 Lofton, James	843 Richardson, James V.	923 Vaughan, John P.
764 Gibbs, Thomas F.	844 Powell, Killis	924 Christian, Franklin
765 Cleveland, Reuben	845 Higginbotham, Frances	925 Helms, Jesse
766 Aikin, Johnson	846 Ashworth, John	926 Dunca, Pearson
767 White, Benjamin H.	847 Totman, Joshua	927 Ramsey, Nancy
768 Forester, Jesse	848 Crump, Robert	928 Smith, Howell
769 McDaniel, Edward	849 Sadler, James R.	929 Christian, Washington
770 Childers, John	850 Fain, John H.	930 Hendrick, Wesley
771 Blackwell, Joseph	851 Ramsey, William	931 Hendrick, Milam
772 Rucker, Tinsley W.	852 Shiflett, Picket	932 Brown, John, Jr.
773 Allen, Beverly	853 Cason, John	933 ------
774 Cleveland, Leroy	854 Tyner, Harris	934 Dudley, William B.
775 Alexander, George	855 Tyner, Tolison	935 Eaves, William
776 Adams, Richard	856 Teasley, Beverly A.	936 Nelms, William
777 Rucker, Peter	857 Reynolds, James	937 Threlkeld, Willis
778 Cleveland, Rhoda	858 Scales, Aaron	938 White, Martin
779 Beck, William A.	859 Teasley, James	939 Thompson, Gaines
780 Beck, John	860 Banks, Milly A.	940 Hendrick, Russell
781 Jones, William	861 Hunt, Willis	941 McAllister, John G.
782 Bell, A. B.	862 Jones, Frances	942 Hendrick, James
783 Johnston, Neal	863 Skelton, John, Jr.	943 Pruitt, Jonathan
784 Fain, Charles	864 Jenkins, Joseph	944 Pruitt, Edward
785 White, William	865 Page, Elizabeth	945 Ginn, Abner W.
786 Tait, James	866 Skelton, Jabez	946 Page, Sion
787 Clark, Larkin	867 McGee, Allen	947 Price, William

948 Booth, V. E.
949 McAllister, Thomas
950 Gay, James
951 Trammel, William
952 Vaughan, James W.
953 Ginn, Isaac
954 Seymour, Joel
955 Tucker, Robert W.
956 Carlton, Henry S.
957 Northern, John
958 Brown, Robert W.
959 Brown, William H.
960 Staples, Fanny
961 Denny, Robert

INDEX
1830 Census Elbert County, Georgia

Abney, Wiley 546
Adams, Abner 14
  Hiram G. 545
  James 834
  James B. 274
  John 598
  John C. 633
  John M. 277
  L. M. 833
  N. M. 596
  Richard 776
  Thomas F. 484
  William 295
  William H. 336
Aiken (Akin), Johnson 76f
Alexander, Allen 723
  Catherine 615
  Elam 511
  Flim A. 46
  George 509,775
  James B. 525
  Julia 606
  Mary 558
  Peter 614
  Robert L. 500
  Tabitha 804
  Thomas R. 593
  William 556
Allen, Beverly 773
  Singleton W. 799
Algood (Allgood), James F. 259
  William 719
Almand (Almond), James 653
  John 650
  John W. 704
Anderson, James E. 26
Andrews, Benjamin 143
  Burley 662
  Charles 176
  Gideon 182
  William T. 144
Anthony, David 811
  Elijah 810
  William
Armstead, Ajax 362
Arnold, Davis 36
  William J. 757
Ashley, Austin 446
  Polly 450
Ashworth, Elijah 616
  Elisha 519
  James B. 525
  John 846
  Noah 529
Ayers, Rachel 352

Bailey, Armstead 443
  Ezekiel 592
Baker, Amos 257
  John T. 28
Balchin, Thomas 364
Banks, Frances A. 805

Banks, James J. 838
  Milly A. 860
  Nathaniel 350
Barr, George J. 29
Barrett, J. H. M. 761
Barrow, Ann B. 831
  Barnabas 825
Barton, John H. 154
Beck, John 780
  William A. 779
Beggs, Ann B. 831
  William H. 820
Bell, A. B. 782
  David 234
  Elizabeth 222
  Enoch 213
  Green 85
  James 218
  Mary 86
  Pierce 306
  Thomas 223
  Thomas, Sr. 239
  William 84
Bennet, Richard 272
Bentley, John E. 655
Bevil, Elizabeth 390
Black, John W. 135
  Thomas 607
Blackwell, Dunstan 755
  Elizabeth 642
  Joseph 771
  Park 794
  Ralph 639
Blair, Middleton 667
Bobo, Benjamin H. 435
  Burwell 404
Bond, Eppy 117
  Henry W. 163
  Joel 289
  Martin 138
  Nathan 281
  William 130,280
Bone, Mahala 877
Booth, Gabriel 902
  John S. 679
  Nathaniel 684
  Robert 698
  Robert N. 65
  V. E. 948
Bowen, William ___. 726
Bowman, Tich? 538
Bourne, Henry 47
Brawner, Elizabeth 93
  Henry, Sr. 109
  Henry P. 57
  James 54
  Jeptha F. 56
  Jesse M. 99
  John F. 137
  Joseph 69
Brewer, Charlotte 271
  E. H. 270
Brown, Benjamin 541

Brown, E. H. 628
  Elbert 631
  George W. 638
  Hamilton 409
  James 508
  James E. 343
  James N. 81
  Jesse 672
  John, Jr. 932
  Marshall J. 262
  Robert W. 958
  Robin 407
  William 624
  William H. 959
Brownlee, William 436
Buffington, . M. 734
  William 40
Bullard, Thomas B. 74
  William C. 102
Burch, Elizabeth 21
Burden, Archibald 287
  Henry 339
  James 168
  Micajah 288
  Nelson 909
Burns, William 125
Burton, Abraham 366
  Nicholas 370
  Thomas 133
Butler, David C. 82
  Haley 149
  Nathan 112
  Peter P. 105
  Wiley 235
  William 747

Cade, D. B. 357
Caldwell, Sarah 718
Campbell, Obed 658
  Willia B. 41
  William D. 654
Carden, Moses J. 433
Carlton, Henry 200
  Henry S. 956
Carpenter, J. S. 676
  James 875
Carter, David 447
  Lucy 594
  Thomas S. 174
Cash, Moses 493
  Reuben 503
Cason, Edward 829
  John 853
Chamberland, Robert 35
Chandler, Asa 589
Chapman, David 522
  Fred 824
  James 837
Childers, Holman 743
  John 770
Childs, Lewis G. 375
Christian, Ira 16
  Franklin 924

Christian, Rufus 921
  Washington 929
  William J. 162
Clark, B. B. 263
  Christopher 206
  David 203
  James 620
  Larkin 787
  William D. 261
Cleveland, Jacob M. 601
  James M. 537
  Leroy 774
  Peter 103
  Reuben 765
  Rhoda 778
Cobb, James 528
Coker, John 907
  Malachi 919
  Washington 161
Coleman, Jano 374
Coliday, William 108
Colson, James 738
Colvard, John W. 697
  Sarah 685
Conwell, David E. 526
Cook, John 244
  Judith W. 251
  Sarah 250
  W. T. O. 139
Cooper, Kennon 42
Cosby, Henry H. 34
Cosper?, Jacob 578
  Lewis 476
Cox (Coxe), Jacob 66
Craft, Anderson 524
  John 532
  John, Jr. 567
  Solomon 576
  Washington 501
  William 566
  Willis 486
Crawford, Barton E. 490
  James L. 499
  Leroy H. 424
  Lucy 555
  Oliver 96
  William H. 475
Crittendon, Elijah 147
  Henry W. 177
Crocker, Lemuel 434
Crow, Pinkney 473
Crump, Robert 848
Cunningham, Franklin 293
  John A. 568
Curry, John S. 832

Daniel, Allen 565
  David 534
  James J. 521
  John 557,595
David, Samuel 127
Davis, John 515
  Joseph W. 751
  Pleasant 290
  Richard 150
  Terry 242
  Vina 894
Deadwyler, Alice 669
  Henry R. 666
  Martin 660
Decker, J. A. 517
  Whitefield 95
  Young A. 836
Dennard, John 76
  Mitchell 111
  Wiley 75
Denny, Robert 961
Dickerson, John T. 626
  Nancy A. 613
  Robert 193
Dickey, John 184
Dickinson, John 332
  Robert P. 308

Dixon, John 380
  Robert 375
  Thomas 376
  William 381
Dobbs, Jesse 408
  Josiah 477
Dodds, Sarah 346
Dooley, Bennet 301
  Mitchell M. 444
  William 474
  William W. 429
Downer, John 78
  Joseph 63
  William W. 89
Dudley, William B. 934
Duncan, N. 904
  Pearson 926
Dunn, John 400
Dutton, Thomas 584,885
Dye, David 68
  Elizabeth 224
  Jane 266
  Thompson B. 746
  William 92
Dyer, Joel 458

Eavenson, George 8,276
  Thomas 629
Eaves, Rhoda 908
  William 935
Edwards, Felix G. 358
  Jesse 155
  John 693
  John F. 735
  Joseph T. 732
  Robert L. 736
  William H. 134
Ellenbury, James J. 377
Ellington, Rice 730
Elliott, Thomas C. 226
Evans, Elam 368
  William 371

Fain, Charles 784
  Eppy 401
  John H. 850
  Robert 471
Fannin, Benjamin 590
Farmer, John 415
Farrow, Joel 453
Faulkner, Asa E. 114
  James J. 715
  William 115
Fitts, Jincy 142
  Tandy W. 172
Fleetwood, Thomas J. 560
Fleming, David C. 153
  Margaret 389
  M. L. 297
  Moses T. 294
  Sarah 296
Ford, Richard 901
Forester, Jesse 768
Fortson, Benjamin G. 27
  Eastin 45
  Jesse M. 681
  Richard 94
Foster, Judith 231
Fountain, James 813
Fowler, Rachel 198
Franklin, Frances 543
  Wiley E. 542
Frazier, James W. 119

Gaines, Francis 494
  George 516
  Ralph 603
  Richard S. 822
  R. T. 504
  William 623
  Willis A. 886
Galloway, William 531
Garr, Mary 648

Garr, William 307
Gary, Van D. 812
Gay (Guy?), James 950
  Nancy 649
Gibbs, Thomas F. 764
Gibson,William 696
Ginn, Abner W. 945
  Elisha 354
  Isaac 953
  Sylvania 342
  Wiley 906
  William 322
Glenn, William H. 397
Gordon, John 422
Goss, Benjamin 622
  H. J. 438
Goulding, Barnet 156
  Richard 101
Grant, Gregory 709
Gray, John 749
  Joseph 790
  Rebecca 97
  Reese 32
  Sarah 796
  William 382
Greenway, John H. 505
  John W. 564
Griffin, Jonathan 716
  R. T. 609
Gulley, John 507
  William 581
Gunter, Allen 878
  James M. 229
  John 201
  John W. 260

Haley, John 489
  William B. 807
Hall, Mariah 141
  Robert 116
  Simeon 175
  Thomas 158
Hamm, Elizabeth 148
  James 243
  Samuel 129
  Stephen 80
  Wallis R. 652
Hammond, Alfred 38
  F. W. 675
Hancock, John P. 183
Hansard, James A. 67
  John 606
  L. J. 644
  Mary 279
  William P. 87
Harcrow, Hugh 300
Harmon, John, S. 151
  John, Sr. 181
Harper, Bedford 793
  Elijah 283
  Gracy 744
  John 55
  John, A. H. 11
  Mary 582
  Pompey 659
  William H. 13
Harris, Edward 580
  G. 31
  J. V. 741
  Sarah 60
Hathcock, William R. 915
Head, Benjamin 406
Heard, Elizabeth 801
  Thomas J. 754
Hearn, Thomas 113
Hendrick, Frances 5
  James 942
  Milam 931
  Russell 940
  Wesley 930
  Whitehead 905
Hendrix, Cornelius 464
Henry, James M. 913

Henry, Lucy 725
Herndon, Benjamin 228
  Dillard 640
  Michael 712
  Susan 806
Hester, James M. 356
  Robert 22
Hewell, William 665
Hickman, Jane 470
  M. W. 402
Higginbotham, Frances 845
  John 351
  John G. 299
  John S. 128
Highsmith, John 874
Hill, Elisha 910
  James 365
Hilley, Francis 762
  Thomas 871
  William, Jr. 870
  William, Sr. 814
Hines, Mary 208
Hinton, James S. 535
  John L. 533
  Peter 575
  Thomas 583
  W. W. 570
Holmes, Allen 485
  James 39
  James M. 487
  Joshua 510
  Lewis 411
  Shadrack 426
  Willis 841
Housley (Owsley?), Frances 178
Hubbard, Vinson 61
Hudson, David B. 232
  Madison 209
  Richard D. 220
Hulme, George W. 513
  John 561
  John __. 602
  Margaret 586
Hunt, Hullam? 284
  Moses 497
  Nancy M. 199
  Sion 840
  Willis 861
Hutcherson, Joel 302
  Joshua 330

James, David E. 12
  Isaac 611
Jenkins, James 527
  Joseph 864
  Milly 502
Johnson, Anthony 230
  Daniel 298
  Daniel M. 348
Johnston, Alexander 428
  James J. 394
  Jane D. 740
  Neal 783
  Thomas 630
  William 539
Jones, Arthur 225
  Davis 245
  Elijah 791
  Elizabeth 207
  Frances 862
  Hiram 705
  James 215,890
  James W. 405
  Jane 753
  John E. S. 23
  Keziah 707
  Lewis R. 219
  Seaborn, S. 817
  Thomas 30,210
  William 781
  William S. 269
Jordan (Jourdan?),.....

Jordan, cont'd:
  Elizabeth 120
  Stephen W. 325
Kelly, Adam 914
  James 403
  William 431
Kerlin, David 72
  Samuel 90
Kettle, Margaret 122
Key, Chiles T. 252
Keys, John D. 393
Kilgore, William L. 722
King, John 131
  Luriah 340
  Nancy 145
Kinnebrew, Edwin 104
  Jasper 79
Kirby (Kerbee?), James M. 247
  William 33

Lane, Richard 52
Loftis, William 273
Lofton, James 763
Loony, Thomas 459
Lovinggood, H. 742
Lowrimore, Andrew 58
  Samuel 126
Lunceford (Lunsford), George 320
  James 314
  Roland 152
Lyon, Nancy 360

McAllister (McCallister?), James 591
  John G. 941
  Thomas 949
McClain, Haliday? 657
McCoy, Jackson 317
  Nancy 318
McCurley, George 883
  Moses 880
McCurry, Angus 414
  John 345
  John S. 425
  Laughlin 344
  Polly 481
McDaniel, Edward 769
McDonald, Hugh 440
  John 423
  Margaret 442
McGarity, Gardner 309
McGee, Allen 867
McGuire, William 451
McKinley, Robert 392
McKinney, Alexander 882
  Samuel 694
McLanahan, Mary 635
McMillan, Robert 760
McMullen, Frances 842
  John 896
  Patrick 879
  Sinclair 413

Mabry, Thomas 237
Madden, Robert 569
Maley, Johnson 617
  Sidney 604
Mantz, William 461
Martin, Nathaniel 214
  Richard W. 378
  Woodbury 571
Mason, Daniel 331
Masters, Mary 445
Matthews, Phillip 88
  William 91
Mattox, Henry P. 100
Maxwell, Benjamin 191
  Elijah 324
  Jesse 321
  Joel 323

Maxwell, Thomas J. 338
  William 313
Means, Jacob 523
Mewbourn, Archibald 312
  John 316
  Thomas 326
Mills, Thomas 160
  William 83,757
Mobley, Frances 98
  M. C. 71
Moon, Charles G. 911
Moore, Jeremiah E. 43
  John N. 699
  John S. 599
  William J. 664
Morgan, Lucy 798
Morris, Johnson 637
Morrison, Thomas 211
Moss, Martin 285
  William 50
Mullinix, Aaron 893
Myers, William 827

Nash, Hudson H. 256
  James, Jr. 255
  James, Sr. 254
  Jeremiah 800
  Thomas J. 264
Neal, A. M. 420
  Benjamin 412
  Lindsay 828
Nelms, James C. 367
  James M. 643
  Jesse 925
  Jordan 341
  Nathaniel 315
  William 936
  William B. 4
Nix, Sarah 186
Norman, Elijah B. 292
Northern, John 957
Nunnally (Nunnellee), James F. 396
  Jane 728
  John 752

O'Briant, Thomas 540
Oglesby, Drury 7,680
  James 682
  Robert C. 10
  Rufus 689
  William 690
Oliver, C. D. 18
  James 671
  Shelton 702
  Thomas 53
Osley (Owsley), Jesse 745
  Larkin 217
  Zachariah 216

Page, Elizabeth 865
  James B. 663
  Sion 946
  William 347
Palmer, James M. 733
  Jesse 868
Parham, George W. 686
  Mary 692
  William 695
Parks, Abraham 416
  Marshall 304
Partain, Henry C. 579
Patterson, Brown 578
  Wesley 610
  William 608
Peeler, Benjamin 189
Penn, James 165
  Thomas H. 291
Perryman, Albert G. 721
Phillips, James 196
  Thomas 922
Pickens, John 574
Pledger, Isaac N. 188

Pledger, Thomas 194
Powell, Elijah 467
  James 550
  Killis 844
  Tinsley 548
  Wiley 563
  William R. 530
Prather, Amos 792
  Josiah 714
  William 492
Pratt, William J. 212
Price, William 947
Pritchett, Jesse 889
  Nicholas 818
  Thomas 891
Pruitt, Edward 944
  Jonathan 943
Pugh, John 641
Pulliam, Joseph 180
  Matthew 278
  William 275
  Willis 37

Ramsey, Archibald 498
  David R. 756
  Felix 895
  Fields 51
  James 410
  Nancy 927
  Thomas 430
  William 851
Reagan, John 710
  William 204
Reynolds, Charles 421
  James 619,857
  Marida 466
Rhodes, Hannah 469
  John 437
Rice, Richard 869
Rich, Richmond 391
  William 727
Richards, Rachel 190
  William 703
Richardson, James V. 843
  Sarah 472
  Willis 468
Ridgeway, James 651
  John T. 683
Riley, James 495
Risner, Aaron 399
Roberts, Francis 62
  Hugh W. 221
  James W. 577
  Joseph 70
  Sally 159
Robertson, Samuel 815
  William 496
Roebuck, Eppy W. 605
  John W. 621
  William 588
Rogers, Isham G. 427
  John W. 240
Rooks, Dennis 121
Rosser, Jeptha 192
Rousey (Rowzee), Simeon 238
  Stephen 282
  William 195
  Winslow 488
Royals, William 267
Rucker, Barden 305
  Catherine 636
  Joseph 646
  Mary 808
  Peter 777
  Tinsley W. 772
  William 353
Ruff, Shade 920
Russell, Stoddard 3

Sadler, James R. 849
  John F. 482
  William B. 479

Sammon, Burwell 454
  Lewis 455
Sandridge, Claiborn 329
  James M. 167
Sate?/Tate?, Uriah O. 361
Saxon (Saxton), Drury T. 379
  John N. 384
Sayer, Archibald N. 359
Scales, Aaron 858
  George 169
  John 835
  Lewis 823
Scott, Lawson 549
  Lemuel 506
Self, Samuel E. 645
Sewell, Joseph 171
Seymour, Joel 954
  John W. 166
  Tich 912
  Zachariah 164
Shackelford, John 168
  S. M. 627
Shaw, Edward 918
  Samuel 903
  Samuel, Jr. 933
Shennall (Chenault?), Samuel 547
Shields, John 706
Shiflett, James 688
  John 819
  Josiah 491
  Picket 520,852
  Powell 821
Shoemaker, Tarleton 146
Skelton, Jabez 866
  John, Jr. 863
  John, Sr. 816
  Martin 432
  Richard 873
  Wiley 826
Slay, Parker 248
Smith, Benjamin 1
  Frances M. 132
  Green W. 241
  Howell 928
  Jacob B. 678
  John 876
  Lindsay H. 236
  Lion 179
  Mary 107
  Parish 124
  Prudence 917
  Robert 118
  Singleton 286
  Zachariah 17
Snellings, John 106
  Peter P. 235
  Samuel 227
Sorrow, Elijah 249
Stamps, Henry 573
Stanford, Samuel B. 24
Staples, Fanny 960
Stark, Samuel C. 246
Staunton, Joseph 383
Steeples, James 441
  John 462
Stephens, Henry H. 110
  S. 830
Stephenson, John 512
  Samuel 572
  William H. 881
Stinchcomb, Levi 673
Stodgehill, Joel 25
Stokes, Archibald 363
Stone, James A. 73
  Keron 44
Stowers, Francis G. 884
  Jeremiah 892
  Thomas 551
Strawn, Amos 724
Sullivan, Milly 544

Tait, David 395
  Elizabeth 717
  Jacobell 803
  James 786
  Permelia 386
Tate, Edmond B. 59
  Enos 398
  John 713
Tatum, Jesse 802
Taylor, Jesse 536
  Rebecca 265
  Robert P. 258
  Willis 587
Teasley, Beverly A. 856
  James 859
  Jane 337
  John A. 328
  Lucy 349
  Sarah 327
  Thomas 303
Terrell, Robert M. 483
  Sarah 748
Terry, Joseph 518
Thomas Jett 701
  John 49
Thomason, John 597
Thompson, Elizabeth 20
  Gaines 939
  John 417
Thornton, Benjamin 140,839
  Daniel 463,789
  Dozier 668
  Eppy W. 632
  John M. 334
  Memory 335
  Reuben 333
  William D. 788
Threlkeld, Willis 937
Tibbits, Job W. 319
  Joseph C. 170
  Thomas 311
Totman, Joshua 847
Trammel, William 951
Tucker, Robert W. 955
  Samuel C. 19
  William 739,900
  William G. 916
Turman, Abner T. 253
  Thomas J. 355
  Yancy 268
Turner, Thomas 552
Tyler, Henry 480
  Reuben 419
Tyner, Harris 854
  Tolison 855
Tyrrell, William 554

Underwood, Joshua 465
Upshaw, Elizabeth 196
  Leroy 173

Vasser, John 661
  William O. 677
Vaughan, Alexander 687
  Isaac D. 185
  James W. 952
  John P. 923
Verdell, John A. 795
Vickery, Joseph 460
  Polly 457

Walker, John 439
Wall, Bud C, 720
  Jesse C. 711
  Wiley 729
  Willis 708
Wanslow, Larkin 562
  Reuben 625
  Thomas 514
Ward, Frances 559
  Jane 750
  John B. 385
  William 553

Warren, Jeremiah S. 585
Waters, Abraham, 456
    Jesse 449
    Lucy 448
Watkins, John 369
Watson, Abner 688
    Job 48
    John G. 887
Webb, Lelly? 700
    Urbin A. 157
    Walton P. 670
Weston, Job 48
White, Benjamin H. 767
    Henry 612
    James M. 123
    Jesse 418
    John 647
    Martin 938
    Robert 187
    Stephen 310
    William 9,785
    William B. 759
Wiggington, J. J. 758
Wiley, Hugh A. 634
Wilhite, P. A. 656
    P. R. 691
Wilkins, Clement 64
Williams, James K. 2
Williamson, Stephen 872
Willis, Milly 6
    Thomas F. 202
Wilson, James 197,387
Wimbish, James 797
Woods, Thomas 731
Worrell, Eleanor 15
Wright, William 452
Wyche, Agatha 77
    George C. 674

Young, John 205

1850 Census of Elbert County, Georgia

    Heads of Households
          Index

    Microfilm No. M432

      Roll No. 68

    Read and Indexed by

   Irene Stilwell Wilcox
         1973

Districts are not named or numbered in
this census. Numbers in the index indi-
cate number of household as it appears
in the census.

1850 Census of Elbert County, Georgia

#	Name	Age/Sex		#	Name	Age/Sex		#	Name	Age/Sex
1	W. M. Haslet	33m S C		11 cont'd:				22 cont'd:		
	E. E. "	28f			J. H. Fortson	13m			J. M. Hutcherson	10m
	E. C. "	4f			M. E. "	11m			J. M. "	8m
	B. "	6/12f			M. A. "	8f			S. M. "	5f
	W. J. Clark	23m			F. "	6m			O. A. "	3f
	C. C. Henry	18m			A. "	3m			M. Hutcherson	80f N C
	E. Edwards	11m		12	J. S. Jones	23m			N. "	45f
2	E. B. Adams	26m			S. M. "	18f			N. McDaniel	40f
	M. E. "	23f			T. F. "	9/12f		23	James Lofton	55m S C
	D. L. "	5m		13	G. W. Stone	28m			L. A. "	44f
	W. A. "	4m			L. "	22f			W. A. "	23m
	F. "	4/12f			R. "	2f			John T. "	21m
	James Richard	m			John Dye	28m			L. "	19f
3	James M. Willis	40m			Sarah Dye	35f			M. E. "	17f
	C. M. "	33f		14	John Gray	63m			J. H. "	15m
	C. A. "	10f			A. "	33f			B. H. "	13m
	G. H. "	7f			A. "	31f			J. E. "	7f
	J. W. "	5m			E. "	31f			L. Howard	72f Va
	T. F. "	2m			E. "	28f		24	D. Herndon	55m
4	James H. Reynolds	42m			J. "	26m			B. C. Thornton	22m
	P. "	40f		15	M. P. Herndon	22m		25	J. H. M. Barrett	39m
	T. H. "	17m			C. "	17f			M. A. "	33f
	F. A. "	15f			Sarah E."	2/12f				S C
	J. M. "	12m		16	M. C. Mobley	38m			A. O. "	10f
	F. M. "	10m			N. B. "	34f		26	R. Vawter	42m
	M. "	8f			J. H. "	11m		27	B. R. Taylor	40m
	P. F. "	6m			S. A. "	9f			M. A. "	31f
	J. J. "	1m			W. D. "	6m			W. T. "	10m
	A. "	1f			M. E. "	4f				S C
5	A. Craft	55m N C			N. M. "	3f			Z. B. "	8m
	L. "	58f		17	Asa Hall	31m			J. M. "	6m
	M. Alexander	95f Va			M. "	17f			L. S. "	4m
					W. A. "	5m			James F. White	23m
					James R."	1/12m			T. Hall	26m
6	E. Jones	40m			E. "	25m			M. Prahter	23m N C
	M. E. "	34f			C. "	54f			W. Bailey	21m
	M. A. "	13f		18	H. Jones	55m			E. Pulliam	26f
	S. "	11f			M. E. "	17f		28	J. A. Stone	35m
	J. H. "	9m			J. S. "	13m			S. V. "	30f
	W. H. "	8m			M. C. "	11m			W. R. "	12m
	M. "	6f			W. H. "	9m			G. W. "	10m
	D. "	4f			M. E. "	6f			H. C. "	6m
	G. Fortson	11m			S. F. Parrott	2f			J. H. "	2m
	O. Jones	1f		19	J. H. Jones	31m				
7	F. R. Bond	21m			L. "	22f		29	W. C. Prather	32m N C
	S. H. "	19f			T. A. "	5m			A. H. "	23f
	J. W. "	3m			L. "	4f			W. M. "	9m
	J. E. "	2m			E. "	2f			T. Z. "	7m
	S. F. "	6/12f			C. "	2/12f			J. W. "	7/12m
8	F. A. Campbell	28m			Job Weston	80m Mass			C. M. Prather	21f N C
9	John Craft	46m			W. Bond	21m			F. Jones	29f
	E. "	47f		20	T. J. Turman	44m		30	R. C. Adams	53m Va
	M. "	17m			M. A. "	13f			M. "	52f
	N. "	16f			G. E. "	11m			A. Beck	16m
	E. "	14f			F. A. "	9f			M. A. Arnold	30m
	T. "	13m			T. M. "	7m			L. Adams	17f
	F. "	9f			W. H. Turner	4m			P. Mulchy	38f Ireland
10	V. Hubbard	49m			J. W. Turner	26m			W. Adams	13m
	S. "	48f			M. J. "	20f				
	S. R. "	19f			R. A. "	1m		31	M. F. Adams	29m
	S. E. "	16f		21	D. M. Carlton	26m N C			L. "	26f
	R. H. "	14m			M. L. "	23f			S. "	5f
	M. J. "	12f			M. A. "	1/12f			E. M. "	3f
	W. D. "	10m		22	J. Hutcherson	41m N C			M. E. "	1f
	T. P. "	8m			F. "	35f			T. "	19m
	F. M. "	3m			M. E. "	14f			R. "	16m
11	J. M. Fortson	38m			M. T. "	12f				
	F. "	34f								
	W. T.? "	17m								
	J. W. "	15m								

```
32  A. Adams          51m        46  H. H. Mann        26m        58  J. M. Craft       24m
                      Va             S. M.    "         20f            E.       "        24f
33  Thomas Turner     50m            D. R.    "          1m            G. A.    "         5m
    Ann      "        46f                                              M. E.    "         3f
    J. W.    "        20m        47  L. R. Shiflett    41m            L. A.    "         6/12f
    W. B.    "        16m            E.       "         38f            B. Harper         19m
    F. A.    "        14m            J. A.    "         11m
    N.       "        11f            L. J.    "          8f        59  P. Rucker         37m
    M.       "        11f            M. W.    "          7m            M.       "        32f
    J.       "         9f            J.       "          6m            F.       "        10m
    V.       "         7f            S. E.    "          4f            M.       "         8f
    J.       "         6f            N. A.    "          2f            E.       "         6f
    A.       "         2m                                               M.       "         4f
                                 48  R. T. Gaines      69m            J.       "         1m
34  B. Crawford       21m                              Va
    L. C.    "        18f            S.       "         70f       60  W. J. Craft       47m
    L. A.    "         1f            N. Strickland     30m            Sarah   "         37f
                                                                      N. E.    "        15f
35  Hiram? Thomason   25m        49  J. B. Alexander   54m            D. L.    "        11m
    S.       "        22f            E.       "         42f            J. W.    "        10m
    W.       "         2m            G. T.    "         21m            M.       "         9f
    M.       "       9/12f           W. W.    "         19m            J.       "         8f
                                     L. J.    "         18f            M.       "         6m
36  J. B. Turner      25m            J. A.    "         17m            J.       "         5m
    F. H.    "        22f            L.       "         14m            C.       "         1m
    J. A.    "         1f            J. H.    "         12m
                                     N. T.    "         10m        61  F. Gaines         45m
37  R. T. Wanslow     34m            F. C.    "          8m            D.       "        37f
    E.       "        25f            M. E.    "          6f            J.       "        14m
    L. C.    "         5f            F.       "          4f            F. M.    "        12m
    L. G.    "         3m                                              L.       "         9m
    A.       "         2f        50  J. J. Daniel      58m            M.       "         7f
                                                       N C            S.       "         4f
38  W. C. Davis       26m            M.       "         50f
    M. A.    "        24f            W. M.    "         26m        62  E. McGhee         25m
    J. A.    "         4m            W.       "         24m            E.       "        20f
    R. P.    "         1m            J. W.    "         22m            W. L.    "         1m
                                     J. P.    "         19m
39  W. M. Cason       19m            M. A.    "         16m        63  R. A. Madden      30m
                                     N. J.    "         13m                             S C
40  J. Cunningham     52m            E.       "          9m            M.       "        31f
    S.       "        45f            M.       "          6f            W.       "        11m
    J.       "        24m            A. C.    "          3m            P. A.    "        10f
    J.       "        22f            R. M. Harrison    22m            J. T.    "         9m
    M.       "        16f                                              M. F.    "         8f
    T. C.    ".       14m        51  T. M. Turner      27m            M. J.    "         7f
    S.       "        12f            S.       "         22f            J. M.    "         5m
    M.       "        10f            James   "          4m            J. A.    "         4m
    F.       "         8f            L.       "          1m            R. L.    "         1m
    M.       "         6f            J. Ashworth       17m
    D.       "         2m                                          64  A. Wanslow        25m
                                 52  W. Rowzee         75m            J.       "        62f
41  J. Daniel         39m                              Va            H.       "        18m
    S.       "        25f            F. C. Prather     20f            Mary    "        15f
    A.       "        16m                              S C
    E.       "        13f                                          65  D. Cleveland      35m
    W.       "        12m        53  Thomas M. Rowzee  41m            H.       "        33f
    E.       "         6f            L.       "         38f            R. G.    "        15m
                                     E. F.    "         11f            S. E.    "        13f
42  John Haley        63m            M. M.    "          9f            W. E.    "         8f
    M.       "        57f            W. C.    "          7m            E. J.    "         5f
    W.       "        25m            W. W.    "          5m            M. E.    "       10/12f
                                     L. E.    "          2f
43  G. W. Hulme       37m            W. Cleveland      30m        66  W. B. Alexander   35m
    M.       "        36f            P. Tucker         28m            W. M.    "        40f
    J.       "        13m                              S C                             S C
    G. W.    "        11m                                              M. W.    "         3m
    E. L.    "         8f        54  L. Shiflett       70f
    S. A.    "         6f                              Va        67  F. Wanslow         37m
    E.       "         2f                                              R.       "        35f
                                 55  Thomas McMullan   57m            T. T.    "        17m
44  J. Hulme          77m            S.       "         37f            M. E.    "        14f
                     N C            J. G.    "         25f            M. C.    "        12f
    E.       "        72f                                              M. J.    "         9m
                     Va        56  John Kelly         24m            C. C.    "         2f
    M.       "        39f            N.       "         24f
                                     J.       "       1/12m       68  E. Bailey         48m
45  W. G. Thomason    27m            N. R.    "         15f            S. R.    "        44f
    S.       "        24f                                              A.       "        22m
    M.       "         3f        57  J. W. Terrell     48m            R.       "        19f
    M.       "       10/12f          M.       "         28f            H. C.    "        17m
    Martha Riley      50f            M. E.    "          2f            S.       "        14f
                                     J. W. A."        11/12m          E.       "        12m
```

68 cont'd:			82 cont'd:			93 cont'd:		
	M. E. Bailey	10f		S.? M. Wanslow	24f		J. Holmes	8m
	F. "	9m					M. L. "	7f
	L. "	6m	83	W. M. Barrett	38m		T. "	2m
				E. "	24f			
69	J. H. Alexander	25m		W. H. "	9m	94	T. S. Davis	27m
				J. "	7m		E. "	23f
70	R. F. Gibbs	23m		M. M. "	1f			
						95	Thomas J. Bond	23m
71	T. O'Brian	38m	84	J. Forester	44m		M. "	17f
	M. L. "	38f			N C		J. W. "	6/12m
	W. "	10m		M. "	56f			
				M. "	18f	96	W. T. Harris	22m
72	J. W. Jones	40m		J. "	17m		A. "	18f
	M. E. "	28f		E. "	15m		G. A. "	10/12f
	C. F. "	17f		M. "	12f		J. "	13m
	M. "	15f						
	J. E. "	14f	85	J. T. Hulme	43m	97	W. T. Rayle	34m
	W. E. "	12m		James "	20m			N C
	J. W. "	11m		Thomas "	14m		E. A. "	24f
	J. J. "	10m		J. "	12m		S. M. Bond	2f
	C. "	6m		F. "	11f		F. L. Rayle	1f
	L. J. "	2m		J. "	9m			
				M. "	7f	98	W. M. Settle	24m
73	R. Blackwell	65m		M. E. "	5f		L. "	20f
		N C		H. C. "	3m		N. Stovall	12f
74	James Carpenter	52m	86	M. A. Johnson	38m	99	J. J. Parham	32m
		Va		F. H. "	27f		J. "	30f
	E. H. "	36f		S. D. "	4f		M. E. "	6f
	M. S. "	16f		M. C. "	2f		W. J. "	5m
	W. "	13m					L. J. "	4f
	O. E. "	11f	87	M. Johnson	70f		E. "	2f
	T. J. "	8m			N C			
	F. B. "	5m		L. M. "	34m	100	Mary Parham	60f
	L. "	3f		S. R. "	25f			N C
							P. "	34f
75	J. R. M. Rucker	23m	88	W. Burden	27m			
				S. A. "	25f	101	D. Oglesby	62m
76	S. A. Terrell	29f		S. M. "	5m			Va
	L. M. "	14f		S. "	2f		N. "	60f
	M. J. "	12f		M. "	1f			
	S. C. "	9f				102	E. J. Mann	26m
	M. A. "	7f	89	W. B. White	26m		E. C. "	24f
	J. R. "	6m		Mary "	26f		M. E. "	5f
	L. Wanslow	68m		N. M. "	1f		G. H. "	3m
							A. J. "	1m
77	J. I?. McAllister	36m	90	G. Eavenson	33m			
		S C		S. "	23f	103	H. Fortson	28m
	E. M. "	30f		J. "	10m		E. J. "	29f
	M. M. "	10f		W. "	9m		E. "	6m
	C. P. "	8m		T. "	7m		W. "	4m
	E. M. "	5f		G. "	4m		E. "	2f
	W. H. "	1m		Mary "	2f			
	J. A. McAllister	40m				104	C. F. Webb	28m
		S C	91	W. M. Almond	40m		M. "	25f
	E. J. Hun____	23m		S. M. "	36f		P. "	5f
				A. M. "	17f		L. "	4f
78	W. T. Nash	23m		M. E. "	16f		Martha Webb	2f
				S. F. "	14f		M. P. "	8/12m
79	J. M. Broadwell	27m		P. H. "	12f		J. Vasser	17m
		N C		J. H. "	10m			
	M. A. "	29f		S. H. "	9f	105	A. E. Faulker	21m
	W. T. "	6m		W. B. "	7m		A. P. "	31f
	J. M. "	4m		B. T. "	3m		M. E. "	9f
	M. A. "	3f					S. E. "	8f
	J. W. "	1m	92	E. H. Harper	40m		S. N. "	7f
				M. "	38f		A. A. "	5f
80	E. McDaniel	35m		W. R. "	15f		M. J. "	9/12f
	F. "	27f		E. "	13f			
	D. J. "	12f		W. "	9m	106	Daniel Olds	22m
	H. "	10m		S. "	6f			N Y
	E. "	6m		J. "	3m		E. E. "	18f
	L. "	2f						
			93	James Holmes	60m	107	B. Herndon	36m
81	H. Wansley	56m		N. "	35f		M. R. "	33f
		Germany		E. "	18f		Lucinda "	12f
	L. "	42f		J. "	15m		T. M. "	10m
				J. "	13m		G. W. "	7m
82	J. Wanslow	34m		I. "	12m		J. W. "	4m
	R. "	76m		I. "	11m		J. M. "	10/12m
		Va		J. "	10m			
	E. "	66f		C. "	9m	108	W. H. Haley	31m

108 cont'd:		
S. A. Haley		25f
J. M. "		10m
M. M. "		8f
G. W. "		6m
H. T. "		5m
S. E. "		3f
J. A. "		1m
S. "		58f
109 W. Buffington		41m
		S C
N. "		18f
T. M. "		16m
J. L. "		14m
W. T. "		13m
R. T. "		11m
S. A. "		10f
J. H. "		7m
E. "		4f
110 C. H. Steel		29m
		N C
S. "		30f
M. M. "		4f
111 W. Teasley		31m
S. "		88f
		Va
112 Asa Duncan		27m
F. A. "		28f
J. "		4m
M. A. "		3m
M. C. "		2f
D. "		6/12m
113 J. W. Almond		39m
M. H. "		42f
W. W. "		17m
J. N. "		15m
T. P. "		11m
114 H. A. Wiley		43m
		S C
M. W. "		37f
C. Tyner		2m
J. K. Wiley		14m
M. F. "		13f
A. "		4f
V. A. "		9f
J. A. "		7m
115 W. P. Hansford		37m
L. "		35f
M. J. "		12f
W. J. "		10m
J. R. "		8m
P. H. "		4m
S. L. "		3f
E. S. "		2/12f
116 M. Hardy		57f
117 S. Hamm		59m
		N C
J. G. "		29m
L. R. "		24f
118 J. M. Sandrige		41m
M. "		39f
J. W. "		19m
C. C. "		18m
S. J. "		16f
M. E. "		14f
L. H. "		12f
M. P. "		10m
L. S. "		8f
G. R. "		6f
J. M. "		4m
J. R. "		2m
119 J. G. Deadwyler		35m

120 V. H. Deadwyler		22m
H. A. "		20f
T. E. "		3f
J. P. "		8/12m
P. A. Wilhite		20m
121 J. P. Deadwyler		33m
A. M. "		24f
L. R. "		7f
M. E. "		5f
N. A. "		3f
122 T. Howland		26m
		S C
E. "		23f
M. "		7f
		S C
L. "		5m
H. "		3m
Thomas Howland		1m
123 George Gaines		47m
M. "		46f
H. "		21m
Mary "		16f
W. "		13m
C. "		10m
F. "		8m
A. "		6m
S. "		3m
124 R. E. Fortson		25m
L. J. "		21f
E. E. "		6f
J. P. "		1f
125 J. Kinnebrew		34m
L. A. "		27f
W. H. "		9m
E. J. "		8/12m
126 R. C. Ridgeway		36m
E. "		81f
		Va
M. R. "		41f
127 L. Stinchcomb		60m
Mary "		59f
128 L. T. Ridgeway		37m
E. "		24f
S. E. "		10f
		Miss
W. L. "		8m
		Miss
F. "		5f
		Miss
S. J. "		4m
		Miss
129 J. T. Ridgeway		39m
S. "		36f
L. "		13f
S. "		10f
M. "		5f
N. "		2f
130 J. Stinchcomb		22m
A. Gaines		16m
L. Stinchcomb		22f
131 A. Ridgeway		35m
M. "		27f
N. "		11f
M. "		9f
T. "		6m
B. "		5f
V. "		2f
J. "		4/12f
132 L. Brown		59f
		Va
M. "		38f

132 cont'd:		
W. D. Brown		30m
J. "		20m
L. "		18m
J. "		18m
D. "		16m
E. "		15f
W. "		10m
W. "		6m
133 J. Oglesby		50m
S. "		45f
134 J. A. Colbard?		31m
F. M. "		23f
135 Thomas Colbard?		28m
S. "		68f
A. G. "		16m
B. "		25m
136 C. Lively		41m
M. "		30f
M. E. "		19f
B. W. "		13m
S. J. "		6m
R. E. "		5f
S. J. "		1f
137 S. Ruff		51m
M. "		51f
J. C. "		15m
E. "		13f
138 D. W. Edwards		24m
M. "		22f
S. E. "		2f
M. J. "		1f
139 H. R. Deadwyler		37m
L. "		32f
M. "		15m
J. S. "		13m
H. R. "		11m
S. A. "		9f
J. L. "		7f
M. E. "		4f
F. "		1f
M. T. Wilhite		59m
140 W. Johnson		34m
F. A. "		38f
M. E. "		12f
M. F. "		10f
S. M. "		7f
J. A. "		5f
J. A. "		1m
141 D. E. Nelms		25m
E. "		20f
W. H. "		1/12m
142 J. W. Vaughan		34m
E. "		32f
M. A. "		10f
S. F. "		8f
E. "		6f
R. "		2f
S. "		6/12f
143 A. Vaughan		63m
		Va
E. "		62f
P. "		25f
A. "		23m
C. "		20f
J. H. "		15m
144 J. N. Moore		40m
M. "		38f
W. M. "		21m
J. B. "		19m
T. M. "		16m

```
144 cont'd:                  157  S. C. Stark      32m      170 L.? P. Simmons    23m
    E. F. Moore      14f                            S C         S.       "        17f
    J. M.    "       10f          M. A.    "       26f
    K. H.    "       22f          L.       "        6m      171 J. D. Vaughan     40m
    R. A. Vasser      7m          M. G.    "        3f          R. C.    "        38f
                                  S. A.    "     10/12f          P. D.    "        14m
145 W. J. Moore      49m                                         A. W.    "        12m
    E.       "       37f     158  A. L. Mills     24m              W. W.    "        10m
    T.       "       16m          S. A.   "       19f              E.       "         4f
    J.       "       14m                                           J. J.    "       2/12f
    W.       "       12m     159  W. T. Thornton  22m              J. J. Smith      25f
    H.       "       10f          L. A.    "      19f
    M.       "        8f          A. B.    "       1m      172 R. Fortson         37m
    W.       "        6m                                          N.       "        37f
    M.       "        4f     160  R. Gray         41m              W. E.    "        17m
    N.       "        1f          M. J.   "       43f              W. R.    "        15m
                                  W. M.   "       18m              R. D.    "        14m
146 W. Oglesby       73m          S. E.   "       17f              S. H.    "        12f
                     Va           T. L.   "       15m              T.       "        10m
    P.       "       40f          J. A.   "       13m              E. R.    "         8m
    W.       "       22m                                           H. A.    "         5m
    J.       "       19m     161  D. R. Fleming   21m              L. R.    "         3f
    S.       "       17f                          N C              B.       "      11/12f
    T.       "       15m          D. A.    "      19f
    A.       "       13m          W. J.    "       3m      173 W. G. Bullard      39m
    D.       "       12m                                          M. T.    "        41f
    N. A.    "        9f     162  M. H. Almond    39m              C. T.    "        11m
                                  E.       "      34f              M. F.    "         9f
147 James Phelps     37m          R. E.    "      14m              W. H.    "         7m
    M.       "       35f          M.       "      12f              M. A.    "         5f
    E.       "       14f          L.       "      11f              J. Bell            13m
    S. A.    "       12f          S.       "       9f              J. B. Henry        23m
    J. W.    "       10m          A.       "       8f
    M.       "        7f          A.       "       6m      174 R. G. Fortson      35m
                                  W.       "      11m              M. A.    "        27f
148 Thomas Phelps    29m          E.       "       1f              E. E.    "        10f
    S.       "       29f                                           W. M.    "         7m
    W. T.    "        5m     163  R. Hall         39m              J. M.    "         5m
    L. E.    "        2f          A. O. Hall      26f              N. F.    "         1f
                                  L. M.    "       9f
149 John Phelps      29m          C. F.    "       7f      175 M. Dennard         37m
    S.       "       29f          T. C.    "       3f              N.       "        34f
    W. T.    "        5m                                           M. E.    "         9f
    L. E.    "        2f     164  J. M. Tiller    29m              S. A.    "         6f
                                  M. E.    "      32f              D. J.    "         1f
150 G. W. Brown      28m          M. E.    "       5f
    C.       "       28f          R. E.    "       3m      176 T. C. Jones        29m
    F. J.    "        6f          M. A.    "       1f              N. J.    "        19f
    L. J.    "        5f                                           S. W.    "      8/12m
    W. J.    "        4m     165  J. D. Pass      28m
    J. F.    "        2m          M. E.    "      20f      177 L. J. Allgood      28m
    J. D.    "      5/12m         M. G.    "       3m              M. L.    "        20f
                                  W. S.    "       1m              M. A.    "         7f
151 J. Scales        23m          A. Anthony       9f              P. J.    "         1m
    R. Thompson      23m                                           N. Downer         68f
    M.       "       17f     166  W. Bell         39m                               Va
                                  C. A. Bell      33f
152 L. Oliver        64f          C. A.    "      13f      178 W. W. David        39m
    A.       "       34m          L. C.    "      11f              M.       "        37f
    L. Taylor        24f          H. L.    "       8m              J. W.    "        13m
                                  J. J.    "       5m              P.       "         8m
153 F. A. Calhoun    33m          W. Johnson      18m              N. Vasser          4f
                     S C
    L. V.    "       28f     167  Y.? P. Smith    26m      179 M. Burden          40m
    C. J.    "        6f          M. M.    "      20f              S.       "        36f
                     S C          J. L.    "       1m              J. J.    "        16m
    C. F.    "        3f          R. A. E."     1/12f              M. E.    "        14f
    B. A.    "        1m          S. Spool        19m              W. W.    "         9m
                                                  S C              N. J.    "         7f
154 H. W. Robbards   69m                                           W. L.    "         2m
                     N C     168  C. M. Hardman   22m              K. T.    "      6/12f
    M. R.    "       52f          M. E.    "      22f              F. Simmons?       24m
    H.? J.   "       12f
    J. Allgood       16m     169  J. A. Oliver    33m      180 David Bell         45m
                                  S.       "      32f              E.       "        39f
155 D.? M. Robbards  35m          A.       "       6f              J. B.    "        20m
    C.       "       33f          J. F.    "       5m              S. A.    "        18f
    A.       "        7f          M. E.    "       4f              L. C.    "        16f
    W.       "        5m          F.       "       1f              M. M.    "        13f
    L.       "        3f          N. Miles        16f              N. E.    "         6f
    M.       "        1f          J. B. Ford      21m              M. J.    "         4f
                                                  S C              L. C.    "         2f
156 W. H. Brawner    27m                                           W. H.    "         9m
```

43

181	W. J. Cook	21m	194	R. T. Haley	27m	203 cont'd:		
	M. A. "	15f		M. A. "	20f		M. E. Hinton	13f
	L. F. "	1f		H. "	2m		W. T. "	11m
				E. M. "	1f		J. "	9f
182	W. T. Alexander	32m					J. C. "	8f
		S C	195	J. W. Terry	32m		P. E. "	5f
	W. E. "	22f		S. C. "	30f		M. P. "	2f
	S. E. "	3f		E. M. "	10m			
				J. C. "	9m	204	W. Craft	57m
183	T. J. Adams	25m		J. J. "	7m		P. "	46f
	E. A. "	19f		W. L. "	5m		T. "	25m
	J. W. "	4m		J. B. "	4m		W. "	23m
	J. H. "	2m		S. F. "	1f		M. "	15f
							L. "	10m
184	W. Brown	87m	196	T. Terry	45m		J. "	8m
		Va		M. A. Terry	35f			
	S. "	36f			Va	205	Z. King	73m
	M. "	14f		J. M. "	10f		S. "	45f
				W. J. "	7m			S C
185	G. M. Ward	26m		S. M. "	5f		H. "	10m
	S. A. "	16f		E. F. "	1m			
	S. E. "	6/12f				206	J. James	52m
			197	E. Greenway	52m		E. E. "	47f
186	B. Goss	40m			Va		M. A. "	18f
	E. "	41f		S. "	51f		M. L. "	16m
		S C		T. J. "	21m		A. "	14m
	H. J. "	17m		T. A. "	16m		S. F. "	10f
	F. "	15f		M. "	14f		S. A. "	7m
	S. "	12f		L. C. "	11f			
	B. H. "	5m		W. ? "	6m	207	James Gaines	28m
							F. "	21f
187	N. M. Adams	45m	198	N. Ashworth	45m		Z. "	4f
		Va		N. "	43f		C/ "	10/12f
	D. "	43f		J. L. "	21m			
	B. H. "	19m		J. Y. "	19m	208	John Adams	45m
	S. M. "	16f		J. B. "	16m			Va
	M. E. "	14f		S. W. "	16f		N. "	50f
	S. J. "	12f		D. H. "	13m		J. D. "	22m
	J. H. "	10m		M. E. "	11f			
	M. A. "	8f		M. F. "	9f	209	W. Loftis	50m
	P. B. "	7f		S. J. "	7f			Va
	A. E. "	3f		R. W. "	5m		C. "	50f
								Maryland
188	H. B. Hulme	22m	199	E. Hinton	60f		W. "	21m
	M. "	66f			S C		M. C. "	20f
		Va		D. C. "	18m		M. A. "	18f
	W. A. "	33m		F. D. "	15f			
				J. Madden	30f	210	Willie Bond	44m
189	L. Vawter	42m			S C		S. A. "	25f
	M. "	38f					J. R. "	16m
	J. B. "	6m	200	W. Terrell	87m		J. W. "	14m
	R. J. "	4m			Va		A. J. "	12m
	F. C. "	1f		M. "	67f		M. E. "	6m
					N C		M. C. "	4f
190	W. B. White	38m		T. H. "	30m			
	E. "	36f		J. B. "	23m	211	S. White	64m
	V. E. "	14f						N C
	W. B. "	11m	201	M. W. Bond	34m		R. "	61f
	M. "	9f			S C		E. Terrell	31f
	T. R. "	6m		R. "	36f		A. B. "	15m
	F. I.? "	4f		A. F. "	13f		M. F. "	12f
	T. "	1/12m			S C			
				M. E. "	11f	212	Peter Cleveland	42m
191	N. Dickerson	80f			S C		M. F. "	26f
				S. J. "	8f		M. F. "	16f
192	J. M. Cleveland	41m			S C		W. "	8m
	P. "	30f		H. M. "	4f		R. W. "	7m
	J. M. "	17m		M. A. "	1f		D. R. "	5m
	T. "	15f					E. M. "	2f
	E. K. "	13f	202	W. Abney	47m		L. "	2/12f
	N. "	10f			S C			
	E. "	7f		E. W. "	33f	213	John White	36m
	E. "	5f		J. B. "	16m		N. "	25f
	W. M. "	4m		S. E. "	15f			S C
				W. W. "	12m		W. "	6m
193	I. H. Cleveland	30m		J. W. "	9m		M. M. "	4f
	P. "	24f		M. A. "	2f			
	M. S. "	8f		A. L. "	2/12f	214	M. Pulliam	63m
	E. M. "	6f					H. "	62f
	J. ? "	5f	203	J. L. Hinton	43m		W. "	37m
	E. M. "	3m		E. "	43f		J. "	20m
	E. C. "	1m		S. M. "	19m		T. M. "	16m
	W. "	1/12m		J. H. "	15m	215	J. H. King	33m

44

215	cont'd:			226	James Allgood	18m	236	cont'd:	
	R. King	37f			M. "	18f		E. C. Bond	21f
	J. H. "	7m				S C		J. W. "	20m
	F. M. "	5m						E. J. "	18f
	S. "	4f		227	F. A. Adams	38f		S. C. "	16f
	T. H. "	2m			James "	14m		E. M. "	14m
	E. Ayers	16f			H. "	12m		N. C. "	12m
	N. "	13f			J. "	10f		M. "	9f
	W. "	11m			W. "	8m		M. "	6f
					S. "	6m		T. M. "	4m
216	F. G. Higginbotham	55m			H. "	4m		S. C. "	3f
	S. "	46f			C. "	2m			
	M. "	16f					237	G. Pulliam	30m
	S. E. "	14f		228	B. Andrews	56m		M. "	28f
	J. "	12m			C. "	54f		M. H. "	4f
	S. "	10f			M. "	25f		P. H. "	3f
	M. F. "	6f			A. J.? "	19m		R. M. "	6/12m
					M. "	23f			
217	Joel Bond	52m			J. "	18m	238	E.? W. Bond	36m
	M. H. "	45f			F. "	14f		S. C. "	32f
	H. "	26f			J. "	11m		C. E. "	9f
	E. H. "	24f						C. L. "	5f
	J. B. "	21m		229	C. Peeler	50m		W. J. "	3f
	M. R. "	17m				N C		S. C. "	1f
	Eppy P. Bond	17f			M. "	45f		N. Butler	54f
	W. ? "	11m				N C		R. J. "	27m
	Sarah "	6f			E. "	23f		J. M. "	25m
					M. "	20f			
218	W. B. King	26m			N. "	16f	239	H. Bond	39m
		N C			M. "	15f		S. C."	30f
	A. Russell	50f			P. "	11f		M. E."	15f
		N C			W. "	10m		E. "	13f
	B. "	27f			J. "	8m		N. "	11f
		N C			E. "	6m		J. "	9m
	J. "	18m						J. W."	7m
		N C		230	M. Pickeral?	49f		E. F. "	5m
						S C		S. "	1f
219	M. Bond	42m			B. "	22m		S. Higginbotham	70f
	E. "	25f				S C			N C
	W. L. Christian	64m			M. "	21m		H. C. Butler	6/12m
		Va				S C			
	A. Bond	22f			S. "	19f	240	F. Rowzee	61m
	S. "	9f				S C			Va
	M. "	7m			A. J. "	15m		S. "	60f
	W. "	5m				S C		M. G. "	22m
								M. "	19f
220	C. W. Christian	33m		231	E. Tyner	50f		M. Sanders	14m
	P. "	38f			T. "	27m		F. "	13m
	A. "	8f			M. A. "	25f			
					M. "	23f	241	P. W. Burton	32m
221	W. Pulliam	31m			J. "	21m		L. J. "	26f
	M. A. "	30f			W. "	19m			Va
	E. "	5f			M. "	17m		D. J. "	8f
	H. A. "	3f			L. "	14m		M. F. "	6m
	S. P. "	1f						T. B. "	6m
				232	J. M. Harmon	33m		M. E. "	3f
222	John Allgood	49m			M. L. "	23f			
	N. "	44f			M. "	43f	242	Thomas Barton	70m
	M. "	21f			Sarah "	37f			Va
	L. "	15f						S. "	55f
	S. "	12f		233	R. White	32m			S C
	W. J. "	10m			M. A. "	25f			
	J. "	8m				S C	243	T. Hall	50m
	M. "	6m			G. "	23m		N. "	47f
	T. "	4m			N. A. "	11f		J. "	20m
					E. R. "	9f		S. "	19m
223	J. W. White	28m			R. "	6m		L. "	17m
		S C			M. F. "	4f		F. "	13f
	P. "	24f			E. "	1f		D. "	12f
	J. W. "	7m						E. "	10m
	H. C. "	3m		234	P. A. Wilhite	40m		J. "	9m
	M. P. "	1f			W. Oglesby	24m		M. "	6m
					J. Wilhite	22f		S. "	4f
224	L. Hinton	26f						M. "	16f
	J. "	4f		235	J. T. Garrison	36m		W. "	1m
					M. G. "	28f			
225	M. Blair	45m			J. E. "	9m	244	W. Maybee	33m
	M. "	42f			J. C. "	7m		M. "	22f
	T. "	22m			D. W. "	4m			
	C. "	19f			M. N. "	2f	245	F. Robbards	32m
	E. "	14f						E. L. "	31f
	G. "	12m		236	D. Bond	50m		M. E. "	12f
	L. N. "	1m			C. "	44f		S. H. "	10f

245 cont'd:
```
    S. J. Robbards      9f
    L. E.    "          7f
    H. N.    "          3f
    F. B.    "          1f
```

246 Z. Reed   44m
```
    M. L. Reed         34f
    J. F.    "         16f
    N. M.    "         15f
    C. W.    "         13m
    M. E.    "         10f
    M. E.    "          9f
    R. H.    "          7m
    S. M.    "          6f
    J. Z.    "          4f
    W. R.    "          1m
```

247 T. S. Smith   45m
```
    W.       "         45f
    S. B.    "         15m
    E.       "         13f
    M.       "         11f
    J.       "          9m
    J.       "          6m
```

248 W. Burns   57m
```
                       S C
    J.       "         50f
    E. Horton          25f
    E. Burns           18f
    J.       "         15f
    A.       "          9f
    W. Rosser          21m
```

249 T. W. Wilhite   60f
```
                       N C
    W.       "         27m
```

250 B. J. Brewer   30m
```
    M.       "         28f
    C.       "          8m
    J. L     "         18m
    M.       "          6f
    J.       "          4m
    J.       "          2m
    T.       "       6/12m
```

251 T. H. Brown   36m
```
    S.       "         33f
    S. E.    "         16f
    W. J.    "         13m
    J. W.    "         10m
    F. M.    "          7m
    J. M.    "          6m
    S. T.    "          3m
    J.       "      11/12m
```

252 W. Ginn   60m
```
                       N C
    S.       "         45f
    P.       "         19f
    J.       "         17m
    N.       "         16f
    G. W.    "         14m
    W.       "         13m
    S. M.    "          3f
```

253 W. C. Pitman   26m
```
                       33f
```

254 R. J. Pulliam   24m
```
    S.       "         21f
    J. J.    "      9/12m
```

255 G. T. Sanders   25m
```
    E.       "         19f
    S.       "          2f
    J. S.    "       7/12m
```

256 P. Smith   65f
```
                       Va
    B.       "         18f
```

256 cont'd:
```
    W. Riley            8m
```

257 J. Pulliam   68m
```
    E.       "         61f
    W.       "         18m
```

258 J.? Ginn   28m
```
    S.       "         30f
    R.       "          8f
    J.       "          7f
    C.       "          4f
    M.       "          1f
```

259 S. Shaw   45m
```
                       S C
    D.       "         45f
                       S C
    J. L.    "         20m
                       S C
    M. M.    "         13f
                       S C
```

260 R. Ford   68m
```
                       Va
    E. Ford            50f
                       S C
    L.       "         20f
                       S C
    R.       "         13f
                       S C
    C. Couch           29f
                       S C
    S. A.    "          5f
                       Ga
```

261 G. W. Christian   36m
```
    E.       "         20f
```

262 J. M. Smith   24m
```
                       S C
    M. N.    "         26f
    H. A.    "       7/12f
```

263 J. S. Page   48m
```
    P. A.    "         30f
                       S C
    M.       "         95f
                       Va
    M. Attaway         60f
                       S C
```

264 W. P. Ginn   22m
```
    S. R.    "         17f
    J. D.    "       5/12m
```

265 A. Booth   33m
```
    M.       "         32f
    J. G.    "         11m
    J. C.    "          9m
    F.       "          7f
    T.       "          5m
    A.       "          3f
```

266 D. C. Fleming   40m
```
                       N C
    A.       "         38f
    M. A.    "         14m
    S.       "         11f
    W.       "          9m
    S.       "          7m
    J.       "          5m
    M. (N?)  "          4f
    S.       "          3m
```

267 R. P. Dickerson   51m
```
                       Va
    M.       "         40f
    N. A.    "         21f
    L. C.    "         16f
    C. Y.    "         16m
    E. J.    "         14m
    S. E.    "         12f
```

267 cont'd:
```
    C. Dickerson       10f
    S.       "          6f
    R. T.    "          2m
```

268 W. Hardman   25m
```
    F.       "         23f
    C.       "          3m
    N. C.    "          1f
```

269 A. Nelms   35f
```
    M.       "         18m
    S,       "         14f
    L.       "         13f
    N.       "         12m
    J.       "         10f
    E.       "          8f
    M.       "          6f
```

270 J. W. Duncan   24m
```
    C.       "         16f
    J. A.    "         19m
    M.       "         16f
    J.       "          6m
    D. Nelms           84m
                       Va
    W.       "         73f
```

271 J. P. Vaughan   61m
```
    G.       "         53f
    N. E.    "         18f
    J.       "         16f
    E. P.    "         13f
```

272 C. Shaw   31m
```
                       S C
    N. C."             23f
    M.       "         60f
                       S C
```

273 B. W. Brown   33m
```
    S.       "         25f
    A.       "          7f
    W.       "          6m
    F.       "          4f
    M.       "          1f
    S. Swindle          9f
```

274 F. Christian   32m
```
    F.       "         32f
    M.       "         13f
    W. H.    "         12m
    J. W.    "          7m
    B. B.    "          5m
    C. F.    "          3m
    T. P.    "       3/12m
```

275 K. Pledger   40f
```
    W. P.    "         20m
    A.       "         19f
    S. L.    "         17m
    E. J.    "       5/12m
```

276 J. B. Moon   39m
```
    C. L.    "         30f
    J. A.    "         13m
    W. P.    "         11m
    E.       "          8f
    J.       "          6m
    F.       "          2f
```

277 C. W. Christian   71m
```
                       Va
    M. P.    "         21m
    C. W.    "         18m
    J. L.    "         17m
    E. J.    "         12f
```

278 W. Hendricks   76m
```
                       Va
    L.       "         60f
                       Va
    B.       "         50m
                       Va
```

```
278 cont'd:
     E. Hendricks      40m
                       Va
     E.      "         38f
                       Va
     S.      "         31f
                       Va
     S. Cheek          48f
                       S C
279  R. Hendricks      35m
     M.      "         35f
     L. J.   "         16f
     J.      "         14m
     W. C.   "         12m
     M. O.   "         10f
     S. A.   "          8f
     R.      "          6m
     F. W.   "          3m
280  R. P. Hall        35m
     M.      "         35f
     C. W.   "         11m
     A. P.   "         15f
     N. M.   "         13f
     B. W.   "         10m
     W. H.   "          8m
     P. P.   "          7m
     R. P.   "          6m
     A. L.   "          4m
     S. H.   "         1/12m
281  J. Gay            50m
     E.      "         40f
     M.      "         18f
     W. H.   "         16m
     B. C.   "         14m
     L. A.   "         12m
     S. A.   "         10f
     T. O.   "          8m
     J. C.   "          7m
     N.      "          5f
     M.      "         4/12f
282  H. Smith          50m
     M. A.   "         21f
     S. E.   "         15f
     T. J.   "         13m
     M. E.   "         11f
     D. J.   "          9f
     W. J.   "          5m
     F.      "         23m
                       S C
283  M. Hendricks      50m
     J. H.   "         47f
     W. R.   "         23m
     M. A.   "         17f
     S. W.   "         15m
     A. C.   "         14m
     J. D.   "         12m
     S. B.   "         11f
     M. W.   "          9m
     E.      "          1m
284  W. Christian      37m
     L.      "         38f
     N. P.   "         15f
     T. F.   "         13m
     M. R.   "         12m
     M. E.   "         11f
285  W. Nelms          61m
                       N C
     F.      "         59f
     J. Threlkeld      21f
286  J. P. King        46m
                       N C
     M.      "         43f
     R. ?.   "         15m
                       N C
     H. M.   "         13m

286 cont'd:
     M. A. King        10f
     L.      "         10f
     L. J.   "          9f
     J. M.   "          6m
     R.      "          3f
     M.      "         19f
287  H. J. Beasley     31m
                       S C
     J.      "         23f
                       S C
     L. ?    "        8/12f
                       S C
     E.      "         38f
                       S C
     W.      "         22m
                       S C
     R. Simpson        13m
     S.      "         10f
288  J. D. Moon        27m
                       S C
     S.      "         21f
                       S C
     W. M.   "          3m
                       S C
     S. A.   "          1m
                       S C
289  J. C. Edwards     28m
                       S C
     S.      "         21f
                       S C
     M. J.   "          5f
                       S C
     J. N.   "          2m
                       S C
     S. E.   "          1f
                       S C
290  A. Kelly          42m
                       S C
     P.      "         40f
                       S C
     B. E.   "         19f
     J. D.   "         18m
     H. J.   "         15f
     N. E.   "         13f
     R.      "         11f
     J. F.   "          9f
     M. E.   "          7f
     M. M.   "          3f
291  W. D. Haynes      46m
     A.      "         45f
     L.      "         21f
     D. P. Ballinger   13m
     M. L.? Williams    6f
292  A. Shaw           37m
                       S C
     M. A. Shaw        37f
                       S C
     A.      "         10f
                       S C
     E.      "          9f
                       S C
     C.      "          7m
     S.      "          5m
     M.      "          3f
     M. Black          20f
                       S C
293  J. C. Brown       32m
     E.      "         32f
     L.      "          5f
     J.      "          3m
     W.      "          2m
     J.      "        10/12m
     T. Phelps         70m
                       Va

294  J. Edwards        26m
     C.      "         22f
                       S C
     J. K.   "          1m
     C. Lawtons?        9m
295  A. W. Ginn        40m
     S.      "         35f
     M.      "         15m
     J.      "         14m
     H. J.   "         12m
     M.      "         10f
     T.      "          8f
     A.      "          5f
296  R. W. Shaw        39m
                       S C
     M.      "         39f
                       S C
     J.      "         18f
                       S C
     E.      "         16f
                       S C
     A.      "         14m
     J.      "         12m
     R. W.   "          7m
     F.      "          2f
297  W. Burton         27m
                       S C
     N.      "         27f
                       S C
     J.      "          6m
                       S C
     E.      "          4f
                       S C
     F.      "          1f
                       Ga
298  W. Eaves          51m
                       S C
     M.      "         41f
     J. A.   "         20m
     J.      "         18m
     M. M.   "         16f
     A.      "         13m
     E.      "         11f
     R. W.   "        7/12m
299  M. G. Seymour     20m
     J. A.   "         16f
300  G. Scales         65m
                       Va
     M. M.             56f
                       N C
     J.      "         24m
     M. W.   "         23f
     N. P.   "         21f
     P. T.   "         16f
     S. M.   "         13f
     M. Pledger        87m
                       N C
301  J. D. Vaughan     26m
     M. J.   "         23f
     D. C.   "          1f
     M.      "        3/12f
302  J. Hall           24m
     M. Hall           25f
303  J. Booth          57m
                       Va
     A.      "         55f
     R. J.   "         19m
     J. C.   "         15m
     A. P.   "         14m
     T.      "         10m
304  R. Eberhardt      46m
     J.      "         43f
     M. P.   "         20f
     G. E.   "         18m
```

304 cont'd:			316 cont'd:			328 cont'd:		
R. P. Eberhardt		15m	F. Robbards		16f	M. Christian		3f
S. F.	"	13f	M.	"	14f	A.	"	2/12m
F.	"	11m	T.	"	12m			
M.	"	9f	J.	"	10f	329 C. Spoore?		63m
			M.	"	8f			N Y
305 J. Eberhardt		22m				S. A.	"	43f
Jane		18f	317 E. Booth		62f	L. A. Vasser		14f
A. G.	"	5/12f			Va	W. O. Vasser		2m
			J. C.	"	21f			
306 F. W. Hammond		38m				330 G. Christian		39m
		Mass	318 P. P. Snellings		33m	A.	"	33f
T.	"	37f	F. A.	"	30f	E.	"	8f
E.	"	17f	G. F.	"	9m	J. J.	"	5m
C.	"	15m	W. H. C. "		7m	A.	"	4f
S.	"	14f	N. E.	"	2f	M. F.	"	3f
W. H.	"	11m	J. B.	"	4/12m	J. M.	"	1m
A.	"	7m						
M. P.	"	5m	319 C. J. Moore		31m	331 Z. Seymour		41m
R.	"	1f	N.	"	22f			Va
			J.	"	5m	P.	"	21f
307 N. Booth		35m	A.	"	3f	E.	"	16f
M. A.	"	27f	L.	"	1m	Z.	"	13m
F. A.	"	11f				G.	"	12m
W. A.	"	8m	320 V. E. Booth		43m	A.	"	10m
S. E.	"	5f	E.	"	45f	M. A.	"	7f
S. A.	"	3f	E.	"	19f			
J. G.	"	5/12f	J. C.	"	17m	332 J. Seymour		39m
			L.	"	15f			Va
308 R. Booth		75m	S. F.	"	12m	N.	"	38f
		Va	S. C.	"	9f	M.	"	16m
M. P. Booth		47f	G. H.	"	8m	M.	"	14m
M. E. "		3f	J. J.	"	4m	S.	"	15f
			J. T.	"	1m	M.	"	11m
309 J. W. Moore		28m				K.	"	10f
S. A. "		27f	321 S. J. Smith		41f	A.	"	8f
W. T. "		1m	J. T.	"	16f	A.	"	2f
			P. W.	"	13f			
310 M. Lunsford		65f				333 Z. Seymour		64m
		Va	322 M. Payne		76f			Va
311 L. Brown		70m			Va	S.	"	65f
N. Brown		24f	E.	"	48f	C.	"	25f
F. "		20f	M.	"	42f	C.	"	6m
W. "		18m	N. Threlkeld		4f	E.	"	3f
James Brown		8m						
M. "		8f	323 W. Threlkeld		48m	334 J. E. Anderson		53m
					Va			N C
312 W. W. Hewell		60m	M.	"	43f	E.	"	56f
		Va	E.	"	28m	W. A.	"	23m
C.	"	44f	F.	"	12f	D. W.	"	17m
W. W. "		24f				J. L.	"	15m
James "		15m	324 W. Partain		44m	J. E.	"	12m
T. J. "		12m	C.	"	34f	J. M.	"	6m
P. W. "		10m	J.	"	13m	W. Mobley		12m
N. "		7f	S.	"	11f	F. E. Anderson		11f
H. "		3m	P.	"	9f	S. D. Mobley		35f
A. Robbards		24m	N.	"	5f			
			M.	"	4f	335 J. Davis		53m
313 J. Moore		68f	H.	"	2m			Va
		Va	E.	"	1f	S.	"	41f
E. Moore		36f				M. A.	"	16f
N. "		34f	325 A. Partain		34m	J. M.	"	14m
					Tenn	M.	"	12f
314 J. Johnson		30m	M.	"	30f			
M. "		29f	J. M.	"	1m	336 J. G. Higginbotham		44m
A. A. "		8f				S. S. "		40f
J. W. "		4m	326 N. Partain		61f	S. T.	"	18m
S. F. "		1f	M.	"	36f	D. T.	"	17m
			N.	"	37f	E. B.	"	15m
315 W. R. Crook		29m	A.	"	27f	D. J.	"	11m
N. "		38f	W.	"	6m	P.	"	8f
M. E. "		11f	P.	"	1f	R. C.	"	5m
M. A. "		9f	E.	"	5f	J. B.	"	2m
J. P. "		5m	J.	"	1f			
G. W. "		3m				337 James Nelms		47m
E. "		54	327 J. B. Page		47m	E.	"	22f
		Germany	N. A.	"	32f	J.	"	21m
			J. L.	"	6m	H.	"	16m
316 J. Robbards		53m				M. A.	"	14f
M. "		45f	328 W. J. Christian		35m	W.	"	11m
W. "		20m	E.	"	32f	S.	"	9f
S. "		18f	M.	"	10f	M.	"	7f
			M.	"	6f	J.	"	5m

48

```
337 cont'd:
     J. Nelms              6/12f

338  W. Adams              27m
     N.   "                23f
     W. M. "                5m
     J. S. "                4m
     L. M. "                3f
     M. E. "                2f
     C. M. "               4/12f

339  L. H. O. Martin       27m
     S. E.   "             21f
     L. H. O. "           4/12m
     J. Johnson            60f

340  J. V. Dennard         24m
     A.      "             22f

341  T. R. Alexander       33m
     L. M.     "           27f
     D. B.     "           10m
     H. C.     "            7m
     T. B.     "            4m
     P. L.     "            1m

342  T. M. Hilley          25m
     M. E.   "             17f
     L. Smith              15m
     T. Smith              11m

343  F. Hilley             58m
     M. R. Hilley          50f

344  M. Thornton           40m
     P.     "              36f
     J. A.  "              17m
     W. M.  "              15m
     T. B.  "              14m
     S. F.  "              10f
     J.     "               6m
     S. C.  "               4m
     T. R.  "              2/12m

345  J. Blackwell          64m
     E.      "             54f
     T. P.   "             24m
     M. E.   "             20f
     C. C.   "             18f
     W. M.   "             17m
     G. L.   "             14m
     L.      "             10m

346  W. C. Head            38m
     Jane Head             30f
     J. C.  "              14m
     W. R.  "              12m
     J. D.  "               7m
     M. J.  "               1f
     L. Robbards           24f

347  T. F. Gibbs           52m
     C. R.   "             44f
     A. M. Amoss?          18f
     F. G. Gibbs           21m
     L. A.   "             15f
     R. S.   "             13f
     M. M.   "             12f
     J. M.   "             10m
     C. C.   "              8m
     J. E.   "              2f

348  Elijah Powell         50m
     S.       "            41f
                          Tenn
     M.      "             17f
     E.      "             15m

349  L. Henry              45f
     W.   "                24m
     W. Edwards            14m

350  G. W. Dye             39m

351  S. A. E. Edwards      30f
     W. R.      "          10m
     M.         "           8f
     S. M.      "           6f
     J. F.      "           4m
     J. ?       "          14m
     J. M. Jakcson         22m
     D. C. Keller          24m
                           S C
     A. O. Holway?         19f
     J. T. Edwards         33m
                           S C
     A.       "           8/12f

352  C. H. Saxon           26m
     L. J.   "             20f

353  W. Butler             36m
     F.   "                32f
     S.   "                13f
     S. P. "               11f
     M. A. "                9f
     J.    "                7m
     M. J. "                6m
     M.    "                2f

354  S. Johnston           52f

355  James Colson          59m
     F.    "               41f
     L. A. "               20f
     S.    "               19m
     A.    "               15f
     A. M. "               12m
     S. D. "               10f

356  D. B. Verdell         27m
     E. A.    "            21f

357  J. A. Verdell         63m
                           Va
     S. A. Hill            25f
     E. A. Hill            21f
     Ellen Hill             3f
                           S C
     T.    "                1f
                           S C

358  W. W. Jones           31m
     W. B.   "             25f
     L. C.   "              8f
     W. A.   "              6m
     W. A.   "              4m
     J. A.   "              2m

359  S. D. Blackwell       33m
     L. C.     "           25f
                           S C
     J. J.   "              6m
     S. E.   "              4f
     A.      "              3m
     J. L.   "            1/12m
     W. Bailey             21m

360  A. D. Hunter          37m
                           S C
     A. A.    "            36f
     M. J.    "            10f
     G. A.    "             6f
     W. R. Harris          32m
                           S C

361  J. C. Nelms           40m
     J.     "              30f
     J. Jones              17m
                           S C

362  J. A. Clark           38m
     F. M.   "             31f
     J. E.   "              5f
     S. W.   "              2f
     L. Edwards            10m

363  W. Nash               26m
     A. A. Nash            23f
                           S C
     G.    "                5m
     M. J. "                3f
                           Ala
     F.    "              5/12f
                           Ga

364  M. Saxon              45m
     R. Jones              35m

365  B. C. Houston         22m
     M. R.    "            19f

366  H. Fleming            40m
                           S C
     A.    "               36f
                           S C
     James "               15m
     W.    "               11m
     S.    "               10f
     H.    "                9f
     J.    "                7f
     H.    "                4m
     M.    "                8 8f
                           N C
     M.    "               42f
                           S C

367  E. Bevil              50f
     W. Bevil              43m
     M. Bevill             40f

368  James Johnson         46m
     M.      "             40f
     S.      "             17f
     M. A.   "             16f
                           S C
     M. C.   "             14f
     J. H.   "             13m
     G. W.   "              9m
     W. J.   "              6m

369  W. H. Ward            25m
     M. E.  "              21f

370  R. Ward               55f
     S.   "                18f
     J.   "                12m
     M. L. "                9m

371  L. W. Saxon           50m
                           S C
     M.    "               46f
     J. D. "               30m
     S. C. Spencer         28f
     L. W. Saxon           22m
     J. A.    "            18m
     J.       "             1m

372  W. M. Saxon           35m
     L. A.   "             18f
     L. E.   "            6/12f

373  Thomas Balchin        40m
                         England
     J.      "             20f
                         England
     M.      "             20f
                         England

374  W. O. Tate            40m
     R. C.  "              25f
     W. E.  "               3m
     Z. A.  "               1m
     L. L. Clark           28f
     J. L.   "             20m

375  W. S. Jones           39m
     L. A.   "             36f
     W. J.   "             14m
     J. S.   "             12m
```

376	J. M. Tate	42m
	N. "	42f
	S. J. "	18f
	S. "	15f
	T. Z. "	11m
	L. O. "	8m
	J. L. "	6m
	J. F. "	1m
377	A. Smith	25m
	A. "	22f
	W. T. "	3m
	J. "	1m
	N. "	70f
378	D. Sayer	38m
	S. A. "	25f
	J. "	13f
	W. T. "	5m
	J. "	10/12m
	S. Nelms	20m
379	T. Owen	30m
	A. "	24f
	F. "	3f
	H. Pulliam	50m
380	T. Dickson	38m
	E. "	26f
	M. E. "	14f
	M. "	12f
	A. "	10m
	S. A. "	5f
	P. M. "	4m
	S. E. "	3f
	V. "	11/12f
381	B. Sayer	50m
	E. "	22f
	I. "	18f
	H. E. "	16f
	S. Edwards	3m
382	A. Hughs	64m
		Va
	M. "	67f
		S C
	S. E. Dubose	4f
	B. J. "	2m
383	S. Wilson	36m
		S C
	M. "	24f
	F. "	11/12m
384	W. P. Rembert	41m
	V. "	26f
	W. "	7m
	M. L. "	3f
	J. C. "	10/12m
	B. Corrigan	50m
		Ireland
385	S. Owen	26m
	L. "	17f
386	J. J. Johnson	49m
	J. "	26m
	H. E. "	24f
	N. A. "	23f
	S. E. "	19f
	M. H. "	15f
	D. B. "	13m
	R. J. "	11f
	R. M. "	11m
	E. J. "	8f
	A. V. "	4m
387	Thomas Black	48m
		S C
	H. "	47f
	M. C. "	16f
	L. E. "	12f

387 cont'd:		
	I. A. Black	9f
	T. "	8m
	L. O. "	6f
	H. "	4m
	S. "	2m
388	C. Rucker	74f
		N C
389	F. Burton	49f
		S C
	E. Walker	25f
		S C
390	Rowland Brown	48m
	Mary "	78f
		Va
	B. Dickerson	30m
	L. "	20f
	John "	1m
391	T. T. Adams	57m
		Va
	E. "	40f
	T. F. "	5m
	L. "	3m
	R. Vawter	50m
392	D. Staples?	30m
		N C
	E. "	30f
		S C
	N. E. "	4f
		S C
	M. E. "	3f
		S C
	S. "	2f
		S C
	M. "	3/12f
		S C
393	E. Blackwell	67f
		Va
	T. Clark	26m
	T. Ashworth	30f
394	J. F. Clark	28m
	J. "	25f
	S. "	7f
	F. "	5f
	J. "	3m
	M. "	8/12f
395	D. W. Cheek	32m
	F. "	36f
	S. Clark	12f
	W. "	11m
	J. "	7m
	M. C. Cheek	2f
396	A. Mewbourn	68m
		N C
	F. "	64f
		S C
	M. M. "	17m
	S. Cason	30f
		S C
	E. Hall	7f
		S C
397	J. M. Adams	37m
	A. M. "	36f
	M. C. "	15f
	S. F. "	13f
	E. E. "	12f
	W. B. "	11m
	J. H. "	10m
	L. M. "	8m
	T. R. "	7m
	T. J. "	5m
	G. H. "	2m

398	W. Mills	61m
	N. "	57f
	B. "	18m
	M. E. "	14f
	J. A. "	12f
399	E. H. Fortson	22m
	M. "	20f
	H. C. "	5m
	S. "	1f
400	B. Thornton	75m
		N C
	R. "	75f
		N C
401	W. Tucker	39m
	N. "	38f
	M. E. "	11f
	J. "	9f
	M. "	4f
402	W. Patterson	73m
		N C
	E. "	70f
		Va
	W. "	25m
403	E. Hansford	38m
	M. "	35f
	J. J. "	4m
404	S. Thornton	73f
		Va
405	W. White	39m
	R. "	39f
406	J. Dickerson	66m
		Va
	E. "	49f
		N C
	F. "	18f
	Z. "	17m
	R. E. "	15m
	D. "	13m
	W. "	10m
407	M. Hall	42f
	J. "	18m
	M. "	18f
	E. "	17f
	F. "	15f
	V. "	13f
408	B. Bowen?	58m
		Va
	E. "	40f
		N C
	H. "	19m
	S. D. "	14m
	D. "	21f
	W. A. "	11m
	J. A. "	4m
409	A. P. Anderson	29m
	S. "	29f
	L. E. "	4f
	W. A. "	2m
410	R. E. Oglesby	61m
		Va
	M. "	45f
	M. "	19f
	W. "	18f
	R. "	14m
	J. "	13m
	J. "	11m
	M. "	9f
	L. "	7f

(Note: Census Enumerator skipped 411)

#	Name	Age
412	D. Oglesby	34m
	S. "	30f
	A. A. "	10f
	F. "	7f
	E. A. "	5f
	M. V. "	3f
413	H. Carruth	43f
	B. C. "	16m
	J. A. "	14m
	J. A. "	12m
	F. A. "	10m
	G. S. "	8m
	J. E. "	5m
	R. A. "	2m
	P. Andrews	45f
414	M. A. Edwards	47f
	M. E. "	15f
415	B. Andrews	62m
		S C
	L. "	51f
	R. "	19m
	A. "	18m
	A.? "	14m
	C. Sanders	5f
	W. "	3m
	J. M. "	9/12f
		27m
416	C. H. Andrews	32m
	L. M. "	25f
	L. "	6f
	C. "	4f
	F. "	2m
417	J. Sewell	47m
	M. C. "	43f
	J. V. "	18m
	C. H. "	11f
	O. C. "	6f
	S. R. "	3f
418	W. T. O. Cook	41m
	N. T. "	46f
	T. "	16m
	M. A. "	14f
	T. M. "	12f
	R. A. "	10f
	E. J. "	8f
419	W. T. Davis	30m
	S. "	20f
	M. E. "	2f
420	S. Laremore	77m
		N C
	T. "	60f
		N C
	A. "	80f
		N C
421	D. M. Sanders	35m
	M. "	33f
	J. J. "	7m
	W. T. "	5m
	W. G. "	4m
	L. J. "	2m
422	J. H. Sanders	57m
	C. "	55f
		N C
	R. "	33m
	P. "	18m
	J. "	16m
	C. "	12m
	M. A. "	24f
	S. "	19f
	A. "	16f
	E. M. "	14f
423	M. B. Galloway	23m
423 cont'd:		
	M. F. Galloway	18f
	E. L. "	3f
	T. P. "	9/12f
424	A. Oglesby	36m
	C. "	33f
	M. W. "	6f
	W. R. "	5m
	R. H. "	3m
	T. "	1m
425	E. Crittendon	56f
	M. E. "	25f
	T. J. "	18m
	E. C. "	10m
	N. K. Sanders	26f
	S. E. "	3f
426	H. Crittendon	35m
	E. C. "	35f
	A. E. "	10f
	L. L. "	9m
	E. A. "	7m
	L. E. "	1f
	M. K. "	5m
427	R. M. Crittendon	31m
	J. C. "	24f
	F. A. "	5f
	E. J. "	4f
	S. E. "	2f
	E. "	5/12m
428	W. M. Crittendon	29m
	J. A. "	25f
		S C
	F. "	2f
		Ala
	J. Bailey	23m
		S C
429	B. Hamm	79f
		Va
	S. "	51f
430	W. T. Andrews	31m
	E. E. "	26f
	H. A. "	5f
	E. E. "	3f
	W. C. "	1m
431	J. B. Andrews	25m
	H. "	25f
432	C. Cox	26m
	N. "	25f
	J. H. Cox	5m
	T. N. "	4m
	N. Yeargin	19f
433	J. Cox	62m
	S. "	55f
	E. "	23f
	M. "	18f
	T. A. Cox	21m
434	W. Bond	73m
		Va
	E. "	75f
		Va
435	B. Higginbotham	19m
	F. E. "	19f
436	J. H. Tyner	23m
	S. A. "	21f
437	G. W. Harmon	48m
	N. "	43f
	T. "	15m
	M. "	14f
	F. C. "	11m
437 cont'd:		
	M. J. Harmon	7f
	G. A. "	5f
	Z. C. "	3f
438	J. Faulkner	38m
		N C
	L. "	38f
	R. F. "	12f
	J. N. "	8m
	M. J. "	5f
	W. C. "	2m
439	C. Andrews	50m
	M. A. "	50f
	R. "	1f
440	E. Rowzee	24m
	M. A. "	20f
	M. Jones	22m
441	M. Rowzee	43f
	M. "	20m
	A. "	17m
	M. "	16f
	N. "	13f
	J. "	11m
	W. "	5m
	M. "	3f
	N. "	50f
442	R. Richards	63f
		Va
	P. "	31f
443	W. Rampey	46m
		S C
	M. "	35f
		S C
	S. "	20m
		S C
	E. "	15f
		S C
	J. "	12m
		S C
	M. "	8f
		S C
	E. "	6f
		S C
	J. "	2m
		S C
	E. "	4/12f
		Ga
444	S. Allen	32m
	M. "	32f
	E. "	8f
445	J. A. Brown	19m
	M. "	17f
	S. E. "	5/12f
446	E. Brown	50m
	M. "	43f
	S. M. "	16f
	N. "	5f
	F. "	3f
	M. "	11/12f
447	C. Cooper	48m
	L. W. "	22f
	E. A. "	20f
	T. "	19m
	O. "	16m
	R. "	14m
	S. L. "	12f
	M. "	10f
448	M. Ginn	22m
	E. "	40f
	W. T. Ginn	6/12m
	S. Brown	4m

```
449  W. M. Bowen         62m      459 cont'd:                      467 cont'd:
     W. B.    "          28m          E. Stalnaker      33f            R. Allgood       30f
                                                        S C            M.        "      21f
450  T. J. Christian     43m          M. C.     "       16f            E.        "      19m
     M. J.    "          40f                            S C            E.        "      19m
     W. R.    "          17m          M. E.     "       13f            M.        "      18f
     J. K.    "          16m                            S C            S.        "      13f
     L. A.    "          14f          M. T.     "        9f            L.        "      11m
     T. M.    "          12m                            Ga
     M. G.    "          10m          H. C.     "        5m      468  N. Burton        50m
     L. J.    "           8f                            Ga             E.        "      39f
     A. C.    "           6m          J. J.     "        3f            E.        "      13f
     M. C.?   "           4f                            Ga             S.        "       9f
     L. M.    "           1m          W. B. H."          1m            E. T.     "       6f
                                                        Ga             P. C.     "       4f
451  M. Herndon          63m                                           T. T.     "      10/12m
                         Va      460  R. Rich          47m             W. W. Lomi___    18m
     E.       "          40f          P.        "       42f                             S C
     E.       "          19m          J.        "       16m
     S. J.    "          16f          M. C. J."         14f       469  A. T. Burton    29m
     N.       "           5f                            S C            N. E.     "      23f
     F.       "           3f          S. S.     "       10f            N. E.     "       2f
     M.       "          11/12f       S. A.     "        8f
                                      L. F.     "        5f       470  L. Burton       55m
452  T. W. Rucker        38m                                           R. E.     "      26m
     S. E.    "          36f     461  E. H. Brewer      48m            T. A.     "      24m
     J. A.    "          12f          L. F.     "       44f            L. S.     "      21m
     M. C.    "           6f          C.        "       10m            H. E.     "      18f
     J. V.    "           4m          L. Stark           7m
     T. W.    "           2m                                      471  J. Scoggins     46m
     S.       "           9/12m  462  H. Bowen          57m                             S C
                                                        Va             M.        "      46f
453  J. E. Bentley       40m          M.        "       54f            J.        "      18f
     A. M.    "          40f          E. Fleming        26f            J.        "      16f
     J. L.    "          15m          H. W. Brown       15m            J.        "      14m
     J. A.    "          14m          P. B.     "       11m            M.        "      12f
     A.       "          12f                                           M.        "      10f
     M.       "          10f     463  S. T. Hearn       30m            M.        "       8f
     R. B.    "           8f          L. J.     "       24f            N.        "       6f
     M.       "           7m                            S C            W.        "       4m
     M.       "           4f          L. M. Stanton     10m
     W.       "           2m                            S C       472  J. Coleman      50f
     F.       "           4/12m       J. Hearn          26m            L.        "      18f
                                                                       A.        "      16f
454  W. T. Dennard       39m     464  M. Lominde?       38m
     M. A.    "          38f                            S C       473  D. B. Cade      47m
                         Va           E. C.     "       15f            J.        "      41f
     J. M.    "          14m                            S C            D. B.     "      12m
     W. J.    "          13m          M. A.     "       13f            R. B.     "       7m
     T. G.    "          10m          J. D.     "       10m            L. A. Ripley    25f
     L. J.    "           7f          W.        "        6m                            Mass
     M. A.    "           5f          M.        "        3m
     M. D.    "           2f          S.        "        3f       474  A. Stokes       74m
     C. D.    "          16m                                                            Va
     I. E.    "           7f     465  G. Cade           36m
                                                        ? C       475  W. Speed        53m
455  T. J. Heard         48m          S.        "       30f                             S C
     N. J.    "          38f                            ? C
     G. M.    "          16m          S.        "        7m       476  A. Armstead     54m
     R. M.    "          14m                            Ala                             Va
     J. A.    "           6f          M.        "        6f            S. M.     "      42f
     W. A.    "           4m                            Ga             J. D.     "      17m
     W. B.    "           3m          V.        "        4f            F.        "      12m
                                                        Ga             R. A.     "       4m
456  E. Eades            38f          E. Coats          25f
     W. R.    "          18m                            Ala       477  G. L. Woodward  36m
     S. E.    "          17m          L. Johnson        22m            L.        "      39f
                                                        Ga             W. G.     "      14m
457  B. C. Wall          46m                                           S. L.     "      13f
     M. W.    "          36f     466  D. Hill           31m            S. J.     "      11f
     M. F.    "           7f                            S C            S. C.     "      10f
     B. C.    "           3m          R.        "       21f            J. H.     "       9f
     J.       "           4/12m                         S C            G. L.     "       6m
     T. P. Ginn          24m          M. J.     "        5f            R. E.     "       4f
     J. Nunnally         62f                            S C            J. M.     "       3m
                         Va           J. J.     "        3m
                                                        S C       478  F. G. Edwards   34m
458  S. Brewer           72f          A. C.     "        1f            E. A.     "      31f
     H.       "          20m                            S C            S. E.     "       8f
     M. Crenshaw         19f     467  W. Allgood        63m            T. A.     "      13f
                         S C                            S C            F. G.     "       1m
                                      J.        "       53f            R. Morgan       37m
459  B. Stalnaker        40m                            Va                          England
                         S C
```

#	Name	Age/Sex		#	Name	Age/Sex		#	Name	Age/Sex
479	P. P. Butler	65m		487	cont'd:			495	J. Kelly	24m
480	O. Campbell	50m			J. A. Moore	34f			E. "	27f
	E. "	44f			J. "	14m			Z. T. "	2m
	F. "	18m			L. "	12m		496	J. Bradford	25m
	P. "	16f			W. "	8m			R. "	22f
	J. "	15m			J. W. "	6m			F. "	47f
	J. "	13m			C. T. "	4m				Va
	J. "	10m		488	E. Mathis	45f			N. "	21m
	T. "	8m				S C			J. "	18m
	P. "	4m			J. "	17m			R. "	16m
	E. "	2f				S C			D. "	13m
481	E. Sheppard	45f			M. "	14f			R. "	11m
	M. A. "	22f				S C			J. B. "	8m
	A. "	17f			M. "	12f			M. Carter	11f
	E. "	13f				S C			M. B. Carter	8m
	M. "	10f			I. "	10f		497	M. Baker	41m
482	J. W. Dubose	36m				S C			T. "	74f
		S C			L. "	8f				Va
	F. H. "	28f				S.C			E. Bradford	50f
		S C		489	W. Evans	54m				N C
	M. S. "	11f			M. "	43f		498	E. Martin	50f
		S C				S C			I.? "	12f
	J. A. "	9m			Ann "	17f			M. "	11f
		Ga				S C			N. "	5m
	R. C. "	6f			M. "	14f		499	J. J. Dye	34m
		S C				S C			E. F. "	27f
	S. E. "	4f			E. "	12f			M. E. "	1f
		Ga				S C		500	Jane Dye	65f
	B. J. "	2m			W. "	10m				Va
		Ga				Ga			W. W. "	25m
	F. E. "	3/12f		490	A. Hill	50m			M. A. Jones	15f
		Ga				S C			T: A. "	13m
	L. Edwards	10f			C. "	23f			M. J. "	12f
	A. Dickson	18m				S C		501	T. B. Dye	30m
483	A. Pool	50m			S. "	20f			M. "	25f
		S C				S C			E. "	12f
	D. "	35f			J. M. "	18m			T. "	10m
		S C				S C			W. W. "	8m
	M. A. E. Pool	15f			L. "	16m			L. "	6f
		S C				S C			H. "	4m
	T. W. "	13m			L. "	14f			F. J. "	3/12f
		S C				S C		502	James Jones	36m
	T. A. "	12f			C. "	11f			S. "	39f
		S C				S C			E. "	14m
	F. A. "	10f			F. "	9f			C. "	11f
		S C				S C			T. "	9m
	S. "	7f			M. "	5f			M. F. "	6f
		S C				S C			J. "	3m
	S. C. "	5m		491	J. Dickson	44m		503	Yancy Turman	45m
		S C			J. "	16f			A. V. "	8m
	J. A. "	2f			J. "	15f			W. "	6m
		Ga			S. "	14m			E. J. "	4f
	W. "	10/12m			S. "	7f			C. "	1f
		Ga			J. H. "	5m			A. Parrott	26f
484	W. Campbell	19m		492	J. Asbell	77m			C. Caldwell	25f
	S. "	19f				N C			F. Parrot	8f
485	J. Green	36m			J. J. "	26f		504	J. Osley	60m
		N C				S C				N C
	S. A. "	27f			L. "	25f			E. "	64f
		S C				S C			E. "	14f
	W. "	10m			M. "	23f		505	S. Snellings	57m
	H. "	7m				S C				Va
	M. "	4f			M. Allgood	26f			E. "	57f
	L. J. "	1f				Ga			R. "	33f
	S. Dyer	52f		493	A. J. Asbell	22m			E. "	26f
		N C				S C			Thomas "	22m
486	M. Evans	35f			M. S. "	19f			S. "	20f
		S C				S C		506	M. Morrison	66f
	E. "	19f		494	D. Tice	37m				Va
		S C			H. "	39f			E. Brawner	65f
	M. "	18f			W. "	14m				Va
		S C			S. "	11f				
	S. "	17f			M. A. "	9f				
		S C			J. "	7m				
487	L. Moore	40m			H. "	6m				
		S C			M. "	3m				

507	E. Willis	51m
	S. "	42f
	M. "	26f
	F. B. "	18m
	W. "	7m
508	N. Sorrow	62f
		Va
	E. T. "	35m
509	S. Sorrow	40m
	G. "	32f
	E. A. "	9f
	T. T. "	5f
	M. J. "	2f
	S. E. "	6/12f
510	J. Allgood	34m
	S. "	37f
	F. "	9f
	T. "	8m
	S. H. "	6f
	J. W. "	5m
	S. L. "	2f
	J. "	1m
511	T. Bell	61m
		N C
	E. "	58f
	W. "	40m
	S. "	51f
512	E. Bell	33m
	Mary "	32f
	E. "	12f
	S. "	11m
	R. "	9f
	W. E. "	1m
513	T. Johnson	30m
	N. J. "	19f
	S. "	1m
	I.? "	14f
	E. "	12f
514	Mary Higgins	54f
	? "	24f
515	Ann Wheelis	58f
	P. L. "	21m
	G. "	16m
	N. Turner	40f
	J. Lumm?	18m
		Scotland
516	L. Simmons	22m
	S. "	16f
517	W. H. Moon	46m
	S. "	47f
	M. "	23f
	J. M. "	16m
	W. H. "	14m
	S. "	11f
518	D. M. Wheelis	20m
	S. E. "	19f
	J. L. "	2m
	T. D. "	8/12m
519	T. J. Nash	46m
		Va
	M. "	45f
	S. J. "	31m
	W. "	26f
	N. "	24f
	J. "	22m
	H. "	20f
	T. "	14m
	M. A. "	9f
520	James Gunter	22m
	M. "	18f

520 cont'd:		
	S. A. Gunter	1f
521	T. Treadwell	26m
	S. E. "	26f
	J. H. "	3m
	J. F. "	2m
	R. A. "	10/12f
	W. Gunter	24m
522	F. Nash	62f
		N C
	F. "	35m
	R. C. "	22m
523	P. Slay	46m
		N C
	S. "	42f
	M. E. "	17f
	S. A. "	15f
	J. T. "	13m
	S. A. "	12f
	G. "	10m
	M. "	5m
524	W. D. Clark	45m
		N C
	J. "	38f
	R. E. D."	17f
	G. T. "	16m
	W. B. "	12m
525	T. Davis	63m
	M. "	58f
		Va
	R. "	21m
	J. "	12m
526	L. Jones	34m
	E. "	67f
		Va
	N. E. "	10f
	S. A. "	8f
	H. A. "	6f
	S. D. "	1m
	T. Allgood	24m
527	J. Osley	34m
	N. "	25f
	W. W. "	5m
	M. E. "	6f
	L. "	21m
528	T. Osley	36m
	M. "	24f
	J. "	23m
529	N. Butler	37m
	A. "	35f
	E. A. "	13m
	J. "	11f
	L. "	7f
	M. "	4f
	B. "	2m
	G. "	7/12m
530	R. Snellings	34m
	E. F. "	24f
	J. S. "	7m
	G. "	5m
	W. J. "	3m
	D. C. "	8/12m
	M. Taylor	24f
531	A. W. Booth	30m
	E. "	24f
	W. R. "	3m
	W. "	23m
	M. Vapar?	14f
	E. Booth	16f
	A. R. Booth	7/12m
532	A. H. Lovinggood	21m

532 cont'd:		
	E. S. Lovinggood	20f
	A. Davis	35m
	F. Davis	40f
(Note: Census Enumerator skipped 533.)		
534	Jane Davis	79f
		N C
535	E. Jones	34f
	T. W. "	28m
	J. "	26f
	G. Galloway	6m
	W. "	5m
536	Peter Allgood	26m
	N. "	23f
	L. "	1f
	E. Jones	27f
537	R. Cash	36m
	P. W. Cash	31f
	M. F. "	13f
	N. E. "	12f
	J. S. "	10m
	V. A. "	9f
	F. J. "	7f
	J. W. "	5m
	F. M. "	2m
	S. P. "	10/12f
538	W. Vickery	27m
	S. A. "	25f
	F. "	2m
539	T. B. Stanton	42m
		Ohio
	M. "	37f
	J. C. "	18f
	J. C. Vickery	5m
	E. F. Stanton	14m
	E. A. "	10f
	Z. M. "	9m
	T. P. "	7m
	M. "	5m
	C. A. "	3f
	G. S. "	1m
540	T. Ramsey	60m
		Va
	M. "	63f
541	J. H. Finn	38m
	Sarah "	34f
	J. H. "	14m
	Thomas "	12m
	C. "	10f
	E. "	6f
	R. M. "	8m
	S. J. "	3f
542	R. J. D. Durrett	38m
		Va
	S. E. "	28f
543	R. J. Wanslow	24m
	M. A. "	20f
	E. C. "	2f
	T. J. "	11/12m
544	H. H. Morrow	42m
		S C
	M. "	32f
		S C
	F. "	15f
		S C
	R. C. "	14f
		S C
	J. W. "	11m
		S C
	S. F. "	9m
		S C

```
544 cont'd:
    J. H. Morrow        6m
                        S C
    M. T.    "          4m
                        S C
545 W. Dooley          68m
                        Va
    E.       "         63f
                        Va
    E. J. Crawford      7f
    V. D. Dooley       11m
546 J. M. Bowers       41m
                        S C
    L. Bond            35f
                        Ga
    S. Bond            19m
                        S C
    J. H. Bond         17m
                        S C
    E.       "         14f
                        S C
    A.       "         13m
                        S C
    A.       "         11f
                        S C
    J.       "          9f
                        S C
    W.       "          6m
                        Ga
    J.       "          3m
                        Ga
    N.       "       6/12f
                        Ga
    H. C.    "         16f
                        Ga
547 L. Lecroy          28m
                        S C
    L.       "         27f
    L.       "          8f
    M.       "          7f
    T.       "          5f
    M.       "       9/12f
548 W. H. Crawford     37m
    S. A.    "         36f
    M.       "         10f
    S. A.    "          4f
549 L. Shiflett        37m
    E.       "         28f
    L.       "         25f
550 J. White           53m
                        S C
    E.       "         59f
                        S C
    M.       "         27f
    J. O.    "         19m
    J. A. Crocker?     10m
551 J. R. Harper       26m
                        S C
    S. E.    "         21f
    W. R.    "          2m
    L. M.    "       3/12f
552 J. Davis           22m
                        S C
    M.       "         24f
                        S C
    S. A.    "          4f
                        S C
    R. S.    "          1f
                        S C
553 W. G. White        23m
    E.       "         23f
554 J. White           25m
    M. J. White        21f

554 cont'd:
    (birth place...S.C.)
555 W. D. Barron       29m
    E.       "         27f
    W. N.    "          9m
    F.       "          7f
    L. A.    "          5f
    M.       "          3f
    P.       "          1f
556 W. Kerby           38m
                        S C
    R.       "         37f
    S. E.    "         12f
    M. V.    "          8f
    W. W.    "          5m
557 J. McCurry         47m
    N. P.    "         43f
    E. F.    "         17f
    L. A.    "         15f
    J. B.    "         13m
    H. J.    "          9f
    A. L.    "          6m
    W. H.    "          4m
    J. L.    "          2m
    R. A.    "       9/12f
558 A. Strickland      36m
                        S C
    M. L.    "         50f
                        S C
    W. L.    "         14m
                        S C
    M. L.    "         10m
                        S C
    M. E.    "          8f
                        S C
    D. O.    "          5m
                        S C
559 H. Tiller          37m
                        S C
    P.       "         36f
                        S C
    F.       "         12f
    S.       "         10f
    M.       "          9f
    J.       "          6m
560 J. M. Carter       27m
    M. L.    "         23f
    A. E.    "          1f
    M.       "       6/12f
561 R. E. Timmons      24m
    N.       "         20f
    M. J.    "          6f
    R.       "          4m
    J.       "          2m
    L. Dyer            18f
562 L. Vawter          76f
                        Va
    A. Hanks           40m
                        Va
    J.       "         35f
                        S C
563 W. Morgan          40m
                        S C
    M.       "         35f
                        S C
564 Mary Masters       48f
    N. C.    "         19f
    J. W.    "         18m
    E. S.    "         15f
    A. N.    "         13m
    M. S. Hill?        22m
                        S C

565 A. Pickens         30m
                        S C
    S. A.    "         25f
                        S C
    E.       "          5f
    M.       "          5f
    R.       "          2m
    M. A.    "          1f
    E. Pool            60f
                        S C
    H. Pool            18f
                        S C
    R. Pickens         25m
                        S C
566 J. Staples         53f
                        S C
    C.       "         17f
                        S C
    L. A.    "         16f
                        S C
567 J. McDaniel        42m
    S.       "         35f
                        S C
    J. A.    "         16m
    M. A.    "         14f
    N. R.    "         12f
    E. J.    "         10f
    E. L.    "          8f
    S.       "          7f
    J. D.    "          4m
    A. J.    "          2f
568 John Walker        52m
                        S C
    C.       "         49f
                        S C
    F.       "         23f
                        S C
    J.       "         22m
                        S C
    M. A.    "         20f
    M.       "         16f
                        S C
    S.       "         12f
                        S C
    C.       "         10f
                        S C
    L.       "          5f
                        S C
569 E. Frost           42m
                        S C
    A.       "         35f
                        S C
    M. E.    "         19f
                        S C
    M. J.    "         15f
                        S C
    S. D.    "         13f
                        S C
    W. T.    "         12m
                        S C
    R. A.    "         10f
                        S C
    L.       "          8m
                        S C
    C.       "          1m
                        S C
570 M. Dunn            38f
    M. A. Dunn         23f
    F.       "         22f
    Mary     "         14f
    A.       "          8f
    M. J. Ramsey        8f
    J. A.    "          6m
    J. N.    "          4m
571 S. Holmes          66m
                        S C
```

571 cont'd:		
S. Holmes		60f
		Va
H.	"	20f
E. Jordan		58f
		Va.
572 S. Ramsey		35m
B. Thrasher		27f
W.	"	1m
S.	"	6/12m
573 W. Ramsey		45f
E. J.	"	13f
D.	"	11f
S.	"	11f
T. C.	"	6m
M.	"	87f
M.	"	40f
J.	"	10m
574 J. H. Smith		21m
S. L.	"	30f
		N C
J. B.	"	1m
575 T. Bobo		30m
L. H. Bobo		22f
M. H.	"	5f
A. M.	"	3f
S. E.	"	2f
576 P. M. Crow		39m
		S C
M.	"	35f
E.	"	21f
W. J.	"	16m
577 Moses Cordin?		44m
E.	"	35f
M.	"	16f
C.	"	14f
C. J.	"	12m
S.	"	9f
E.	"	6f
J.	"	4m
T.	"	2m
H. E.	"	4/12f
C.	"	70m
		Va
J. Macbeth		38m
		Tenn
578 E. LeCross		35f
		S C
M. L.	"	7f
E.	"	5f
J.	"	9/12m
579 B. J. Dooley		28m
P.	"	25f
W.	"	6m
J. Dunn		16m
580 James Patterson		61m
		S C
M.	"	50f
M. Seals		30f
M. A. Hughs		17f
J. L. Turner		25m
581 R. W. Brown		34m
E.	"	34f
M. A.	"	12f
E.	"	10f
E.	"	8f
E. M.	"	6m
M. J.	"	4m
S. E.	"	1f
582 S. S. Jones		36m
M. M.	"	29f
		S C

582 cont'd:		
J. Jones		12m
W.	"	10m
C. J.	"	8f
J. O.	"	5m
S.	"	2f
M. Brown		25f
583 R. S. Hill		28m
		S C
E.	"	21f
M. J.	"	1f
584 J. H. Strange		40f
S. E.	"	25f
M. L.	"	8f
T. H.	"	6f
D. H. Ramsey		25m
585 J. Hendricks		40m
M.	"	30f
C.	"	12f
S.	"	10f
A.	"	8m
J.	"	5m
L.	"	1m
586 Jesse Dobbs		57m
M.	"	49f
		S C
W.	"	23m
C.	"	21f
L.	"	19f
J.	"	17m
M.	"	15f
J.	"	13m
M.	"	12f
D. M.	"	7m
587 John Gordon		62m
		N C
S.	"	62f
		N C
J.	"	23m
S. M.	"	17f
588 W. Stinson		32m
		S C
S. C.	"	20f
589		
590 S. McMullan		51m
C.	"	45f
J.	"	25m
S.	"	19f
J.	"	17m
L.	"	16m
E.	"	13f
H.	"	12m
M. N.	"	10m
H. A.	"	7f
A J.	"	2m
591 James Fuller		35m
		S C
J.	"	30f
		S C
N.	"	20f
		S C
592 L. W. Holmes		33m
L.	"	35f
Z. H.	"	8m
E.	"	4m
593 G. Landrum		26m
		S C
E.	"	28f
J.	"	4/12m
594 A. Risner		38m
		S C

594 cont'd:		
T. Risner		37f
		S C
J.	"	13m
S.	"	11f
N.	"	10f
T.	"	8m
E.	"	7f
S.	"	5f
N.	"	3m
A.	"	3/12m
595 S. Ingram		39f
		S C
A. J. Risner		15f
		S C
F.	"	13m
		S C
W.	"	10m
S.	"	9f
H.	"	7m
596 W. Holmes		40m
H.	"	34f
D.	"	10f
A.	"	8f
H.	"	7f
R.	"	2m
J.	"	25m
597 N. Holmes		43f
E.	"	10f
J.	"	3m
S.	"	1f
598 J. Loftis		47f
J. E.	"	18m
W.	"	16m
E.	"	14f
S. A.	"	11m
E.	"	3m
599 R. Varner		77m
		S C
S.	"	49f
R. M.	"	4m
N. Richardson		19f
S.	"	17m
F.	"	15f
S.	"	13f
600 S. Rogers		43f
J. H.	"	21m
M.	"	17m
S. A.	"	15f
601 H. J. Goss		61m
Ann Goss		61f
E. McMullan		17f
L. C. McGhee		1f
602 A. Parker		72m
N.	"	59f
J.	"	22m
603 A. McDougal		35m
S.	"	37f
604 L. Parker		39f
M.	"	33f
M.	"	7f
J.	"	4m
M.	"	2f
D. Bridges		23m
605 J. Staples		57m
		S C
E. L.	"	57f
		S C
M.	"	25f
		S C
J.	"	20m
		S C

605 cont'd:		
M. Staples	18f Ga	
606 J. Rowland	27m S C	
E. "	30f	
W. "	5m	
J. "	4f	
J. "	2m	
F. "	8/12m	
M. Bridges	77f Va	
E. Rowland	32f Ga	
607 G. B. Pardue	24m S C	
M. "	30f S C	
608 M. N. Dooley	38m	
C. "	40f N C	
S. A. "	19f	
W. "	17m	
V. "	14m	
J. "	10m	
G. W. "	7m	
L. "	5m	
D. "	2f	
609 A. L. Waters	43m	
M. "	42f	
E. F. "	19f	
L. B. "	15m	
M. C. "	13f	
J. P. "	10m	
R. E. "	6f	
S. M. "	1f	
610 M. Skelton	49m	
S. "	48f S C	
E. "	21f	
H. "	20f	
M. "	19f	
F. "	17f	
W. "	16m	
C. "	14f	
J. J. "	13m	
J. A. "	11m	
C. "	10f	
W. "	8m	
M. J. "	5m	
611 L. Herring	27m S C	
M. "	23f	
J. E. "	5m	
H. B. "	3m	
M. E. "	1f	
612 Z. Hubbard	25m	
S. "	18f	
M. A. "	3f	
613 F. Ramsey	40m	
V. "	35f	
M. "	14m	
I. A. "	12f	
T. "	10m	
J. "	8m	
F. "	3m	
614 E. Scott	65f S C	
615 W. Cleveland	27m S C	
M. "	26f	
S. "	4f	
A. "	2f	
616 R. Dyer	40f	
Joel Dyer	16m	
S. "	14m	
V. "	12f	
M. "	10f	
J. P. "	5f	
617 W. Dyer	22m	
A. "	17f	
J. Powell	20m	
618 T. Powell	43m	
N. "	33f	
N. "	15m	
M. "	14f	
J. "	11m	
M. "	8f	
W. "	7m	
L. "	5f	
M. "	2f	
M. "	5/12f	
619 S. Dyer	20m	
S. "	18f	
620 L. C. Galloway	20m	
L. "	21f	
E. "	1f	
621 W. P. McGhee	24m S C	
E. "	19f	
L. A. "	3f	
H. A. "	1f	
S. Pritchett	12m	
622 W. Hunt	54m	
D. "	47f	
623 J. L. Hunt	28m Ala	
M. "	21f	
N. E. "	4f	
M. F. "	1f	
624 W. W. Rush	28m S C	
S. "	30f Ga	
R. C. "	5m S C	
M. J. "	3f Ga	
J. M. "	3/12f Ga	
625 Burrel Bobo	67m S C	
M. "	35f	
W. "	20m	
B. "	2m	
S. C. "	1f	
626 A. Mullenix	63m S C	
C. "	50m S C	
F. J. "	19f S C	
N. C. "	17f S C	
S. J. "	16f S C	
J. R. "	14m S C	
627 C. Reynolds	61m Va	
W. "	35m Va	
J. "	22f	
E. "	30f	
R. "	15f	
628 W. Brown	21m	
C. "	20f	
629 R. Bailey	60m S C	
T. "	50f S C	
S. A. "	20f S C	
W. L. "	15m S C	
H. M. "	13m S C	
L. C. "	11f S C	
630 G. Bailey	26m S C	
N. S. "	28f S C	
T. J. "	5f	
M. M. "	4f	
R. J. "	2m	
631 E. R. Eaton	25m S C	
M. "	18f	
M. E. "	10/12f	
L. A. "	26f S C	
632 S. W. Jordan	41m	
E. "	38f	
F. A. "	19m	
M. A. "	17f	
M. "	15f	
M. "	13f	
N. "	11f	
M. "	9f	
J. "	6m	
A. "	3f	
E. "	28m	
633 C. Farmer	28m	
M. "	35f	
Lindsey Farmer	13m	
?. W. "	10m	
M. A. "	4f	
M. C. "	2f	
M. Johnson	72f	
634 J. F. McMullan	30m	
J. "	31f	
T. L. "	7m	
E. "	6f	
G. "	3m	
M. J. "	1f	
F. "	60f	
635 J. V. Richardson	42m	
E. "	35f	
S. "	14m	
M. "	10m	
M. M. "	8m	
F. "	6f	
M. "	5m	
R. "	3m	
W. "	1m	
H. McMullan	21m	
B. Hais?	30m	
T. Vawters	22f S C	
636 Z. Ethridge	37m N C	
C. "	30f	
R. F. "	12m	
M. A. "	10f	
F. L. "	7m	
M. E. "	5f	
J. W. "	2m	
637 James Vickery	22m	

637 cont'd:		
Mary Vickery		16f
638 E. Alexander		47m
L.	"	44f
M. E.	"	18f
Mary	"	14f
C.	"	11f
J.	"	9f
J. J.	"	5m
E. A.	"	2m
639 R. Gaines		53m
E.	"	46f
W.	"	19m
S.	"	17m
J.	"	15m
T.	"	13m
L.	"	11m
L.	"	9m
P.	"	7m
640 W. Gaines		95m Va
S. Warren		60f
641 T. Steadman		39m N C
E.	"	28f
S. E.	"	9f
L.	"	7m
A. A.	"	5f
M. F.	"	4f
M. S.	"	2f
642 G. Alexander		43m
E. A.	"	40f
N. J.	"	19f
W.	"	15m
G. W.	"	13m
M. A.	"	12f
R.	"	10f
P.	"	9f
M. A.	"	7f
C.	"	4f
R.	"	8/12m
643 W. B. Crawford		24m
M.	"	23f
M.	"	5m
S.	"	3f
J.	"	2/12m
644 R. C. Adams		25m
M.	"	21f
E. M.	"	3f
L. F.	"	4/12f
645 B. Brown		39m
M. L.	"	31f
L.	"	13f
M.	"	11f
E.	"	9f
D.	"	7m
W.	"	5m
S.	"	3f
E.	"	1f
646 J. M. Thornton		36m
E.	"	29f
T.	"	12m
W.	"	10m
A.	"	8f
L.	"	4m
E.	"	1f
647 A. S. Bowen		29m
C.	"	19f
E. D.	"	4f
F. M.	"	2m
648 F. P. Thornton		30m
H. F.	"	29f

648 cont'd:		
B. F. Thornton		6m
J. W.	"	4m
M. A.	"	2f
649 W. H. Alexander		20m
S. E.	"	26f
M. A.	"	5f
650 T. Mewbourn		45m
M. Thornton		6m
F. Mewbourn		44f
J. R.	"	21m
M.	"	18m
M. E.	"	19f
H.	"	17f
T. J.	"	16m
J. V.	"	14m
W. V.	"	9m
M. C.	"	5m
A. J.	"	3m
651 L. McCurry		45m
E.	"	37f
J. B.	"	15m
J. G.	"	12m
W. C.	"	9m
S. C.	"	5f
M. S.	"	2f
M.	"	1f
652 T. Stowers		59m
J.	"	56f
W. N.	"	20m
J. B.	"	18m
M. C.	"	14m
653 M. Taylor		40f
J. H.	"	16m
M.	"	11f
654 J. L. Crawford		41m
M.	"	40f
S. H.	"	19f
M. G.	"	14f
W. A.	"	12m
J. C.	"	8m
M. C.	"	7f
T.	"	2/12f
655 A. Daniel		40m
M.	"	31f
F.	"	10m
J.	"	8m
L.	"	6m
E.	"	4f
M.	"	2f
656 L. M. Adams		47m
L. H.	"	42f
F. P.	"	18f
M. A.	"	16f
A. H.	"	14m
A. E.	"	11f
L. C.	"	5f
E.	"	4f
657 W. Alexander		68m Va
A.	"	68f Va
658 J. T. Sayer		35m S C
M. E.	"	22f
W. O.	"	5m
L. L.	"	2/12f
659 W. H. Craft		27m
P.	"	33f
L. J.	"	9f
S. F.	"	5f
J. R.	"	1m

659 cont'd:		
D. Riley		28m
660 B. Parker		21m
S. A.	"	21f
661 James Steadman		21m N C
M.	"	18f
662 W. A. Florence		43m
H.	"	43f N Y
S. L.	"	16m
A. S.	"	10m
W. A.	"	12m
S. L.	"	9f
E. S.	"	5m
S. E. Sayer		2f
663 Joseph Rucker		62m
M.	"	58f
E. M.	"	21m
A. R.	"	18m
664 B. Harper		61m
G. Y.	"	49f
W. J.	"	26m
C. A.	"	21f
M. E.	"	14f
M. E. Crawford		14f
665 James Taylor		34m
S.	"	25f
S.	"	8f
J.	"	6m
W.	"	4m
J.	"	2m
A. H.	"	6/12f
666 A. G. Perriman		37m Va
S.	"	35f
J.	"	14m
E. R.	"	12m
J.	"	1m
E.	"	65f
667 A. C. Stratton		40m Canada
A. J.	"	51f Ireland
668 W. Prather		52m S C
E.	"	21f
E.	"	16f
S.	"	14f
N.	"	13f
669 G. T. Alexander		32m
J.	"	5m
T.	"	61f
L.	"	21f
M.	"	19f
670 J. E. Nash		56m Va
M. W.	"	53f N C
J.	"	21m
E. M.	"	17f
S. F.	"	12f
671 W. M. McIntosh		35m
M. L.	"	26f
S. A.	"	5m
W. M.	"	3m
A. C.	"	1f
672 H. Jones		45m
673 J. Childers		31m

```
673 cont'd:                    684 A. Beggs          60f    696 cont'd:
    (birth place..Va.)             H.      "      Ireland      T. P. Starnes      17m
674 J. J. Morrison      31m        H.      "          26m     P. B.      "       14m
                        Va         S. S.   "          24m     B. L.      "       12f
    Jane Ward           78f        S. A.   "          18f     M. A.      "        9f
                        Va     685 B. Barron          57m    697 M. G. Brown      58f
    S. Gray             74f        L.      "          55f                         Va
                        Va         S.      "          15m     A. C.      "       18m
675 J. Gray             67m        F.      "          12f     I.? V.     "       16m
                        Va         F.      "          10m     E. W.      "       14m
    E. Gray             56f        O.      "           8m
                        Va         J.      "           5m    698 Eppy White      59m
    R. G. Childers      25m        J. W. Crawford    19m      C.         "       53f
    M. A.      "        18f                                                       Va
    J. J.      "         1m    686 S. Dutton          24m     D. H.      "       28m
                                   S.      "          26f     A. H.      "       21f
676 John Childers       63m        J.      "           7m     R. E.      "       19f
                        S C        J. E.   "           4m     S. R.      "       16f
    S.         "        58f        J. W.   "        9/12m     M. F.      "       10f
    M.         "        33f
    J. C.      "        27m    687 L. Skelton         30m    699 W. Sullivan     68m
    H.         "        23m        N.      "          26f                         Va
    S.         "        21f        S. J.   "           7m
    M.         "        17f        J. W.   "           2m    700 D. H. Brown     31m
                                   J. D.   22m               L. E.      "       28f
677 Thomas Jones        34m                                   W. B.      "        6m
    E.         "        22f    688 E. Page            60f     M. M.      "        4f
    W. M.      "     11/12m        L.      "          28f     M. S.      "        2f
    L. Morgan           59f        L. C.   "          10f
                                   P. E.   "           8f    701 H. K. Phillips  49m
678 B. M. Bowman        29m        W. L.   "           4m                         N C
    J.         "        27f        M. C.   "           2f     N.         "       39f
                        N C                                                       N C
    F.         "         5f    689 J. McGhee          44m     L.         "       16f
    L.         "         4m        S.      "          37f     M. A.      "       14f
    S.         "         2f        M. E.   "          14f     J. R.?     "       13m
                                   M. E.   "          12f     W. A.      "       13m
679 A. B. Bell          34m        W. M.   "          10m     E. W.      "       12m
    Sarah      "        33f        S. J.   "           8f     R. A. E.   "       10f
    M. E.      "        18f        L. C.   "           6f     A. C.      "        8m
    W. M.      "        15m                                   M. C.      "        5f
    S.         "        13f    690 Joseph Jenkins    33m     A. C.      "     9/12f
    F.         "        11f        S. F.   "          27m
    L.         "         3f                                  702 James Allen      43m
    J. J.      "         1f    691 J. C. Conwell     27m     M. A.      "       33f
                                   S.      "          34f     S. L.      "       12f
680 R. Cleveland        74m        J. D.   "           4m     M. E.      "       11f
                        Va         G. B.   "           1m     T. J.      "        9m
    M.         "        65f        A. J.   "        8/12m     M. C.      "        7f
                        Va                                    J.         "        4m
    L.         "        40m    692 A. Patterson      60m     N. C.      "        2f
    F.         "        39f                            N C    F.         "       12m
    W.         "        24m        R. A.   "          60f     J.         "        9m
    S. E.      "        19f                            N C    D. J.      "        6m
                                   W. F.   "          17m     R. L.      "        4f
681 H. Stamps           49m        R. M.   "          15f     W. Clark           23m
    F.         "        35f
    S. J.      "        14f    693 R. Estes          55m    703 S. Smith         38m
    J. J.      "        13m                            S C    S.         "       25f
    L.?        "        11f        M.      "          55f     J. W.      "       10m
    E.         "         9f                            Va     R. E.      "        8f
    W. H.      "         6m        M.      "          21f     P. B.      "        6m
    W. S.      "         3m                            S C    J. F.      "        5m
                                   W.      "          16m     A. N.      "        4m
                                                      S C     W. B.      "     6/12m
682 Joseph Terry        80m                                   W. C.      "     6/12m
                        Va     694 B. Chrisler       53m     E. M.      "       28m
    J.         "        67f        Sarah   "          56f
                        Va                             S C   704 L. Clark        40m
    S. A. Alexander     21f        M. E.   "          25f     T.         "       27f
                                   S. A.   "           7f     E.         "       12f
683 Joseph Strickland   55m        J. W.   "           3m     S.         "        7f
                        N C                                   M.         "        1f
    S.         "        57f    695 A. C. Waters      29m
    F.         "        22f        R. C.   "          27f    705 Allen McGhee    38m
                        S C        J. A.   "           4f     R.         "       29f
    M.         "        20f                                   W.         "       28m
    N.         "        18f    696 Mary Starnes      48f     J. Bridges         18m
    J.         "        16f        S. A.   "          24f
    J.         "        15m        W. B.   "          22m    706 T. Cunningham   65m
    J. Craft             6m                            Ala    N.         "       56f
                                   E. S.   "          19f                        N C
```

706 cont'd:
```
F. B. Cunningham    22m
A. E.       "       17f
N. Fleming          17f
J.          "       12m
J.          "        6f
E. B. N. Fleming     3m
```

707 W. A. Brown   55m
```
J.          "       54f
H.          "       24m
J.          "       21m
H.          "       17f
A.          "       15m
```

708 J. M. Brown   30m
```
M. E.       "       21f
F. S.       "        2f
J. S.       "        1f
```

709 J. Skelton   50m
```
J.          "       48f
T.          "       24f
J. H.       "       21m
D. C.       "       18m
R.          "       16f
W.          "       14m
E.          "       12f
M.          "       10f
E.          "        8f
W. R.       "        6m
J. M.       "        4m
```

710 C. Bobo   24m
```
E. ?        "       21f
J. H. Bobo           1m
```

711 W. R. Ray   23m
```
D.          "       19f
T.          "        2m
W. A.       "       3/12m
```

712 N. Johnson   47m
```
M. P.       "       45f
                    S C
E. A.       "       18f
M. J.       "       16f
M.          "       14f
W.          "       13m
M.          "       11f
E. Bobo             11f
W. J. Williford     22m
                    S C
R. A. Cobb          27m
J. Upshaw           17m
M. Sullivan         70f
```

713 R. Jordan   40m
```
S.          "       42f
W.          "       21m
M.          "       18f
J.          "       15m
E.          "       16f
B.          "       12m
M.          "       10f
J.          "        8m
M.          "        6f
A. T.       "        3m
```

714 T. H. Teasley   30m
```
M. T.       "       30f
M. E.       "       10f
L. E.       "        8f
A. E.       "        6f
G. T.       "        4m
R. C.       "        1m
```

715 S. Stuart   58m
```
                    N C
M.          "       25f
                    N C
E.          "       23f
                    N C
```

715 cont'd:
```
J. Stuart           22m
                    N C
S.          "       20m
                    N C
J.          "       18f
                    N C
E.          "       12m
                    N C
E.          "        9f
                    N C
```

716 J. G. Watson   38m
```
                    S C
A. E.       "       37f
                    Ga
R. J.       "       11m
                    S C
W. H.       "       10m
R. A.       "        9f
M. A.       "        8f
T. J.       "        5m
D. B.       "        1m
```

717 J. Hendricks   63m
```
                    N C
S.          "       62f
R.          "       25f
M.          "       22f
W. B.       "       21m
J. W.       "       20m
M.          "       19f
```

718 B. Thornton   49m
```
                    N C
N. P.       "       49f
J. C.       "       17m
A. C.       "       15m
P. C.       "       13f
J. M.       "       11m
M. J.       "        8m
B. F.       "        2m
J.          "       65m
```

719 M. W. Hickman   35m
```
M. E.       "       28f
A. H.       "       10m
J. S.       "        8m
G. A.       "        6f
C. D.       "        5f
S. J.       "        3m
J. D.       "        1m
J. Hairston         15m
```

720 W. Clark   66m
```
                    Va
M.          "       60f
                    Va
E. A.       "       17m
E. Rowzee           15f
```

721 J. McGarity   49m
```
M.          "       45f
                    S C
E.          "       19f
B.          "       17f
M. T.       "       14f
J.          "       11m
G.          "        8m
```

722 E. J. Brown   33m
```
S. P.       "       27f
J. D.       "        4m
M. E.       "        2f
```

723 S. Rosser   40f
```
M.          "       14f
```

724 D. M. Johnson   48m
```
N.          "       49f
M. A.       "       22f
J.          "       21m
A. S.       "       18m
```

724 cont'd:
```
T. A. Johnson       15f
D. G.       "       14m
J. H.       "       12m
S.          "       10f
M.          "        8f
A.          "        3m
```

725 J. L. Brown   50m
```
D.          "       49f
W. T.       "       23m
J. M.       "       19m
S. H.       "       17m
A.          "       15f
M.          "       13f
W.          "       12m
J.          "       10m
R.          "        8m
A.          "        5m
M.          "        6m
H.          "        3m
M.          "        2f
```

726 W. Jones   39m
```
L. A.       "       34f
S.          "       17f
M.          "       14f
D.          "        8m
L.          "        5f
R.          "        1f
```

727 J. T. Glover   22m
```
N.          "       24f
```

728 J. M. Haynes   42m
```
N.          "       35f
J. M.       "        8m
E. A.       "        6f
E. S.       "        4f
S. C.       "        2f
W. H.       "     10/12m
T. Collier          ?_m
```

729 B. G. Patterson 30m
```
                    N C
E.          "       23f
L. A.       "        4f
W.          "        2m
```

730 L. K. Simpson   25m
```
                    S C
E.          "       60f
                    S C
E.          "       26f
                    S C
J.          "       22f
                    S C
S.          "       20f
                    S C
```

731 T. Tyner   56m
```
J.          "       53f
N.          "       18f
J. E.       "       17m
S.          "       15f
J.          "       12m
T.          "        9m
```

732 W. Davis   32m
```
E.          "       32f
W. H.       "        9m
H.          "        7m
T.          "        4m
M. J.       "        2f
```

733 J. Ashworth   66m
```
M.          "       21f
E. T.       "        4m
W.          "        2m
V. ? J.     "        1m
```

734 N. Pritchett   46m
```
M.          "       38f
```

```
734 cont'd:                      747 cont'd:                     760 cont'd:
    J. Pritchett        19m          F. Roebuck         17f          M. Grimes          10f
    D.     "            16m          Z.     "           16m          W.     "            8m
    J.     "            14m          A. H.  "           12m          Thomas "            4m
    D.     "            12m          M. A.  "            9f          T.     "            1m
    S.     "            11f          R. T.  "            7m          L. K. Bell         17m
    C.     "             8f          A.     "            5m          J. Young           17m
    R.     "             9m      748 W. J. Pratt        41m      761 J. M. Cleveland    51m
    J.     "             4m          M.     "           31f          P.     "           41f
    R. M. Rice          22m          S.     "           41f          W.     "           19m
(Note: Census Enumerator                                              M. R.  "           17f
skipped numbers 735-736)         749 W. Elliott         30m          A. J.  "           16m
                                     C.     "           25f          S. A.  "           10f
737 W. Hunt             41m                             S C          F. B.  "            2m
    P. T. Hunt          36f          M. A.  "            3f
    L. A.  "            15f          T.     "            2m      762 L. H. Smith        44m
    J. W.  "            13m          W.     "        10/12f          R.     "           38f
    B. A.  "            11m                                          T. B.  "           15m
    T. J.  "             9m      750 A. T. Turner       56m          S. E.  "           12f
    S. J.  "             7m          M.     "           43f          F. R.  "            8f
    J. M.  "             5m          I. P.  "            5f          L.     "            5f
    W. S.  "             4m
    J. M.  "            85f      751 J. Y. Arnold       33m      763 J. D. Watkins      48m
                        Va                              N C          E. A.  "           26f
                                     S. K.  "           23f                              Maine
738 W. Page             40m          J.     "            8m          J.     "           16m
    M.     "            30f          E.     "            5f                              N Y
    W. H. Page          12m          A. ?.  "            2m          G. A.  "            3f
    J.     "            10m          T.     "            1f                              Ga
    D.     "             8f                                          J. D.  "         6/12m
    M.     "             6f      752 J. F. Brawner      35m          J. B. Alexander    22m
    M.     "             5f          M.     "           32f          W. Stock           24m
                                     J. S.  "           11m                             England
739 J. R. Teasley       30m          W. H.  "            8m          J. Stock           20m
    M.     "            19f          T. L.  "            6f                             England
    M.     "             1f          T. A. Adams        17m          E. Hill            22m
                                                                                        England
740 J. Hutcherson       49m      753 E. G. Mathis       32m
                        N C          E. M.  "           27f      764 H. P. Mattox       39m
    E.     "            38f          E. O.  "            7m          S.     "           33f
    J. W.  "            19m          E. J.  "            5f          W. H.  "           14m
    M./N.? "            15f          S. D.  "            4f          Z. C.  "           12m
    T. J.  "            13f          E. N.  "            1f          N. G.  "           25m
    T. J.  "            11m                                                              Va
    B. H.  "             8m      754 H. Lovinggood      66m
    J. H.  "             6m                             Va       765 Mary Eavenson      65f
    N.     "             5f          M.     "           50f          F. Rice            26f
    F. C.  "             1f          J.     "           18m
                                     W.     "           16m      766 S. W. Hansford     26f
741 J. A. Teasley       21m          C.     "           14m
    M. E.  "            22f          T.     "           12m      767 J. S. Corry        62m
    J. B.  "             3m                                          Ann    "           43f
    M. C.  "             1f      755 J. S. Hinton       62m          R. M.  "            7m
                                                        Va           E. E.  "            2f
742 B. Rucker           65m
    F. ?   "            59f      756 W. Haley           25m      768 R. S. Stowers      25m
    B.     "            23m          M.     "           20f          S.     "           25f
    W.     "            14m          W.     "            2m          T. R.  "            6m
    F.     "            16f          L.     "         8/12f          J. C.  "            4m
                                                                     M. S.  "            2m
743 N. Nelms            63m      757 J. W. Brawner      34m          B. Hickman         18m
    E.     "            20m          E.     "           33f          M.     "           21f
    J. S.  "            11m                             Va
    E. Seals            33f          H. A.  "           12f      769 W. Craft           41m
    M.     "             7f          M.     "           10f          M.     "           39f
    A. J. Seals          3m          L.     "            7f          M. F. Roebuck      16f
    W. Tyner            19m                                          S. J. Croft        14f
                                 758 James Sadler       50m          S. S.  "           12m
744 J. S. Cunningham    26m                             S C          M. A.  "           10m
    M.     "            35f          P.     "           44f          W.     "            8m
    M. E.  "          7/12f          S.     "           22f          M.     "            6f
                                     L.     "           17f          J.     "            4m
745 S. Fleming          85f          M. J.  "           14f          L.     "            2f
                     Ireland                                         J. Daniel          29m
    E.     "            15f      759 H. P. Brawner      57m
                                     C.     "           52f      770 T. C. Elliott      55m
746 W. A. Teasley       21m          S. A.  "           33f                              Va
    D. T.  "            21f          P. A.  "           23f          T.     "           47f
    M. L.  "             2f          E. J.  "            1f          J.     "           19m
                                                                     H.     "           19m
747 M. Roebuck          35f      760 W. Grimes          42m          T.     "           24f
    W. B.  "            20m          A.     "           30f
```

```
771 M. McLanahan      45f       783 cont'd:                      796 cont'd:
    M.    "           19f           J. J. Eavenson  10/12m           W. Winn           25f
    N.    "           17m           A. J.    "         10/12m        W. B. Winn        2m
    S.    "           15m       784 W. R. Hamm           40m         W. Carlton        8f
772 C. Stone          74f           E. A.    "          40f          H.    "           6m
    J.    "           20m                              S C           F.    "           4m
    J. McLanahan      21m           E. A.    "          16f          A.    "           1f
773 E. Holmes         25f           S. J.    "          13f      797 R. Crump          53m
    E.    "           10f           J. H.    "          11m          M.    "           48f
    F.    "            8f           W. L.    "           9f          H.    "           20f
    A.    "            8f           M. S.    "           7f          R.    "           17m
774 T. Hearn          64m           S.    "              5f          M.    "           15f
                     S C           A.    "               3m          E.    "           12f
    F. E.    "        60f           J. W. Burch         50m          M.    "           7f
                     Va                           Kentucky           J.    "           4m
    S. T.    "        17f       785 J. Duncan           46m          J. M.    "        2m
775 J. Kimble         26m           N.    "             27m      798 M. Moss           52m
    S.    "           22f           M. A.    "          13f          N.    "           52f
    W.    "            3m           J. H.    "          11m          M. E. Moss        18f
    I.    "            1f           S.    "              6f          W. J.    "        16f
                                    E.    "              1f          H.    "           15f
776 W. H. Adams       40m       786 M. Duncan           80f          H.    "           13f
    N. A.    "        35f                             N C            M.    "           12f
    J. R.    "        14m       787 J. E. Brown         38m          H.    "           9m
    D.    "           12m           N.    "             30f          A.    "           22m
    P.    "           10m           D.    "             12m      799 N. Burden         41m
    G. A.    "         8m           J.    "             10m          N.    "           36f
    H.    "            6m           M.    "              8f          M. E.    "        15f
    E.    "            5f           J.    "              2m          W. J.    "        13m
    W.    "            2m       788 W. E. Thornton     25m           S. F.    "        11f
777 B. Higginbotham   88m           E.    "             22f          J. N.    "         9m
    W. Adams           4m           L.    "              4f          M.    "            7f
    A. Higginbotham   30f           J. F.    "           2m          A. M.    "         3f
    J.    "            1f           M.    "           2/12m          A.    "            1f
778 W. Wall           84m       789 B. Fortson          28m      800 S. M. Scales     29m
                     N C            M. E.    "         20f          J.    "          40m
    L.    "           65f           E. L.    "          4f          J.    "          35m
                     Va             S. A.    "          2f          W.    "          31m
    J. A. Wall        26m       790 J. Highsmith       60m          M.    "          33f
    T. Nash           23m           M.    "            56f      801 W. D. Thornton   39m
779 T. J. Cason       26m           J. Cason           84m          S. E.    "       42f
                     N C                              Va            M. A.    "       20f
    L.    "           21f       791 L. Scales          42m          P. A.    "       15f
    E.    "            1m           W.    "            14f          H. H.    "        1f
                                    M.    "            12f      802 James Jenkins    37m
780 W. Higginbotham   30m           J.    "            10m          F. B.    "       34f
    E.    "           35f           M.    "             7f          E.    "          15f
    S.    "            4f           W. J.    "          4m          S.    "          14f
    J.    "            3m       792 J. M. Almond       43m          M. A.    "       12f
    R.    "            2m           A. M.    "         30f          E.    "          10m
    J. Hansford       50f           S. F.    "         16f          J. A.    "        7f
    M. Tyner          40f           J. B.    "         13m          H.    "           4m
    P. Tyner          35f           D.    "            12f          V.    "           1m
781 J. Young          53m           E. A.    "         10f      803 T. M. Fleming    31m
    A.    "           57f           T. A.    "          8m                           N C
    J.    "           16m           J. N.    "          7m          F. D.    "       30f
782 T. B. Bullard     42m           E. A.    "          5f          F. P.    "        8f
    E.    "           32f       793 J. Bell            24m          M. E.    "        6f
    J. W.    "        15m           L. S. Bell         25f          C. C.    "        3f
    J.    "            7m           J. H.    "          2m          T.    "        7/12m
    T. Young          18m       794 B. Winn            65m      804 B. A. Teasley    44m
    S. C. Pass        19m           S.    "            64f          E.    "          40f
    E. A. Pass        17f           E.    "            35f          P.    "          16f
783 T. Eavenson       42m       795 A. S. Winn         28m          A.    "          19m
    S.    "           34f           A.    "            37m          F.    "          14f
    J. M.    "        19m           A. M.    "         27f          C.    "          11f
    T. M.    "        15m           A.    "            21f          M.    "           8f
    L. E.    "        12f           M. A.    "         19f          F.    "           6f
    M. E.    "        10f           T.    "            18m          E.    "           4f
    E. A.    "         8f       796 B. F. Winn         25m          A.    "           1f
    G. M.    "         6m                                       805 C. J. Moore      29m
    S. F.    "         5f                                           N. E.    "       23f
    W. M.    "         3m                                           J. W.    "        6m
                                                                    L. A.    "        4f
```

62

805 cont'd:		
L. Moore		1m
806 T. J. Teasley		41m
N. "		27f
I. M. "		19m
M. "		13f
T. H. "		9m
F. "		7f
E. "		5f
M. "		3m
M. "		1f
H. Maxwell		22m
807 B. Crawford		39m
L. "		37f
J. R. "		5m
J. W. Adams		19m
F. A. Adams		18f
808 T. E. James		25m
C. M. "		22f
S. Cube___		60f
J. Hamm		65f
809 J. A. Teasley		46m
B. C. "		42f
J. A. "		18m
W. J. "		16f
E. C. "		14f
E. M. "		12f
L. "		11f
J. H. "		8m
810 F. Thornton		55m
L. "		45f
L. C. "		16f
J. J. "		15m
811 D. E. Conwell		50m
		S C
S. "		49f
J. "		16m
B. J. "		14f
S. A. "		12f
S. A. "		7f
812 M. Robbards		45m
M. "		40f
F. "		14f
E. "		7f
T. "		10m
J. "		4m
813 P. B. Robbards		41m
		S C
P. "		41f
B. F. "		19m
L. J. "		17f
A. "		15f
P. "		13f
W. L. "		11m
J. M. "		9m
E. "		7f
W. C. "		5m
R. A. "		1m
J. H. Ballenger		16m
N. Robbards		84f
814 J. Stodgehill		45m
M. A. "		27f
S. "		5f
W. "		10/12m
815 J. W. Norman		29m
S. M. "		25f
V. "		4f
W. "		1m
T. "		53m
		S C
816 J. Cobb		50m
M. "		47f
816 cont'd:		
M. Cobb		22f
M. "		17f
S. "		14f
E. "		11f
J. H. Cobb		7m
W. J. "		5m
J. P. "		5/12m
817 W. Rucker		60m
		Va
818 W. E. James		27m
M. E. "		21f
L. E. "		3f
T. A. "		1m
819 J. Ginn		46m
S. "		44f
H. "		20m
J. "		19m
R. J. Ginn		17m
S. "		14f
M. E. "		12f
J. M. "		6m
W. J. "		4m
820 J. J. Blackwell		35m
M. E. "		28f
J. C. "		4f
M. E. "		2f
T. J. Bowman		38m
S. A. "		30f
J. D. "		8m
J. Allgood		23m
821 J. N. Jordan		35m
N. "		27f
N. "		9f
H. "		7f
M. "		5f
M. "		3f
J. B. "		1m
822 A. Larremore		52m
L. "		30f
F. R. "		26f
S. M. "		22f
E. J. "		24f
J. "		16m
L. E. Haynes		8f
W. M. Haynes		10m
823 J. Lunsford		59m
A. "		59f
		S C
N. "		24f
E. J. Blakely		5m
824 M. McCurley		52m
		S C
S. "		48f
J. Beggs		21m
825 R. J. Brown		33m
E. "		25f
B. A. "		10f
J. A. "		7m
J. H. "		4m
L. C. "		1f
M. J. Teasley		16f
826 F. Ramsey		37m
S. "		19f
M. J. "		11f
S. A. "		9f
M. "		7f
M. E. "		2f
F. "		4/12f
827 O. G. Teasley		32m
L. A. "		26f
W. J. "		8m
827 cont'd:		
J. A. Teasley		5m
J. A. "		3m
C. A. "		6f
828 W. B. Dudley		63m
C. "		38f
		S C
C. "		13f
N. "		23m
W. Eaton		14m
829 J. M. Cason		28m
M. "		20f
830 R. C. Hunt		27m
W. H. "		10m
R. "		8f
J. "		5m
G. "		1m
831 J. P. Fleming		33m
		N C
M. A. "		33f
		N C
D. "		10m
		N C
M. Hunt		4f
		N C
R. Fleming		7m
		N C
S. "		3f
		Ga
M. "		2f
832 J. Butler		24m
N. "		20f
S. "		4f
E. "		2f
N. "		9/12f
833 S. Hunt		52m
S. "		41f
J. J. Hunt		19m
F. J. "		16f
B. P. "		13m
R. S. "		12m
S. M. "		10m
D. T. "		7m
D. C. "		5m
834 J. W. Black		46m
E. "		43f
L. R. "		17f
L. W. "		15m
J. W. "		14m
S. B. "		11f
W. F. "		5m
S. "		2m
835 W. R. Adams		24m
E. A. "		18f
M. M. "		10/12m
836 J. H. Greenway		32m
N. C. "		30f
S. F. "		12f
L. A. "		10m
M. A. "		9f
H. L. "		7f
N. C. "		4f
J. H. "		2m
W. Cleveland		18m
837 J. Snellings		62m
		Va
N. "		59f
J. P. "		16m
W. L. "		13f
838 P. Mathis		57m
E. "		52f
R. "		22f

838 cont'd:			847 cont'd:			860 R. Wallis		50f
E. Mathis		20f	G. W. Gary		17m			Va
J. P.	"	18m	M. A.	"	15f			
A.	"	17f	B. M.	"	13m	861 D. Daniel		51m
D.	"	16f	M. V.	"	9m			S C
J.	"	14f	E. J.	"	7f	F.	"	40f
W. C.	"	11m	I.? M.	"	5f	H. H.	"	24m
J. D.	"	12m	N. C.	"	3f	L. C.	"	20m
A. P.	"	7m	F. C.	"	2f	W. B.	"	13m
						C.?		9f
839 J. Maley		42m	848 J. C. Highsmith		35m	J.	"	6m
		Va	L. L.	"	26f	G.	"	1m
M.	"	35f	M. A.	"	2f	E. Means?		82f
W. D.	"	17f						
H.	"	6f	849 M. Perrin		36m	862 E. W. Thornton		38m
L. J.	"	2f	E.	"	36f	M. C.	"	28f
R. T.	"	7/12m	W. B.	"	9m	L. C.	"	16f
E. Pendleton		__f	J. S.	"	7m	E. T.	"	14f
W. A.	"	__f	T. J.	"	2m	M. E.	"	12f
			M. P.	"	10/12f	S. M.	"	8f
840 E. Burch		79f	W. A. Booth		28m	T. B.	"	6m
		Va	E.	"	20f	O. C.	"	4f
M. A. Burch		47f	J.	"	6/12m	J. F.	"	1m
J.	"	18m	J. M. Cason		25m			
M. A.	"	13f				863 W. B. Smith		27m
E.	"	9f	850 W. T. Maxwell		46m	H.	"	18f
B. Hardaman		87f	S.	"	46f	J.	"	1f
		Va	S. M.	"	17m			
			J. W.	"	15m	864 R. S. Gaines		66m
841 T. J. Herndon		26m	M. N.	"	13f			Va
S. A.	"	26f	S. E.	"	11f	Ann	"	54f
C. M.	"	6m	J. H.	"	9m	J.	"	21m
S. E.	"	5f	J.	"	8f	A.	"	20m
E. F.	"	3f	J. H.	"	7m	A.	"	18m
B. T.	"	1m	M.	"	5f	W. J.	"	16m
Sarah Tennell		65f	E.	"	4f	M. Hall		43f
			M.	"	3f			
842 A. Chandler		41m	S.	"	1f	865 H. Barron		21m
L. H.	"	33f				P.	"	21f
		S C	851 J. Maxwell		43m	M.	"	4f
H.	"	19f	C.	"	42f	F.	"	1f
A. S.	"	9f	D. J.	"	5m			
H. M.	"	8f	S. A.	"	3f	866 S. Williamson		50m
W. O.	"	6m				M.	"	47f
E. B.	"	4m	852 T. E. Highsmith		23m			
J. J.	"	3m	M.	"	18f	867 R. F. Barron		26m
E. E.	"	1f				L.	"	22f
H. F.	"	4/12m	853 T. L. Stowers		29m			
			M.	"	24f	868 L. Butler		27m
843 W. McMullan		57m	S. J.	"	7f	M.	"	30f
		Va	T. F.	"	5f			
E.	"	58f	W. M.	"	4m	869 W. Hilley		26m
J.	"	27f	H. Dunn		19m	C.	"	24f
E.	"	22f				J. M.	"	7m
T. J.	"	18m	854 J. C. McCurry		29m	E.	"	4f
W. D. Hulme		12m	R. S.	"	21f	E. C.	"	6/12f
			L. Hamm		21m			
844 J. R. Booth		27m	M. Clark		14f	870 W. Myers		38m
E.	"	25f	V. S. Brown		6f			S C
M.	"	2f				S.	"	32f
J.	"	9/12f	855 M. Jones		40m	R.	"	16m
E. Tucker		50f				E.	"	13f
		S C	856 S. W. Allen		58m	B.	"	11m
			J. L.	"	53f	Z.	"	9m
845 W. G. Allen		31m	G.	"	23m	T.	"	7m
M. A.	"	18f	S. Stalnaker		40m	M.	"	5f
T. W.	"	9/12m			S C	L.	"	2f
			857 C. Presley		58m			
846 M. White		47m	M.	"	56f	871 M. A. Gaines		32m
A.	"	37f				F.	"	29f
N.	"	16f	858 W. W. Hinton		41m	J. E.	"	8m
L.	"	15m	P. R.	"	50f	W. B.	"	6m
N.	"	13m	W. Taylor		14f	T.	"	4m
M.	"	11f				J. A.	"	2m
E.	"	9f	859 J. T. Dickerson		38m			
A.	"	7f	F.	"	38f	872 R. Pritchett		66m
M.	"	5f	N.	"	12f	M.	"	59f
S.	"	3f	M. A.	"	10f			S C
			R. J.	"	8m	M. A.	"	24f
847 V. D. Gary		44m	S.	"	4m	J. L.	"	20m
		S C	L.	"	2f			
F. S.	"	39f				873 M. D. Thomason		27m
E. M.	"	19m				F. E.	"	20f

```
873 cont'd:
    W. M. Thomason    2m        885 S. Hall            45m       896 W. A. Harper       35m
    L. Craft          18f           L. Hall            45f           N. S.      "        S C
                                    L. Almond?         16f           M. O.      "        30f
874 W. J. Tate        25m           M. E.     "        16m           S. J.      "        12f
                      Ala           N. Pulliam         30m           M. J.      "         7f
    E.        "       25f           J.        "        39m           R.         "         5f
    M. E.     "        3f                                             F.         "         4m
    S.        "       3/12f     886 Wiley Powell       30m           J.         "         4m
                                    M.        "        34f                                2f
875 H. Carithers      21m           W. J.     "         8m
    S.        "       22f           S. J.     "         6m       897 J. Anderson         30m
    T. J.     "       7/12m         J. F.     "         4m           M. D.     "         30f
                                    H.        "         2m           R. Tibbett?         60f
876 W. A. Stone       29m           M. A.     "        4/12f         E. W. Harper        28m
    M. E.     "       25f           W. Adkins          28m
    E. E.     "        3m                                         898 J. B. Arnold        31m
                                887 J. B. Gaines       26m                                S C
877 J. S. Warren      53m           E.        "        24f           S. E.     "         24f
                      Va            M. A.     "         5f           S. F.     "          7f
    E.        "       42f           T. A.     "         3m           E.        "          5f
    W.        "       20m           M. F.     "        6/12f         M. E.     "          4f
    T.        "       18m                                            S. E.     "         7/12f
    M.        "       16f       888 J. Thomas          32m
    J. M.     "       14m           E. S.     "        12f       899 M. T. Fleming       50m
    J. S.     "       12m           M. J.     "        12f                               N C
    D. H.     "        9m           S. S.     "        10f           F.        "         44f
    B. F.     "        7m           J.        "         8m           M. C.     "         12f
    J. J.     "        4m           J.        "         6m           M. A.     "         10f
                                    A.        "         3m           J. R.     "          7m
878 E. Fortson        53m           A.        "         2m           S. D.     "          5m
    S.        "       47f           A.        "         1m           L. C.     "          3m
    T.        "       24m           E.        "         2f
    J.        "       15m                                         900 R. Thornton        52m
    S.        "       12m       889 N. Ramsey          50f                               N C
    G. Clark          19m                              Va            E.        "         36f
                                    J. A.     "        21m           W. T.     "         14m
879 M. Fuller         53m           J. Jones          80f            R. B.     "         19m
                      S C           J. Ford            16m           P. Hunt              3f
    A.        "       23f           P. Smith           12m
    A. Dunn           11m           W. Hunt            45m       901 E. A. Jones         25m
                                                       S C           C. J.     "         20f
880 E. B. Tate        49m
    M.        "       45f       890 F. G. Stowers     30m       902 T. B. Adams         30m
    R. F.     "       22f           E.        "        23f           L. E.     "         25f
    B. H.     "       17m           L.        "         9m           W.        "          8m
    W.        "       15m           W. L.     "         8m           C.        "          6f
    J.        "       13m           S.        "         6f           C.        "          4f
    E.        "       11m           G. B.     "         3m           L.        "          2m
    E.        "        9m           L. Adams           21m           E.        "        10/12f
    J.        "        7m
    J. S.     "        5m       891 J. Penn            34m       903 P. Alexander        66m
                                    J. Penn            30f                               Va
881 A. Smith          33m           W.        "        10m           E.        "         54f
    S.        "       36f           J.        "         9m           W. S.     "         19m
    M. C.     "        8f                                            M. F.     "         14f
    J.        "        6m       892 J. M. Stowers     43m
    J.        "        5m           M.        "        36f       904 A. Smith            46m
    C.        "        3f           W.        "        18m           E.        "         46f
    D.        "        1m           S.        "        14f           E. L.     "         17f
                                    M. A.     "        12f           C.        "         14f
882 H. Duncan         47m           L. B.     "        10m           H.        "         10m
    M.        "       44f           F.        "         8f
    M.        "       17m           M.        "         5f       905 T. P. Downer        26m
    S.        "       14f           J. Fleetwood       30m           N.        "         21m?
    E.        "       11f                                            S.        "          6f
    O.        "        9m       893 E. B. Norman      56m            M.        "          4f
    L.        "        5f           J. S.     "        54f           E.        "          2f
    B.        "        2m           C. B.     "        16m           E.        "         6/12f
    C. Higgins        17m.          E. B.     "        14m
    A. C. Tate        5/12m         H. B.     "        12m       906 S. Hamm             44m
                                    J. J.     "        11m           C.        "         29f
883 Moses A. Duncan   26m           F. Carter          12f           J. H. Hamm           3m
    J.        "       22f           J. Hutcherson     23m            E. H.     "          2m
    C.        "        2f                                            J. S.     "         8/12m
    J.        "       6/12f     894 S. A. Decker      28m            M. W. Robbards      40f
                                    E. B.     "        25f           J. R. Paramore?     22m
884 W. S. Carlton     26m
    S.        "       23f       895 T. S. Thornton    25m       907 J. Brawner          40m
    M.        "        7f           L.        "        28f           E.        "         40f
    H.        "        5f           J. C.     "         5m           M. F.     "         13f
    S.        "        2m           A. A.     "         4f           F. J.     "         10f
    E.        "       7/12m         J. B.     "         3m           E. J.     "         18f
```

908 P. P. Butler	43m
M. L. "	39f
J. E. "	16f
E. "	12f
H. "	10f
S. "	5m
S. "	11/12f
909 J. B. Butler	23m
S. "	23f
W. "	3m
910 G. C. Wyche	39m
M. A. "	35f
M. F. "	14f
Y. P. "	13m
C. C. "	11m
A. C. "	7m
E. A. "	5m
J. S. "	5m
W. H. "	3m
M. H. "	1m
911 S. J. Brawner	32m
R. A. "	24f
J. K. "	5m
G. "	3m
M. "	2m
912 D. C. Willis	26m
M. A. "	22f
M. M. "	1f
J. T. "	24m
L. Jones	21m
913 D. Thornton	32m
J. M. "	31f
J. B. "	14m
W. M. "	9m
J. C. "	7m
J. H. "	2m
914 J. A. Almond	47m
A. "	45f
L. "	19f
J. "	13m
J. M. "	12m
M. "	10f
C. "	3m
915 L. Ward	40m
S. "	46f
M. A. "	19f
A. "	16m
C. "	14f
E. "	13f
T. "	8f
W. "	5m
916 W. B. Campbell	57m
L. "	50f
T. J. "	23m
R. M. "	13m
S. M. "	10f
T. D. Thornton	12m
J. E. Campbell	8m
S. C. "	4m
917 H. C. Bradshaw	35m S C
S. E. "	19f
918 D. Arnold	67m S C
E. M. "	64f
M. F. :	22m
M. "	18f
919 W. B. Nelms	46m
M. A. "	25f
L. A. "	14m
W. A. "	12m
M. B. "	5m

919 cont'd:	
M. L. Nelms	3f
M. A. "	1m
920 B. Salmonds	47m
A. "	46f
C. "	20f
H. F. "	12m
E. L. "	10m
P. A. "	2f
M. Nelms	70f
921 W. W. Salmonds	22m
M. "	20f
J.? "	1f
922 W. D. Campbell	50m S C
J. "	52f
J. "	25f
M. "	23f
S. "	21f
W. "	20m
G. "	18m
L. "	15f
A. "	13f
H. "	12f
L. Dillard	90f
923 T. Dye	34m
C. M. Dye	24f
D. "	7m
R. "	6f
M. "	4m
M. "	3f
N. "	1f
924 David Dye	60m Va
R. "	58f
J. A. Taylor	30f
R. M. "	5f
J. B. "	3m
D. H. "	1m
925 C. Wilkins	54m
M. R. "	42f
M. E. "	17f
W. H. "	15m
J. T. "	12m
M. L. "	11m
J. L. "	10m
F. M. "	8m
S. A. "	6f
P. C. "	5f
F. T. "	3f
J. C. Cox	28m
926 David Kerlin	56m Va
H. "	17m
D. "	15m
M. "	12m
M. "	5f
B. Rogers	21f
J. W. "	1m
927 W. Ayers	36m S C
C. "	31f S C
E. "	8f S C
J. "	3m S C
928 A. Nash	65f
H. B. Nash	41m
J. "	17m
S. "	17f
929 T. F. Willis	49m
W. J. "	18m

929 cont'd:	
J. A. Willis	16m
S. E. "	14f
L. "	12f
T. F. "	9m
R. M. "	7m
J. B. Blackmon	18m S C
930 M. Smith	35f
R. "	10f
W. "	7m
L. "	5m
C. "	3f
931 L. Cosby	32f
N. "	14f
J. H. Cosby	12m
M. L. "	11f
D. C. "	9m
J. M. "	7m
Z. T. "	3m
932 B. B. Clark	47m
S. "	38f
J. R. "	16m
N. L.? "	15m
S. E. "	13f
G. "	8m
933 L. R. Jones	48m
E. "	43f
W. "	14m
E. "	12f
G. "	10m
J. "	6m
934 M. Bell	57m
E. "	27f
935 A. Johnson	45m
R. "	37f
M. A. "	21f
S. "	19f
J. "	16m
T. "	14m
R. "	13m
L. "	11m
M. "	9f
T. "	8m
F. "	4f
L. "	1m
936 John Gunter	61m N C
R. "	54f
W. "	25m
G. "	18m
R. "	16f
D. M. "	12f
S. Palentine	5f
937 T. Colarday?	70f
N. "	40f
938 J. A. Gunter	22m
M. "	18f
S. "	7/12m
939 J. W. Gunter	3-m
M. E. "	24f
S. "	8f
L. "	5f
T. "	3m
J. "	7/12m
940 James Nash	39m
S. "	32f
L. "	13f
J. "	12m
S. "	10f
T. "	8m
C. "	3f

```
940 cont'd:
    J. Nash            2f

941 J. A. Sanders     27m
    R. J.     "        20f

942 S. P. Sorrow      27m
    R. J.     "        23f
    N. E.     "         2f
    J. P.     "      3/12m

943 M. Hudson         42m
    E. T. Hudson      36f
    D.        "        15m
    J.        "        14m
    J. M.     "        12m
    S. L.     "         9f
    T. J.     "         7m
    W. A.     "         5m
    E.        "         3f
    A. J. Cooper       25m

944 D. Hudson         25m
    M.        "        21f
    M. L.     "         3f
    T. W.     "         1m

945 J. Rice           18m
    S.        "        16f
    W. Jones           16m

946 M. Carpenter      50f
                       Va
    J.        "        18m

947 J. Bobo           22m

948 A. J. Brown       34m
    S. A.     "        27f
    M. J.     "        10m
    F. A.     "         7f
    E. B.     "         5f
    S. M.     "         4f
    A. R.     "         2m
    E.        "     10/12m

949 L. Smith          43m
    E.        "        35f
    F. Fleming          5f

950 J. W. Brown       28m
    M. A.     "        28f
    B. T.     "         9m
    L. J.     "         7f
    S. G.     "         5m
    W. M.     "         3m
    T. C.     "      7/12f

951 A. B. Ginn        22m
    S.        "        25f
    C.        "         5m
    M.        "         3m
    M.        "         1m

952 B. Moss           25m
    C.        "        28f
    W. A. Moss          5m
    M. D.     "         1m

953 M. Shiflett       26m
    M. E.     "        22f
    J. M.     "         6m
    L. N.     "         4m
    V. C.     "         2m
    L. C.     "     10/12m

954 J. Smith          40m
                       S C
    F.        "        40f
    W. W.     "         6m

955 J. W. Reynolds    26m
    H.        "        25f

955 cont'd:
    N. C. Reynolds     5f
    J. M.     "         4m
    W.        "         1m

956 R. S. Skelton     50m
    N.        "        49f
    W. J.     "        22m
    N. H.     "        19m
    A.        "        17f
    S. A.     "        14f
    T. V.     "        12m
    F.        "         8f
    D.        "         6f

957 L. W. Stowers     32m
    C. J.     "        20f
    E. J.     "         3f

958 Pleasant Davis    60m
    M.        "        64f
    J. C.     "        21m
    T. C.     "     11/12m

959 J. McCurry        74m
                       N C
    S.        "        67f
                       N C
    A. W.     "        24m
    N.        "        19f

960 R. N. Ward        28m
    M. C.     "        22f
    S. F.     "         5f
    W. Bobo            26m
    L. E. Ward          2f

961 J. G. Cash        22m
    M. A.     "        21f

962 R. Cash           20m
    F.        "        17f
    L.        "        16f
    S.        "        12m
    M. Craft            8m
    B. Parker          22m
    H. H. Cauthen      18m

963 C. Neal           44m
    M.        "        28f
    L. A. Neal      3/12f
    A. Moore           20m
                       S C

964 W. B. Sadler      59m
    J. M.     "        53f
    R. A.     "        32m
    N.        "        16f
    S.        "        12f

965 W. C. Gary        21m
    J.        "        23f
                       S C
    J. B.     "         2m
    J. A. Carpenter    18m

966 D. Chapman        24m
    E.        "        21f
    D. J.     "         5m
    S.        "         2m

967 J. Powell         33m
    M.        "        25f
                       S C
    D.        "        10m
    E.        "         9f
    E.        "         6f
    G.        "         4m
    M.        "         2f

968 S. Powell         50f

969 E. Faountain      38m
                       S C

969 cont'd:
    L. Fountain        38f
    M. A.     "        11f
    A.        "         7f
    J.        "         5f

970 J. McAllister     21m
    C.        "        22f
    R. T.     "     9/12m

971 H. C. Partain     38m
    S.        "        38f
    C.        "        15f
    M.        "        13f
    S.        "         9f
    L. B.     "         8m
    M. J.     "         2f

972 W. J. Goolsby     24m
    C.        "        20f

973 C. W. McMullan    31m
    A.        "        34f
    P. A.     "        10f
    S. F.     "         8f
    M. D.     "         5f
    J. C.     "         5m
    R.        "         2m

974 R. T. Gaines      31m
    A.        "        27f
    R. S.     "         8m
    W.        "         3m
    E. A.     "         6f
    M. F.     "    10/12f
    A. Craft           65f

975 J. Brown          42m
    S.        "        40f
    N. A.     "        21f
    E.        "        17f
    S.        "         6f
    M.        "         3f
    S. S.     "         2m

976 J. M. Pritchett   26m
    N.        "        25f
    W. A.     "         5m
    T.        "         3m
    M. C.     "         1m
    M. F.     "     7/12m

977 W. Brownlee       60m
                       S C
    N.        "        58f

978 B. Neal           73m
                       S C
    E.        "        70f
                       S C
    T.        "        38m
    J. P. Neal         30m

979 F. M. Powell      26m
    N.        "        25f
    F.        "         8f
    R.        "         5m
    M.        "         3f
    J.        "         2m
    G.        "     6/12m

980 A. M. Rice        22m
    R. E.     "        18f
    E. Powell           6f

981 W. H. Stevenson   42m
                       S C
    M.        "        43f
                       S C
    F.        "        25m
    M.        "        17m
    J.        "        14m
    E.        "        19f
    N. A.     "        12f
```

```
981 cont'd:                991 cont'd:                     1001 cont'd:
    W. Stevenson    10m        Z. D. Seymour     5m            S. James            53f
    J.     "         7f        J. R.    "        3m                              Maryland
    S. A.  "         6f        P. T.    "        2f            G. W. James         23m
                               L.       "        5/12f         J.        "         17m
982 R. M. Bond      27m    992 J. B. Adams       55m       1002 J. Oglesby          24m
                    S C                          Va            P. A.     "          22f
    M.     "        23f        M.       "        48f           J.        "           3f
    M. L.  "         5m        M.       "        14f           E.        "           1f
    S. S.  "         3m        N.       "        13f       1003 E. M. Jones         53f
    J. M.  "         2m        L.       "         9f           O. D.     "          16m
    J. Craft        23m        E. White           8f       1004 A. Hammond          53m
983 R. McMillan     37m        N. Adams           7f           E.        "          45f
                    Ireland 993 R. W. Baar       38f           D. W.     "          21m
    R. A.  "        34f        L. E.    "        13f           L. E.     "          12f
    R. E.  "        13f        G. J.    "        10m       1005 A. C. Stovall       35m
    J. C.  "        12m        T. W. Thomas      27m       1006 W. C. Campbell      20m
    G.     "         8m        C. Altman         40m           E.        "          21f
    R. J.  "         5f                          Sweden        L.        "           2f
    G.     "         3m        J. Turner         30m       1007 C. F. Wilhite       31m
    J.     "        32f        W.     "           3m           M. A.     "          29f
                    Ireland    S. Marcus         30m           M.        "           5m
984 J. M. Wyche     36m                          Poland        E.        "           3f
    A.     "        79f        G. Allen          25m           J.        "           2f
                    Va         A. Ephram?        30m       1008 S. B. Stanford      38m
    W. Johnston     50m                          Poland                             Va
    R. H. Cook      46f    994 Sarah Stevens     38f           E.        "          25f
    P. B. Barnard   21m        T.     "          21m           M. C.     "           9f
                    S C        W.     "          19m           E.        "           3f
985 James Brawner   57m        M.     "          14m           L.        "           7f
    J. W.  "        41f        H.     "          12f       1009 A. Rucker           27m
    M. T.  "        13f        G.     "          10f           M.        "          18f
    L. M. Allen     12f        R.     "           8f       1010 B. Smith            63m
986 W. A. Swift     44m        H. C.  "           6f           M.        "          61f
    N. J.  "        29f        J.     "           4f                                S C
                    S C        J. S.  "           2m           H. G.     "          28m
    T. M.  "         2m    995 M. E. Mills       31m           M.        "          19f
    W. A.  "         1m        M.     "          26f           S. A.     "          19f
    T. Wilhite      60m        T. A.  "           6f       1011 W. H. Edwards       42m
                    N C        S. M.  "           4m           H. M.     "          33f
    J. Smith        26m        W. R.  "           2m           M. E.     "          16f
987 C. Thompson     65f        M.     "           8/12f        C.        "          13f
                    Germany    W. T. Vanduzer    28m           W. P.     "          11m
    W. T. Ellington 22m                          N Y           L.        "           9f
                    Germany 996 R. Hester        36m           G. C.     "           5m
988 J. R. Christian 48m        C. F.    "        30f           L.        "           3f
    P. A.  "        27f        E. C.    "        12f           H. M.     "           2f
    E. A.  "        23f        T. J.    "        10m       1012 J. J. Edwards       33m
    C. G.  "        21f        M. Porter         26m           C. J.     "          26f
    S. ?   "        11f                          Ireland                             Va
    A. B.  "         4f    997 J. M. Christian   43m           J. J.     "           9m
    S. Stevens      28m        A. A.    "        35f           W. A.     "           7m
    J. Wood         20m        L. E.    "        10f           R. J.     "           6m
                    N Y        J. M.    "         9m           T. J.     "           3m
    E. Christian    78f        E. A.    "         7f           L. E.     "           8/12f
                    Va         R. T.    "         5m           L.        "          70f
989 M. Rosenbaum    30m        T. J.    "         3m                                Va
    S.     "        28f        W. T. Keaser?     21m       1013 W. P. Webb          41m
    S.     "         1m    998 J. W. Shields     26m           S. T.     "          40f
    S.     "        24f        A. E.    "        22f           J. M.     "          22f
                    Germany    F. A.    "         1m           J.        "          21m
    H. Cohn         24f    999 A. L. Vail        35m           J. H.     "          18m
                    Germany                      N Y           R. A.     "          17m
    A. Dike         18f        S. A.    "        23f           F. N.     "          16m
                    Germany    V. T.    "         4f           J. L.     "          14m
990 James Penn      35m        L. A.    "         2f           A.        "          12m
    Jane   "        33f        S. C.    "         1f           A.        "          10f
    W.     "        11m        L. Salmon         75m           W.        "           9m
    J.     "        10m        M.     "          74f           L.        "           7m
991 J. Seymour      30m    1000 T. C. Worrell    22m           S.        "           6f
    L.     "        28f        M. A.    "        18f           A.        "           3m
    S. J.  "        11f        D. Harper        75f
    M. S.  "         7f
    E. R.  "         6f    1001 D. R. James      55m
```

1013 cont'd:		
V. Webb	2f	
G. T. Webb	25m	
1014 S. Alexander	33f	
G. "	12m	
G. "	10m	
P. W. "	8m	
S. "	5f	
S. Wilhite	16f	
1015 E. W. Roebuck	37m	
C. "	27f	
W. J. "	10m	
A. E. "	8f	
F. C. "	6f	
M. C. "	3f	
W. "	74m Va	
1016 W. J. Roebuck	33m	
A. E. "	20f	
J. H. "	6m	
Z. F. "	4f	
E. A. "	2f	
R. Thornton	14m	
1017 Sarah Davis	30f	
M. C. "	9f	
S. J. "	7f	
L. A. "	5f	
W. H. "	4m	
1018 W. Adams	72m Va	
S. "	50f	
J. "	16m	
L. "	15f	
A. "	13f	
T. "	10m	
1019 T. J. Maxwell	46m	
A. B. "	36f	
M. E. "	18f	
W. H. "	16m	
M. B. "	14m	
J. D. "	12m	
S. C. "	10f	
C. "	8m	
J. "	6f	
L. "	4f	
J. "	1m	
1020 E. Chapman	28m	
M. C. Chapman	22f	
M. E. "	4f	
D. A. "	2m	
W. D. "	9/12m	
1021 E. Chapman	65f	
1022 P. Shiflett	46m	
I. A. "	36f	
D. "	17f	
J. "	16f	
L. "	15f	
C. "	14f	
N. "	12m	
C. "	10f	
B. "	9m	
L. "	8m	
M. "	6m	
G. "	4m	
M. A. "	2f	
M. J. "	5/12f	
1023 W. Tyner	26m	
M. "	28f	
T. C. "	4m	
R. J. "	2m	
P. "	1f	
1024 S. Reynolds	20m	

1024 cont'd:		
E. Reynolds	20f	
J. H. "	9/12m	
1025 J. Shiflett	41m	
M. "	30f	
1026 James Shiflett	52m	
J. "	40f	
J. "	20m	
N. "	16f	
J. "	14m	
L. "	12f	
S. "	10m	
S. A. "	9f	
S. "	7f	
F. "	4m	
T. "	1m	
1027 E. Bond	74f Va	
1028 M. Hansford	49f	
1029 J. E. Teasley	22m	
D. A. "	22f	
1030 F. Nelms	75f Va	
L. Walker	18m	
1031 T. M. Hulme	28m	
E. "	24f	
M. "	5f	
M. "	4f	
W. "	2m	
1032 W. H. Teasley	19m	
J. A. "	16f	
M. E. "	10/12f	
1033 Zoel Maxwell	67m Va	
M. "	67f	
G. N. "	35m	
S. E. "	26f	
E. H. "	26f	
1034 B. Reade	32m	
M. "	30f	
L. "	12m	
W. "	10m	
C. "	8f	
E. "	6f	
B. "	4/12m	
1035 P. Shiflett	70m Va	
M. L. "	33f	
W. Watson	10m	
M. Y. Watson	8f	
M. "	7f	
D. "	5m	
W. Shiflett	21m	
1036 E. Fountain	38m	
L. "	35f S C	
M. A. "	6f	
J. "	4f	
1037 W. D. Allen	40m N C	
M. "	20f	
T. "	10m	
M. A. "	8f	
A. "	6f	
L. Campbell	22f	
1038 W. L. King	34m	
N. "	21f	
T. "	26m	
J. "	24m	

1039 M. F. Adams	22m	
L. E. "	16f	
J. D. "	1m	
1040 H. G. Adams	43m	
M. H. "	48f	
W. M. "	19m	
J. J. "	16m	
P. E. "	15f	
L. M. "	12f	
M. B. "	10m	
H. P. "	7m	
S. A. "	4f	
1041 George McCurley	45m	
N. "	42f	
L. "	18m	
J. "	16m	
J. "	15m	
F. A. "	14m	
"	8f	
1042 W. McCurley	19m	
M. "	19f	
1043 T. T. Dickerson	30m	
E. "	16f	
1044 James Adams	51m	
M. A. Adams	30f	
S. "	24m	
M. H. "	23?	
L. "	22f	
T. Cornell?	17m	
1045 M. E. Pulliam	24m	
R. "	21f	
M. "	2f	
J. "	8/12f	
1046 M. D. Mobley	31m	
F.? "	77f	
N. "	41f	
A. "	7f	
P. "	5f	
1047 W. H. Brown	36m	
E. "	36f	
E. A. "	16f	
J. W. "	1m	
1048 E. H. Brown	27m	
E. A. "	33f	
J. S. "	17m	
S. M. "	15f	
M. A. "	13f	
T. J. "	11m	
L. M. "	9f	
M. H. "	4m	
1049 E. Maxwell	58f	
T. "	33m	
M. H. "	22m	
Z. "	18m	
J. "	25m	
M. "	24f	
1050 W. O. Hudson	49f	
M. "	19f	
A. "	16f	
W. B. "	13m	
S. "	11m	
1051 J. W. Taylor	47m	
S. F. "	39f	
F. M. "	27m	
M. "	19f	
C. "	16m	
J. "	13m	
J. H. "	11m	
E. "	6f	
A. "	1f	

```
1052 P. McMullan      30m      1062 cont'd:              1073 R. Houston       45m
     E. A.    "       28f           J. Brock       13m                         S C
     W. M.    "        7m           C.   "         11m        J.      "        17m
     T. W.    "        4m           J. H. Brock     9m                         S C
     M. A.    "        1f           M.   "          6m        M.      "        14f
     E. Prather       53f           C.   "          1m                         S C
                                                              E.      "        12m
1053 S. Craft         48m      1063 R. A. Alexander 23m                        S C
     E. Robbards      30f           M.   "         50f        E.      "        12m
     M.      "        14m                          S C                         S C
     E.      "         6f                                     A.?     "        10m
     M. J.   "         1f      1064 T. Pritchett   49m                         S C
                                    S.   "         55f        L.      "         8f
1054 J. McMullan      23f                          Va                          S C
     M. E.   "         3f           T. J.  "       26m
     M. J.  "          1f           S. A.  "       19f   1074 W. Mewbourn      30m
     F. Coolsby       18f                                     A.     "         21f
     S. McMullan      28f      1065 Allen Gunter   49m        M.     "          5m
                                                   S C        A.     "          2m
1055 John Sadler      35m           P.    "        49f
                      S C           A. J. "        12m   1075 W. Powell        25m
     E.      "        40f           A.    "         9f        M.     "         32f
                      S C           W. Owens       13m        M. E.  "          6f
     J.      "        21m                                     J. W.  "          5m
                      S C      1066 James Gunter   73m        M. E.  "          3f
     D.      "        19m                          N C        W.     "          1m
                      S C           L.    "        60f
     M.      "        16f           A.?   "        17m   1076 M. G. Ginn       42m
                      S C                          N C        M.     "         40f
     J.      "        11m                                     M. J.  "         12m
                      Ga                                      M. E.  "         10f
     W.      "         9m      1067 E. B. Gunter   28m        G.     "          8m
     E.      "         6f           M.    "        26f        T. J.  "          6m
     J.      "         2f           S.    "         5f        J. J.  "          2m
                                    P.    "         4f
1056 H. Brown         37m           F.    "         1f   1077 A. J. Haynes     33m
                      S C                                     C./E.?  "        31f
     R.      "        32f      1068 James Gunter   30m        W. H.   "        10m
     L. A.   "         9f                          S C        M. M.   "         8f
     W. C.   "         5m           R.    "        28f        J.      "         6m
     M. Hawes         60f                          S C        S. A.   "         4f
                                    S. E. "         5m        C. C.   "         1m
1057 James Jones      79m                          S C
                      N C           N. E. "         4f   1078 J. M. Bradley    35m
     E.       "       79f                          S C        M. E.   "        23f
                      Va            M. E. "         2f        R.      "         4m
                                                   S C        J. A.   "         2m
1058 F. Pritchett     35f           J. Robbards    32m        J. Ray            22m
     C.      "        10m                          S C        J. Thornton        9m
     C.      "         8f
     M.      "         6f      1069 W. White       30m   1079 N. Marrett       42f
     S. S.   "         3f           P.    "        28f        N. A. Renne       3f
                                    E.    "         3f        S. Narrett       56f
1059 James Chapman    41m           W. A. White 10/12m        A. L. _____    25m
                      S C
     J.     "         37f      1070 J. Tobman      55m   1080 J. F. Duncan     25m
     C.     "         17f                                     M.      "        22f
     L.     "         15f      1071 R. Finn        50m        S. E.   "         2f
     E.     "         13f           M.  "          50f
     M.     "         11f           J.  "          22m   1081 O. M. Duncan     28m
     B.?    "          9f           S. A. Finn     19f        S.      "        28f
     L.     "          7f           M.   "         16f        W. E.   "         3m
     F.     "          5m           J.   "         14m        J. A.   "         1m
     D.     "          2f           C.   "         13m
                                    E.   "          5f   1082 T. J. Ray        25m
1060 E. Chapman       38f           J.   "          4f        F. M.   "        23f
     C.     "         15f           R.   "          2m        W. E.   "         6m
     J.     "         13m                                     L. E.   "         1f
     J.     "         11m      1072 W. McConnell   38m        J. N.   "         4m
     E.     "          9f                          S C
     F.     "          7f           S.   "         28f   1083 J. C. Campbell   24m
     E.     "          5f                          S C        S. A.   "        20f
                                    H.   "         11m        L. J.   "         4f
1061 W. Pritchett     24m                          S C        M. E.   "         1f
     M.      "        18f           E.   "          9f
     T. F. Chapman 11/12m                          S C   1084 J. Burnett       38m
                                    L.   "          7m                         S C
1062 J. Brock         48m                          S C        E.      "        30f
                      N C           M.   "          5f                         S C
     H.    "          38f                          S C        M. A.   "        11m
     J.    "          21f           R.   "          3m        E.      "         9f
     J.    "          16m                          S C        J.      "         6m
     R.    "          15f           S.   "         21m        R. T.   "         4m
                                                   S C
```

```
1084 cont'd:                1097 cont'd:                 1109 cont'd:
     J. B. Burnett    1m         N. Davis         17f         E. Smith         43f
     S. A.    "       5/12f                                   M. C. Smith      20f
                                 1098 W. Jordan   25m         M.?      "       19f
1085 E. G. Brown      34m        M.       "       23f         M. A.    "       17f
     S. S.    "       34f        A.       "       2f          G. M.    "       16f
     E.       "       12f        J.       "       1m          J. J.    "       15m
     W. F.    "       11m                                     E. J.    "       14f
     S. E.    "       9f         1099 M. G. Ginn   21m        W. B.    "       12m
                                      E.    "      20f        L. A.    "       8f
1086 M. Duncan        45f             J.    "      5/12m      J. W.    "       6m
                                                              M.       "       4f
1087 J. Burnett       75m        1100 J. Hendricks  52m       J. D. Renne?     30m
                      S C            R.       "     40f
     C.       "       70f            F. M.    "     22m       1110 B. Rector   60m
                      S C            J.       "     18m                        Va
                                     M. E.    "     20f          S. Lowry      28f
1088 W. Moss          70m            C. W.    "     16m
                      Conn           M. P.    "     14f       1111 W. Bowers   34m
     M.      "        60f            S. R.    "     12f            E. F.   "   20f
                      Conn           T.       "     10m            T. J.   "   11m
     J. Williams      21m            E.       "     8m             V. E.   "   1f
                                     S.       "     6m
1089 W. Ray           46m            J.       "     4m        1112 M. Bowers   65f
     T.      "        50f            J.       "     2m                         Va
     M.      "        16m                                          A. M.   "   17m
     P.      "        14f        1101 J. B. Maxwell 39m            A.      "   30m
     J. Coker         17m             M. W.    "    30f            E.      "   25f
                                                    S C            J. D.   "   6m
1090 B. Higginbotham  38m             G. W.    "    3m             S.      "   4f
     A.      "        30f                           S C            W. E.   "   1m
     M. J.  "         1f              R.       "    35m            A. Smith    16f
     W.      "        35m
     E.      "        36f        1102 L. Haynes     80f       1113 T. H. White  34m
     S.      "        8f                            N C            M. C.   "    31f
     J.      "        6m              S.       "    35f            M. M.   "    10f
     R.      "        4m              T. J.    "    43m            S. C.   "    9f
     J. Hansford      46f              H. B.   "    24m            E.      "    7m
     M. Tyner         40f                                          W. A.   "    4f
     M.      "        35f        1103 B. F. Haynes   26m
                                      S.        "   23f       1114 J. Rosser    20m
1091 S. C. Carlton    29m             M. E.    "    2f             M.       "   21f
     S.      "        25f             L. S.    "    1f
     W. A.   "        6m               H. B. Sullivan 40m     1115 J. Smith     38m
     S. C.   "        4m               J. Ray        55m          M. A. Smith   32f
     J. S.   "        1m                                          S. A.    "    11f
                                 1104 W. B. Brown    42m          M. C.    "    10f
1092 S. Carlton       53f             S.        "    41f          S. J.    "    6f
     J. T.   "        26m             J. W.     "    21m          F. H.    "    4f
     F. S.   "        24f             A. F.     "    19m          J. M.    "    1m
     R. C.   "        20f             W. T.     "    17m
     M. A.   "        17f             E. J.     "    14m      1116 R. S. Williford  43m
     S.? D.  "        16f             J. M.     "    12m           M.       "        36f
                                      A. H.?    "    9m            W. H.    "        18m
1093 A. Brown         58m             L. C.     "    7m            A. V.    "        14f
     N.       "       57f             M. L.     "    5f            M. E.    "        8f
     A. M.    "       19f             S. E.     "    3f            M. C.    "        6f
     J. M.    "       17m             M. F.     "    6/12f
     J.       "       16m                                     1117 W. F. Attaway   30m
     W.       "       13f        1105 H. Waters      35m           P.       "       25f
     E.       "       11f             J.       "     33f           V.       "       4f
     A.       "       8f              M.       "     4f            P.       "       1f

1094 A. Brown         81m        1106 E. Herring     27m      1118 W. Cheek         68m
                      Va                              S C                            S C
     P.       "       71f             F.      "      30f           S.       "       64f
                      Va                              S C                            S C
     E. Hall          13f             M.      "      7m            S. H.    "       19m
                                      L.      "      5f            J. B.    "       15m
1095 M. M. Brown      38m             V.      "      3f            P. Wilkerson     42f
     J. F.    "       28f                                          W. H.    "       13m
     R. A.    "       2m         1107 J. Crump?      65f           L. M. Jos?       15f
     M.       "       1/12m                          N C
                                      D. Hill        49f      1119 A. Smith         30m
1096 J. Rousseau      41m             S. M. Hill     12f           S.       "       38f
     M.       "       25f                                          M.       "       12f
     R. C.    "       19f        1108 J. H. Johnson  45m           J.       "       10m
     M. A.    "       17f             M. A.    "     34f           J.       "       8m
     S. E.    "       12f             D. M.    "     6m            A.       "       6m
     J. M. Hall       20f             J. M.    "     3m            D.       "       2m
                                      E. L.?   "     10/12f
1097 M.? Davis        46m                                     1120 P. Duncan        44m
     M.      "        40f        1109 J. Smith       44m           S.       "       32f
```

71

1120 cont'd:	1131 cont'd:	1142 cont'd:
C. Duncan 12m	N. Rice 20f	S. Dickerson 58f
E. " 10f	S. A. Rice 16f	S. " 35m
N. " 7m	W. " 18m	C. " 33f
M. " 8m	W, " 15m	T. " 6m
F. " 2m	A.? " 12m	
S. " 8/12f	E. " 10f	1143 S. Maley 36m
	H. " 8f	Va
1121 E. Crossland 37m	M. " 6m	A. " 37f
S C	E. " 4m	G. " 12m
M. " 27f		M. " 11f
S C	1132 W. Alexander 30m	M. " 9m
S. M. " 10f	S C	J. " 7m
S C	S. " 47f	M. " 5f
M. T. " 5m	M. E. " 6f	A. " 2f
S C	J. A. Cason 14f	
H. " 2m	S. C. " 12f	1144 F. M. Brown 22m
S C	R. E. " 9m	D. S. " 18f
1122 A. A. Winn 39m	1133 S. Askew 30m	1145 G. Thompson 63m
N. " 36f	M. " 28f	S. " 54f
S. A. " 13f	S. " 5f	N C
W. " 11m	M. A. " 3f	J. " 19m
B. " 9m	W. T. " 9/12m	A. " 17f
E. " 7f		A. " 13f
D. " 5m	1134 W. O. Higginbotham 65m	W. " 11m
T. " 2m	Va	
	S. " 60f	1146 D. Coker 50f
1123 J. Vines 41m	Va	J. " 18m
Mary Vines 40f	N. Ayers 30f	J. W. Coker 15m
S. " 17f	W. J. Ayers 13m	B. " 12m
James " 11m	E. " 6f	A. " 11m
Ann " 7f	E. H. Higginbotham 28m	H. E. " 8m
N. " 5f		
J. " 3m	1135 W. Richardson 38m	1147 M. Coker 70f
J. " 1f	D. " 35f	N C
	W. A. " 16m	M. " 30f
1124 R. Mize 60m	J. " 14m	E. " 25f
M. " 45f	M. " 12f	J. W." 9m
W. " 25m	L. " 10f	J. F." 7m
L. " 16f	L. " 8f	
C. " 11f	C. " 6f	1148 R. W. Tucker 49m
R. " 9m	S. J. " 1f	S C
S. " 7f		A. " 55f
J. " 6m	1136 A. Burden 67m	Va
	Va	M. E. " 20f
1125 W. McGarity 26m	M. " 64f	M. P. " 22f
E. " 20f	N C	
		1149 D. S. Brown 26m
1126 G. W. Dove 35m	1137 M. Rowzee 42f	F. A. " 24f
S. " 24f	M. " 21m	T. A. " 4f
J. J. " 12m	A. " 19m	E. A. " 2f
M.? " 9f	M. " 17f	
G. L. " 1m	N. " 15f	1150 C. B. Vaughan 24m
	J. " 13m	E. " 25f
1127 C. Carter 21m	W. " 10m	C. J. " 4m
S. " 29f	M. " 4f	J. F. " 3m
E. L. " 7f		S. E. " 2f
L. J. " 5f	1138 E. Rowzee 24m	
S. A. " 3f	M. A. Rowzee 18f	1151 J. Seymour 32m
M. C. " 1m	M. Jones 22m	J. " 40f
		W. " 14m
1128 L. Carter 21m	1139 W. Burden 29m	E. " 12m
E. " 18f	E. C. Burden 28f	M. " 10f
H. C. " 11m	M. A. " 7f	A. C. " 8m
	J. A. " 5m	P. " 6f
1129 W. W. Ray 42m	T. J. " 4m	A. " 4f
R. " 42f	J. B. " 9/12m	J. " 1m
S. E. " 16f	T. " 26m	J. Mason 26m
L. D. " 14m		S C
M. A. " 10f	1140 J. Burden 38m	
G. F. " 8m	J. T. Burden 33f	1152 J. Brown 42m
S.? " 6f	M. E. " 13f	M. " 43f
W. R. " 4m	W. J. " 11m	J. " 19m
R. E. " 2f	M. A. " 9f	R. C. " 18f
	R. A. " 4m	M. J. " 14f
1130 R. Steel 53m	G. W. " 2m	M. " 12m
S C		L. E. " 10f
S. " 50f	1141 W. E. Ginn 25m	J. H. " 8m
	R. " 25f	A. " 6m
1131 A. Rice 45m	M. C. " 1f	J. " 4m
L. " 42f		E. " 2f
L. " 22m	1142 R. Dickerson 60m	E. Ayers 33m

1153	C. G. Moon	33m	1163	cont'd:		1175	cont'd:	
	M. E. "	27f		S. S. Ginn	19m		E. Oglesby	12f
	B. J. "	10f		H. "	17m		L. "	9f
	W. G. "	8m		M. S. "	14f		E. "	6f
	L. M. "	6f		S. M. "	12f		L. "	3f
	J. F. "	4m		G. W. "	10m			
	T. E. "	1f		J. S. "	5m	1176	W. Gulley	67m
							F. "	49f
1154	A. Nelms	44f	1164	A. Brown	27m		F. "	22f
	M. "	23m		R. J. Brown	22f		M. C. "	24f
	S. "	20f		L. W. "	1m		F. W. "	20f
	F. M. Nelms	18m		S. W. "	3/12m		N. A. "	18f
	L. "	17f					M. C. "	16f
	N. H. "	15m	1165	M. Brown	54f		J. M. "	14m
	J. A. "	14f		S. D. Brown	22f		J. "	10m
	E. "	8f		L. E. "	20f		R. P. "	6f
	M. "	6f		A. Duncan	70m			
						1177	M. Harper	55f
1155	J. S. Denny	24m	1166	S. Smith	40f		J. A. Harper	21m
	T. "	26f		J. A. Smith	17m		B. "	18f
	S. E. "	3f		F. O. "	12m		J. "	8m
	J. M. "	24m		W. M. "	10m		W. S. "	3m
	John Page	18m		S. A. "	7f			
				S. Harbin	90f	1178	T. C. White	25m
1156	R. Rice	29m			Va		J. "	78m
	E. "	29f						Va
	M. S. Rice	9f	1167	D. Summers	60m		R. "	65f
	J. D. "	5m			Va		S. "	34f
	J. W. "	4m		E. "	45f		E. "	22f
	W. "	2m			Va		R. "	20f
	F. M. "	9/12f					J. "	24m
			1168	H. Brown	53m			
1157	J. G. Nelms	32m		S. "	59f	1179	H. J. Goss	29m
	T. "	34f		A. M. "	22m		S. F. "	22f
				E. "	19f		J. S. W."	5m
1158	L. M. Thompson	24m		N. "	14f		W. H. "	4m
	M. "	18f		E. Hall	9m		L. A. "	3f
	M. J. Nelms	9f					E. S. "	9/12f
	C. ? "	8m	1169	W. Rice	32m			
	F. M. "	6f		S. "	27f	1180	G. W. Brown	36m
	D. C. "	4m		I. E. "	6m		E. B. "	27f
	M. E. "	1f		S. A. "	4f		L. E. "	10f
				M. F. "	1f		L. M. "	7m
1159	P. Dudley	26m		M. "	21f		B. D. "	5m
	M. "	25f					?. E. "	1m
	E. "	5f	1170	W. Ginn	45m		W. A. "	26m
	W. "	3m		N. "	49f		R. Colbert	36m
	M. "	1m		W. T. Ginn	17m			
				M. A. "	13f			
1160	T. McAllister	72m		J. M. "	12m			
		S C		T. W. "	10m			
	S. "	23f		R. H. "	6m			
		S C		S. "	80f			
	J. O. "	22m			N C			
		S C						
	S. Dockins	31m	1171	P. Lunsford	60f			
		S C		L. "	21m			
	E. "	-4f		C. "	20f			
		S C		P. "	18m			
	M. "	10f		W. Hierscross?	21m			
		S C						
	S. "	7f	1172	N. McCoy	65f			
		S C		E. "	30f			
	W. "	6m						
		S C	1173	J. H. Goss	33m			
	T. "	2m		M. E. "	32f			
		S C		S. E. "	8f			
				H. J. "	6m			
1161	Joel Thompson	60m		J. H. "	4m			
		N C		F. M. "	2f			
	E. "	50f						
	S. "	17f	1174	Thomas Johnston	49m			
	J. "	16m		M. H. "	38f			
	A. N. "	13f		W. J. "	17m			
	J. "	10m		M. A. "	14f			
				S. C. "	11f			
1162	L. Ginn	22m		T. "	9m			
	R. "	19f		J. R. "	6m			
	J. D. Ginn	10/12m		J. W. "	4m			
				N. "	2m			
1163	M. Ginn	50f		R. C. C. Roebuck	21m			
	T. J. Ginn	25m						
	J. A. "	21m	1175	R. Oglesby	35m			

INDEX

1850 Census of Elbert County, Georgia

Heads of Households

Abney, W. 202
Adams, A. 32
  E. B. 2
  F. A. 227
  H. G. 1040
  James 1044
  J. B. 992
  J. M. 397
  John 208
  L. M. 656
  M. F. 31,1039
  N. M. 187
  R. C. 30,644
  T. B. 902
  T. J. 183
  T. T. 391
  W. 338,1018
  W. H. 776
  W. R. 835
Alexander, E. 638
  G. 642
  G. T. 669
  J. B. 48
  J. H. 69
  P. 903
  R. A. 1063
  S. 1014
  T. R. 341
  W. 657,1132
  W. B. 66
  W. H. 649
  W. T. 182
Allen James 226
  John 222
  L. J. 177
  Peter 536
  W. 467
  T. 510
Almand/Alomnd, J. A. 914
  J. M. 792
  J. W. 113
  M. H. 162
  W. M. 91
Anderson, A, P. 409
  J. 897
  J. E. 334
Andrews, B. 228,415,418
  C. H. 416
  J. B. 431
  C. 439
  W. T. 430
Armstead, A. 476
Arnold, D. 918
  J. B. 898
  J. Y. 751
Asbell, A. J. 493
  J. 492
Ashworth, J. 733
  N. 198
Askew, S. 1133
Attaway, W. F. 1117
Ayers, W. 927

Baar, R. W. 993
Bailey, E. 68
  C. 630
  R. 629
Baker, M. 497
Balchin, Thomas 373
Barrett, J. H. M. 25
  W. M. 83
Barron, B. 685
  H. 865
  R. F. 867
  W. D. 555
Barton, F. 389
Beasley, H. J. 287

Beggs, A. 684
Bell, A. B. 679
  David 180
  E. 512
  J. 793
  M. 934
  T. 511
  W. 166
Bentley, J. E. 453
Bevil, E. 367
Blair, M. 225
Black, J. W. 834
  Thomas 387
Blackwell, E. 393
  J. 345
  J. J. 820
  R. 73
  S. D. 359
Bobo, Burrel 625
  C. 710
  J. 947
  T. 575
Bond, D. 236
  E. 1027
  F. T. 7
  H. 239
  Joel 217
  M. 219
  M. W. 201
  R. M. 982
  Thomas J. 95
  W. 434
  Willie 210
  ?. W. 238
Booth, A. 265
  A. W. 531
  E. 317
  J. 303
  J. R. 844
  N. 307
  R. 308
  V. E. 320
Bowen, A. S. 647
  B. 408
  H. 462
  W. M. 449
Bowers, J. M. 546
  M. 1112
  W. 1111
Bowman, B. M. 678
Bradford, J. 496
Bradley, J. M. 1078
Bradshaw, H. C. 917
Brawner, H. P. 759
  J. 907
  James 985
  J. F. 752
  J. W. 757
  S. J. 911
  W. H. 156
Brewer, B. J. 250
  E. H. 461
  S. 448
Broadwell, J. M. 79
Brock, J. 1062
Brown, A. 1093,1164,1094
  A. J. 948
  B. 645
  B. W. 273
  D. H. 700
  D. S. 1149
  E. 446
  E. C. 1085
  E. H. 1048
  E. J. 722
  F. M. 1144
  G. W. 150,1180

Brown (cont'd:)
  H. 1056,1168
  J. 975,1152
  J. A. 445
  J. C. 293
  J. E. 787
  J. L. 725
  J. M. 708
  J. W. 950
  L. 132,311
  M. 1165
  M. G. 697
  M. M. 1095
  R. J. 825
  Rowland 390
  R. W. 581
  T. H. 251
  W. 184,628
  W. A. 707
  W. B. 1104
  W. H. 1047
Brownlee, W. 977
Buffington, W. 109
Bullard, T. B. 782
  W. G. 173
Burch, E. 840
Burden, A. 1136
  J. 1140
  M. 179
  N. 799
  W. 88,1139
Burns, W. 248
Burnett, J. 1084,1087
Burton, A. T. 469
  F. 389
  L. 470
  N. 468
  P. W. 241
  Thomas 242
  W. 297
Butler, J. 832
  J. B. 909
  L. 868
  N. 529
  P. P. 479,908
  W. 353

Cade, D. B. 473
  G. 465
Calhoun, F. A. 153
Campbell, F. A. 8
  J. C. 1083
  O. 480
  W. 484
  W. B. 916
  W. D. 922
  W. G. 1006
Carithers, H. 875
Carlton, D. M. 21
  S. 1092
  S. C. 1091
  W. S. 884
Carpenter, James 74
  M. 946
Carruth, H. 413
Carter, C. 1127
  J. M. 560
  L. 1128
Cash, J. G. 961
  R. 537,962
Cason, J. M. 829
  T. J. 779
  W. M. 39
Chandler, A. 842
Chapman, D. 966
  E. 1020,1021,1060
  James 1059

Cheek, D. W. 395
  W. 1118
Childers/Chelears?,
  J. 673
  John 676
Chrisler, B. 694
Christian, C. W. 220,277
  F. 274
  G. 330
  G. W. 261
  J. M. 997
  J. R. 988
  W. 284
  W. J. 328
Clark, B. B. 932
  J. A. 362
  J. F. 394
  L. 704
  W. 720
  W. D. 524
Cleveland, D. 65
  I. H. 193
  J. M. 192,761
  Peter 212
  R. 680
  W. 615
Cobb, J. 816
Coker, D. 1146
  M. 1147
Colarday?, T. 937
Colbard/Colvard?, J. A. 134
  Thomas 135
Coleman, J. 472
Colson, James 355
Conwell, D. E. 811
  J. A. 691
Cook, W. J. 181
  W. T. O. 418
Cooper, C. 447
Corden/Carden?, Moses 577
Corry, J. S. 767
Cosby, L. 931
Cox, E. 432
  J. 433
Craft, A. 5
  J. M. 58
  John 9
  S. 1053
  W. 204,769
  W. J. 60,659
Crawford, B. 34,807
  J. L. 654
  W. B. 643
  W. H. 548
Crittendon, E. 425
  H. 426
  K. M. 427
  W. M. 428
Crook, W. R. 315
Crossland, E. 1121
Crow, P. M. 576
Crump, J. 1107
  R. 797
Cunningham, J. 40
  J. S. 744
  T. 706

Daniel, A. 655
  D. 861
  J. 41
  J. J. 50
David, W. W. 178
Davis, J. 335,552
  Jane 534
  M.? 1097
  Pleasant 958
  Sarah 1017
  T. 525
  T. S. 94
  W. 752
  W. C. 38
  W. T. 419
Deadwyler, H. R. 139

Deadwyler (cont'd:)
  J. G. 119
  J. P. 121
  V. H. 120
Decker, S. A. 894
Dennard, J. V. 340
  M. 175
  W. T. 454
Denny, J. S. 1155
Dickerson, J. 406
  J. T. 859
  N. 191
  R. 1142
  R. P. 267
  T. T. 1043
Dickson, J. 491
  T. 380
Dobbs, Jesse 586
Dooley, B. J. 579
  M. N. 608
  W. 545
Downer, T. P. 905
Dove, G. W. 1126
Dubose, J. W. 482
Dudley, P. 1159
  W. B. 828
Duncan, Asa 112
  H. 882
  J. 785
  J. F. 1080
  J. W. 270
  M. 786,1086
  Moses 883
  O. M. 1081
  P. 1120
Dunn, M. 570
Durrett, R. J. D. 542
Dutton, S. 686
Dye, David 924
  G. W. 350
  Jane 500
  J. J. 499
  T. 923
  T. B. 501
Dyer, B. 616
  S. 619
  W. 617

Eades, E. 456
Eaton, E. R. 631
Eavenson, G. 90
  Mary 765
  T. 785
Eaves, W. 298
Eberhardt, J. 305
  R. 304
Edwards, D. W. 138
  F. C. 478
  J. 294
  J. J. 1012
  J. ?. 289
  M. A. 414
  S. A. E. 351
  W. H. 1011
Elliott, T. C. 770
  W. 749
Estes, R. 693
Ethridge, Z. 636
Evans, M. 486
  W. 489

Farmer, C. 633
Faulkner, A. E. 105
  J. 438
Finn, J. H. 541
  R. 1071
Fleming, D. C. 266
  D. R. 161
  H. 366
  J. P. 831
  M. T. 899
  S. 745
  T. M. 803

Florence, W. A. 662
Ford, R. 260
Forester, J. 84
Fountain, E. 969,1036
Fortson, B, 789
  E. 878
  E. H. 399
  H. 103
  J. M. 11
  R. 172
  R. E. 124
  R. C. 174
Frost, E. 569
Fuller, James 591
  M. 879

Gaines, F. 61
  George 123
  James 207
  J. B. 887
  M. A. 871
  R. 639
  R. S. 864
  R. T. 48,974
  W. 640
Galloway, L. C. 620
  M. B. 423
Garrison, J. T. 235
Gary, V. D. 847
  W. C. 965
Gay, J. 281
Gibbs. R. F. 70
  T. F. 347
Ginn. A. B. 951
  A. W. 295
  J. 819
  J.? 258
  L. 1162
  M. 448,1163
  M. C. 1076,1099
  W. 252,1170
  W. E. 1141
  W. P. 264
Glover, T. J. 727
Goolsby, W. J. 972
Gordon, John 587
Goss, B. 186
  H. J. 601,1179
  J. H. 1173
Gray, J. 675
  John 14
  R. 160
  V. D. 847
Green, J. 485
Greenway, E. 197
  J. H. 836
Grimes, W. 760
Gulley, W. 1176
Gunter, Allen 1065
  E. B. 1067
  J. A. 938
  James 520,1066,1068
  J. W. 939

Haley, John 42
  R. T. 194
  W. 756
  W. R. 108
Hall, Asa 17
  J. 302
  M. 407
  R. 163
  R. P. 280
  S. 885
  T. 27,243
Hamm, B. 429
  S. 117,906
  W. R. 784
Hammond, A. 1004
  F. W. 306
Hansford, E. 403
  M. 1028
  S. W. 766

Hansford (cont'd:)
  W. P. 115
Hardman, C. M. 168
  W. 268
Hardy, M. 116
Harmon, G. W. 437
  J. M. 232
Harper, B. 664
  E. H. 92
  J. R. 551
  M. 1177
  W. A. 896
Harris, W. T. 96
Haslett. W. M. 1
Haynes. A. J. 1077
  B. F. 1103
  J. M. 728
  L. 1102
  W. D. 291
Head, W. C. 346
Heard, T. J. 455
Hearn, S. T. 463
  T. 774
Hendricks, J. 585,717,1100
  M. 283
  R. 279
  W. 278
Henry, L. 349
Herndon, B. 107
  D. 24
  M. 451
  M. P. 15
  T. J. 841
Herring, E. 1106
  L. 611
Hester, R. 996
Hewell, W. W. 312
Hickman, M. W. 719
Higginbotham, B. 435.777, 1090
  F. C. 216
  J. G. 336
  W. 780
  W. O. 1134
Higgins, Mary 514
Highsmith, J. 790
  J. E. 848
  T. E. 852
Hill, A. 490
  D. 466
  R. S. 583
Hilley, F. 343
  T. M. 342
  W. 869
Hinton, E. 199
  J. L. 203
  J. S. 755
  L. 224
  W. W. 858
Holmes, E. 773
  James 93
  L. W. 592
  N. 597
  S. 571
  W. 596
Houston, B. C. 365
  R. 1073
Howland, T. 122
Hubbard, V. 10
  Z. 612
Hudson, D. 944
  M. 943
  W. O. 1050
Hughs, A. 382
Hulme, G. W. 43
  H. B. 188
  J. 44
  J. T. 85
  T. M. 1031
Hunt, J. L. 623
  R. C. 830
  S. 833
  W. 622,737

Hunter, A. D. 360
Hutcherson, J. 22,740

Ingram, S. 595

James, D. R. 1001
  J. 206
  T. E. 808
  W. E. 818
Jenkins, James 802
  Joseph 690
Johnson, A. 935
  D. M. 724
  J. 314
  James 386
  J. H. 1108
  M. 87
  M. A. 86
  N. 712
  T. 513
  W. 140
Johnston, S. 354
  Thomas 1174
Jones, E. 6,535
  E. A. 901
  E. M. 1003
  H. 18
  James 502,1057
  J. H. 19
  J. S. 12
  J. W. 72
  L. 526
  L. R. 933
  M. 672,855
  S. S. 582
  T. C. 176
  W. 726
  W. S. 375
  W. W. 358
Jordan, J. N. 821
  R. 713
  S. W. 632
  W. 1098

Kelly, A. 290
  J. 495
  John 56
Kerby, W. 556
Kerlin, David 926
Kimble, J. 775
King, J. H. 215
  J. P. 286
  W. B. 218
  W. L. 1038
  Z. 205
Kinnebrew, J. 125

Landrum, G. 592
Larremore, A. 822
  S. 420
Lecross, E. 578
Lecroy, L. 547
Lively, C. 136
Loftis/Loftice, J. 598
  W. 209
Lofton, James 23
Lomide?/Lominde, M. 464
Lovinggood, A. H. 532
  H. 754
Lunsford, J. 823
  M. 310
  P. 1171

McAllister, J. 970
  J. ?. 77
  T. 1160
McConnell, W. 1072
McCoy, N. 1172
McCurley, George 1041
  M. 824
  W. 1042
McCurry, J. 557,959
  J. G. 854

McCurry, L. 651
McDaniel, E. 80
  J. 567
McDougal, A. 603
McGarity, J. 721
  W. 1125
McGhee, E. 62
  Allen 705
  J. 689
  W. P. 621
McIntosh, W. M. 671
McLanahan, M. 771
McMillan, R. 983
McMullan, G. W. 973
  J. 1054
  J. F. 634
  P. 1052
  S. 590
  Thomas 55
  W. 843

Madden, R. A. 63
Maley, J. 839
  S. 1143
Mann, E. J. 102
  H. H. 46
Marrett, N. 1079
Martin, E. 498
  L. H. O. 339
Masters, Mary 564
Mathis, E. 488
  E. G. 753
  P. 838
Mattox, H. P. 764
Maxwell, E. 1049
  J. 851
  J. B. 1101
  T. J. 1019
  W. T. 850
  Zoel 1033
Maybee, W. 244
Mewbourn/Mewbourne,
  A. 396
  T. 650
  W. 1074
Mills, A. L. 158
  M. E. 995
  W. 398
Mize, R. 1124
Mobley, M. C. 16
  M. D. 1046
Moon, C. G. 1153
  J. B. 276
  J. D. 288
  W. H. 517
Moore, C. J. 319,805
  E. 487
  J. 313
  J. N. 144
  J. W. 309
  W. J. 145
Morgan, W. 563
Morrison, J. J. 674
  M. 506
Morrow, H. H. 544
Moss, B. 952
  M. 798
  W. 1088
Mullenix, A. 626
Myers, W. 870

Nash, A. 928
  F. 522
  James 940
  J. E. 670
  T. J. 519
  W. 363
  W. T. 78
Neal, B. 978
  C. 963
Nelms, A. 269,1154
  D. E. 141
  F. 1030

Nelms (cont'd:)
  James 337
  J. C. 361
  J. G. 1157
  N. 743
  W. 285
  W. B. 919
Norman, E. B. 893
  J. W. 815

O'Brian, T. 71
Oglesby, A. 424
  D. 101,412
  J. 133,1002
  R. 1175
  R. E. 410
  W. 146
Olds, Daniel 106
Oliver, J. A. 169
  L. 152
Osley/Owsley, J.' 504,527
  T. 528
Owen S. 385
  T. 379

Page, E. 688
  J. B. 327
  J. S. 263
  W. 738
Pardue, G. B. 607
Parham, J. J. 99
  Mary 100
Parker, A. 602
  B. 660
  L. 604
Partain, A. 325
  H. C. 971
  N. 326
  W. 324
Pass, J. D. 165
Patterson, A. 692
  B. G. 729
  James 580
  W. 402
Payne, M. 322
Peeler, C. 229
Penn, J. 891
  James 990
Perrin, M. 849
Perriman, A. G. 666
Phelps, James 147
  John 149
  Thomas 148
Phillips, H. K. 701
Pickens, A. 565
Pickeral?, M. 230
Pitman W. C. 253
Pledger, K. 275
Pool, A. 483
Powell, Elijah 348
  F. M. 979
  J. 967
  S. 968
  T. 618
  W. 1075
  Wiley 886
Prather, W. 668
  W. C. 29
Pratt, W. J. 748
Presley, C. 857
Pritchett, F. 1058
  J. M. 976
  N. 734
  R. 872
  T. 1064
  W. 1061
Pulliam, G. 237
  J. 257
  M. 214
  M. E. 1045
  R. J. 254
  W. 221

Rampey, W. 443

Ramsey, F. 613,826
  N. 889
  S. 572
  T. 540
  W. 573
Ray, T. J. 1082
  W. 1089
  W. R. 711
  W. W. 1129
Rayle, W. T. 97
Reade, B. 1034
Rector, B. 1110
Reed, Z. 246
Rembert, W. P. 384
Reynolds, C. 627
  James H. 4
  J. W. 955
  S. 1024
Rice, A. 1131
  A. M. 980
  J. 945
  R. 1156
  W. 1069,1169
Rich, R. 460
Richards, R. 442
Richardson, J. V. 635
  W. 1135
Ridgeway, A. 131
  J. T. 129
  L. T. 128
  R. C. 126
Risner, A. 594
Robbards, F. 245
  H. W. 154
  J. 316
  M. 812
  P. B. 813
  ?. M. 155
Roebuck, E. W. 1015
  M. 747
  W. J. 1016
Rogers, S. 600
Rosenbaum, M. 989
Rosser, S. 723
  J. 1114
Rousseau, J. 1096
Rousey/Rowzee, E. 1138
  F. 240
  M. 441,1137
  Thomas M. 53
  W. 52
Rowland, J. 606
Rucker, A. 1009
  B. 742
  C. 388
  Joseph 663
  J. R. M. 75
  P. 59
  T. W. 452
  W. 817
Ruff, S. 137
Rush, W. W. 624

Sadler, James 758
  John 1055
  W. B. 964
Sammons/Salmond, B. 920
  W. W. 921
Sanders, D. M. 421
  G. T. 255
  J. A. 941
  J. H. 422
Sandridge, J. M. 118
Saxon, C. H. 352
  L. W. 371
  M. 364
  W. M. 372
Sayer, B. 381
  D. 378
  J. T. 658
Scales, G. 300
  J. 151
  L. 791

Scales, S. M. 800
Scoggins, J. 471
Scott, E. 614
Settle, W. M. 78
Sewell, J. 417
Seymour, J. 332,991,1151
  M. G. 299
  Z. 331
Shaw, A. 292
  C. 272
  R. W. 296
  S. 259
Sheppard, E. 481
Shields, J. W. 998
Shiflett, J. 1025
  James 1026
  L. 54,549
  L. R. 47
  M. 953
  P. 1022,1035
Simmons, L. 516
  L.? P. 170
Simpson, L. K. 730
Skelton, J. 709
  L. 687
  M. 610
  R. 956
Slay, P. 523
Smith, A. 377,881,904,1119
  B. 1010
  H. 282
  J. 954,1109,1115
  J. H. 574
  J. M. 262
  L. 949
  L. H. 762
  M. 930
  P. 256
  S. 703,1166
  S. J. 321
  T. S. 247
  W. B. 863
  ?. P. 167
Snellings, J. 837
  P. P. 318
  R. 530
  S. 505
Sorrow, N. 508
  S. 509
  S. P. 942
Speed, W. 475
Spoore?, C. 329
Stalnaker, B. 459
Stamps, H. 681
Stanford, S. B. 1008
Stanton, T. B. 539
Staples, D. 392
  J. 566,605
Stark, S. C. 157
Starnes, Mary 696
Steadman, James 661
  T. 641
Steel, C. H. 110
  R. 1130
Stevens, Sarah 994
Stevenson, W. H. 981
Stewart/Stuart, S. 715
Stinchcomb, J. 130
  L. 127
Stinson, W. 588
Stodgehill, J. 814
Stokes/Stocks?, A. 474
Stone, C. 772
  G. W. 13
  J. A. 28
  W. A. 876
Stovall, A. C. 1005
Stowers, F. G. 890
  J. M. 892
  L. W. 957
  R. S. 768
  T. 652
  T. L. 853

Strange, J. H. 584
Stratton, A. C. 667
Strickland, A. 558
   Joseph 683
Sullivan, W. H. 699
Summers, D. 1167
Swift, W. A. 986

Tate/Tait, E. B. 880
   J. M. 376
   W. J. 874
   W. O. 374
Taylor, B. R. 27
   James 665
   J. W. 1051
   M. 653
Teasley, B. A. 804
   J. A. 741,809
   J. E. 1029
   J. R. 739
   O. C. 827
   T. H. 714
   T. J. 806
   W. 111
   W. A. 746
   W. H. 1032
Terrell, J. W. 57
   S. A. 76
   W. 200
Terry, Joseph 682
   J. W. 195
   T. 196
Threlkeld, W. 323
Thomas, J. 888
Thomason, Hiram 35
   M. D. 873
   W. G. 45
Thompson, C. 987
   G. 1145
   Joel 1161
   L. M. 1158
Thornton, B. 400,718
   D. 913
   E. W. 862
   F. 810
   F. P. 648
   Hiram 35
   J. M. 646
   M. 344
   R. 900
   S. 404
   T. S. 895
   W. D. 801
   W. E. 788
   W. T. 159
Tice, D. 494
Tiller, H. 559
   J. M. 164
Timmons, R. E. 561
Totman/Tobman?, J. 1070
Treadwell, T. 521
Tucker, R. W. 1148
   W. 401
Turman, T. J. 20
   Yancy 503
Turner, A. T. 750
   J. B. 36
   Thomas 33
   T. M. 51
Tyner, E. 231
   J. H. 436
   M. 1090
   T. 731
   W. 1023

Vail, A. L. 999
Varner, R. 599
Vaughan, A. 143
   C. B. 1150
   J. D. 171,301
   J. P. 271
   J. W. 142
Vawter, L. 189,562

Vawter, R. 26
Verdell, D. B. 356
   J. A. 357
Vickery, James 637
   W. 538
Vines, J. 1123

Walker, John 568
Wall, B. C. 457
   W. 778
Wallis, R. 860
Wansley, H. 81
Wanslow, A. 64
   F. 67
   J. 82
   R. J. 543
   R. T. 37
Ward, G. M. 185
   L. 915
   R. 370
   R. N. 960
   ?. H. 369
Warren, J. S. 877
Waters, A. C. 695
   A. L. 609
   H. 1105
Watkins, J. D. 763
Watson, J. G. 716
Webb, C. F. 104
   W. P. 1013
Wheelis, Ann 515
   D. M. 518
White, Eppy 698
   J. 550,554
   John 213
   J. W. 223
   M. 846
   R. 233
   S. 211
   T. C. 1178
   T. H. 1113
   W. 405,1069
   W. B. 89,190
   W. G. 553
Wiley, H. A. 114
Wilhite, C. F. 1007
   P. A. 234
   T. W. 249
Wilkins, G. 925
Williamson, S. 866
Williford, R. S. 1116
Willis, D. C. 912
   E. 507
   James M. 3
   T. F. 929
Wilson, S. 383
Winn, A. A. 1122
   A. S. 795
   B. 794
   B. F. 796
Woodard, C. L. 477
Worrell, T. C. 1000
Wyche, G. C. 910
   J. M. 984

Young, J. 781

1860 Census of Elbert County, Georgia

Microfilm No. M 653

Roll No. 120

Read and Indexed by

Irene Stilwell Wilcox

1973

Names are frequently spelled in unusual ways. Some are not legible.

Current spelling is used in the index as this may help more in research.

Districts are not named or numbered in this census. Numbers in the index indicate the number of the household as it appears in the census.

1860 Census of Elbert County, Georgia

#	Name	Age/Sex		#	Name	Age/Sex		#	Name	Age/Sex
1	Joseph T. Smith	35m		12	Wm. F. Loftis	32m		23 cont'd:		
	Mary E. "	27f			E. "	26f			?. V. Gunter	19f
	Alexander J. "	1m			E. F. "	7f			A. L. "	2m
					S. F. "	4f				
2	Wm. M. McIntosh	44m			J. J. "	2m		24	E. N. Hammond	38m
	M. L. "	36f								N C
	S. A. "	15m		13	M. E. Mills	41m			M. A. "	34f
	Wm. M. "	13m			M. A. "	36f				N C
	A. C. "	11f			S. E. "	14m			A. E. "	16m
	M. L. "	9f			W. R. "	12m			J. L. "	9m
	M. B. "	5f			K. "	10f			B. F. "	4m
	James L. "	3m			N. M. "	7f			E. E. "	15f
	Jessie M. "	1f			A. W. "	6f			L. A. M."	12f
	Wm. Williams	20m			J. E. "	4m			James A. Ramsey	30m
	S. L. A. Williams	15f			J. E. "	1m				
	R. H. "	13f						25	P. W. Burton	40m
				14	John D. Bentley	25m			P. J. "	36f
3	John H. Jones	42m			F. C. "	24f			L. J. "	19f
	Lavonia "	33f			E. L. "	1m			J. A. "	8m
	Thomas A. "	15m							S. C. "	1f
	Louisa H. "	14f		15	M. G. Seymour	30m				
	Ida "	12f			J. A. "	26f		26	D. W. Cheek	41m
	Georgia "	10f			M. A. "	8f			F. "	45f
	Coralea "	8f			S. E. "	5f			M. C. "	12f
	Lavonia "	6f			John J. "	3m			A. M. "	5m
	Leonora "	4f			M. J. "	1f			Sarah F. Clark	21f
	Jane "	9/12f							J. E. "	15m
				16	James C. Harper	37m				
4	Oliver H. Roberts	45m				S C		27	Wm. J. White	42m
	Caroline "	42f			R. E. "	36f			R. "	38f
	A. E. "	17f				S C			E. C. Tucker	9f
	Wm. H. "	15m			G. V. "	9f				
	L. F. "	13f				S C		28	A. L. Vail	46m
	M. S. "	11f			R. C. "	7f				N J
	R. B. C. "	5f				S C			L. A. "	32f
	A. E. "	3m			J. F. E."	4f			V. F. "	14f
						S C			L. A. "	12f
5	John A. Trenchard	38m			John Frank "	3m			S. C. "	10f
	M. F. "	31f				S C			T. "	8f
	E. J. "	13f			J. J. Burch	24m			Wm. B. "	7m
	G. W. "	3m			B. H. Lofton	22m			B. C. "	6m
	J. L. Clark	38m			E. J. Edwards	22m			J. F. "	6m
	J. M. Brown	27m							Katie "	3f
				17	Wm. M. Brawner	27m			Fannie "	2f
6	James A. Sanders	29m			S. N. "	22f				
	M. A. "	28f						29	Robert Hester	47m
	J. O. "	9m		18	Charles G. Olbon	40m				S C
	J. M. Wyche	46m				Sweden			Cornelia"	39f
					M. A. "	24f			Thomas J. "	20m
7	W. H. Edwards	54m			A. G. "	5f				
	H. M. "	43f			C. E. "	3m		30	Thomas S. Davis	37m
	G. C. "	15m			C. "	1f			E. "	33f
	Laura "	13f							T. A. "	2m
	Jennah "	11f		19	George W. Allen	33m				
	Emery "	9f			L. C. "	23f		31	W. H. Harper	45m
	J. "	6f			M. R. "	3f				S C
	R. T. "	4m							M. S. H. "	40f
				20	Jackson Holmes	26m			M. G. G. "	16f
8	Wm. G. Campbell	30m			S. G. "	19f			R. M. H. "	13m
	Elizabeth "	31f			N. E. "	11/12f			F. H. L. "	13m
	Louisa "	12f			R. P. Eberhardt	25m			J. L. M. "	7m
	H. E. "	11m			W. A. Motes	24m			W. H. H. "	5m
	E. "	10f				S C			James M. Williams	20m
										S C
9	George Loehr	38m		21	Wm. J. Clark	33m		32	Joseph W. Williams	23m
		Germany			I. J. "	27f				S C
	Henrietta Loehr	33f			E. "	5m			A. B. "	32f
		Germany			W. P. "	3m			Nancy Yarborough	65f
	Henrietta "	11f			O. T. "	1m				Va
	C. P. "	10f			M. F. "	5/12f				
	H. A. "	7m			Job Weston	90m		33	E. P. Bailey	23m
	G. R. "	5m				Mass			L. "	16f
	W. B. "	1m							Wm. Lovett	25m
				22	R. W. Carpenter	28m				N Y
10	Alexander Rucker	39m				S C			F. M. Smith	31m
	M. E. "	28f			S. E. "	25f				S C
					A. M. Colson	21m			W. G. Elders	29m
11	T. C. Burch	28m			W. S. Alexander	29m				S C
	M. F. "	23f								
	J. L. "	1m		23	G. L. Gunter	28m		34	W. J. Dennard	22m

81

```
34 cont'd:
   M. M. Dennard      17f
   R. F.      "        5/12f
35 M. Bren            30m
                      Prussia
   H.       "         24f
                      Prussia
   W.      "          6m
                      N Y
   J. L. Bren         6/12m
36 J. Spring          30m
                      Prussia
   H.      "          30f
                      Prussia
   H.      "          6m
                      Mass
   H.      "          5m
                      N Y
   H.      "          3m
   F.      "          9/12f
   J. Cohen           22m
                      Prussia
37 C. Nash            34m
                      Germany
   J.      "          35f
                      Germany
   N.      "          6m
                      S C
   C.      "          4f
   A. Cohen           28m
                      Prussia
   G. Finstin         22m
                      Bavaria
38 S. Franklin        22m
                      Poland
   H.      "          19m
                      Poland
39 S. D. Blackwell    43m
   L. C.    "         35f
                      S C
   J. J.    "         16m
   S. E.    "         14f
   A. A.    "         12m
   T. J.    "         10m
   F.       "         6f
   G. F. P. "         4m
   M. A.    "         2f
   Jane E.  "         6/12f
40 H. C. Ware         40m
   H. N.    "         35f
   H. E.    "         11m
   M. E.    "         8f
   James B. Ware      3m
   William  "         9/12f
41 M. F. Adams        39m
   L. A.    "         38f
   L. H.    "         16f
   E. M.    "         15f
   L. A.    "         5f
   W. P.    "         2f
42 P. S. F. Bruce     34m
   S. J.    "         27f
                      S C
   J. H.    "         8/12f
   W. Steele          19m
                      S C
43 S. P. Bruce        29m
   E.       "         29f
                      S C
   C. A.    "         2m
   J.       "         18m
                      S C
   J. M. Harben       16m
                      S C
43 cont'd:
   M. J. Marcus       24m
                      Prussia
44 J. Thompson        24m
   S.      "          18f
   W. W.   "          2m
   Wm. Walseman       37m
                      Germany
45 A. H. Lovinggood   31m
   E. S.   "          30f
   J. M.   "          9m
   M. F.   "          4f
   P.      "          8/12f
   J. J.   "          2f
46 Henry B. Davis     28m
   M. H.   "          27f
                      N C
   S. D. F. "         5f
   A. E. C. "         3f
   M. A.   "          2f
47 Wm. Eaves          61m
                      S C
   G. R.   "          11m
48 J. V. Dennard      34m
   R. A.   "          32f
   G. W.   "          9m
   J. H.   "          5m
   E. D.   "          2f
   J.      "          5/12m
49 A. Shaw            45m
                      S C
   M. A. Shaw         45f
                      S C
   J.       "         21m
                      S C
   E.       "         18f
                      S C
   C.       "         16m
   S.       "         14m
   M.       "         12f
50 J. C. Brown        41m
   E. P.   "          41f
   L. E.   "          14f
   J. B.   "          12m
   W. A.   "          10m
   J. D.   "          8m
   L.      "          6m
   Lucy    "          71f
                      Va
   J. W. Burch        61m
                      Ky
   P. Guess           33m
                      S C
51 S. B. Stanford     46m
                      N C
   E.      "          28f
   E. C.   "          13f
   M.      "          9f
   M. A.   "          6f
52 Jasper Kinnebrew   45m
   L. A.   "          39f
   W. H.   "          18m
   A. H.   "          9f
   B. H.   "          3m
53 E. B. Adams        36m
   M. E.   "          34f
   D. L.   "          15m
   W. A.   "          13m
   M. T.   "          11f
   S. C.   "          9f
   S. D.   "          7m
   J. J.   "          3m
54 J. W. Almond       48m
55 A. J. Teasley      29m
   M. F.   "          25f
   Wm. E.  "          8m
   C. C.   "          6f
   B. A.   "          4m
   E. M.   "          2f
   S. J.   "          1f
56 E. K. Fortson      33m
   M. L.   "          30f
   H. C.   "          13m
57 A. Bailey          33m
   M. E. Bailey       28f
   M. L.   "          5f
   S. E.   "          3f
58 M. F. Arnold       33m
   M. A.   "          25f
   L. A. M. "         10f
   E. A.   "          9f
   A. C.   "          7f
   E. D. J. "         6f
   L.      "          4f
   M. L.   "          1f
59 Osaac E. Alexander 31m
   S. F.   "          26f
                      S C
   W. L.   "          8m
                      S C
   L. O.   "          6f
                      Ga
   Jos. L. "          5m
                      S C
   D. A.   "          3f
                      S C
   Robert  "          6/12m
                      Ga
60 C. H. Gordon       29m
                      Va
   G. L.   "          22f
   L. Edwards         11f
   W. Milwee          22m
                      S C
61 G. W. James        32m
   J. D.   "          26m
   S. Rowzee          32f
   S.      "          16m
   ?. Ramsey          5m
   C.      "          8f
   Samuel Ramsey      5m
   G. W. James
   J. D.   '
62 S. D. Colson       27m
   S. E.   "          24f
63 Daniel Olds        38m
                      N Y
   M. C.   "          28f
   J. N.   "          9m
   M. A.   "          7f
   E. E.   "          5f
   L. W.   "          4m
   A. D.   "          1m
   Thomas Martin      26m
                      S C
   James A. Perryman  25m
   James A. Eaves     23m
64 W. A. Brown        36m
   M. T.   "          22f
   A. L.   "          3f
   J. E.   "          3/12m
   M. A.   "          25f
65 W. T. VanDuzer     37m
                      N Y
```

```
65 cont'd:                      76 cont'd:                      90 cont'd:
   E. A. VanDuzer      32f         F. B. Thornton      11m         M. A. P. White     14f
   S.       "           5f         T. A.       "        8m         N. S.       "      7f
   Ira      "           5m         F. S.       "        6f      91 H. C. Bradshaw    44m
   W. T.    "           1m         D. A.       "        4m                            S C
   Z. Christian        29f         J. B.       "        3m         S. E.       "     28f
66 J. C. Hudson        23m         P. J.       "     7/12f         W. T.       "      8m
   M. H. A. Hudson     15f      77 John W. Black, Jr. 24m          J. C.       "      6m
   W. J. Willis        28m         F. L.       "       20f         H. C.       "      4m
67 E. A. Jones         35m         E. A.       "     5/12f         L. A.       "      2f
   C. J.    "          32f      78 John Booth          71m         Joe C.?     "   5/12m
   R. H.    "           5m                             Va       92 W. B. Henry       35m
   E. A.    "        9/12m         Anna     "          66f         M. E.       "     25f
68 S. Marcus           36m         A. J.    "          23m         S. E.       "      7f
                      Prussia      Samuel S. Booth     21m         C. B.       "      4m
   S.       "          24f      79 James S. Deadwyler 23m          W. B.       "      2m
                      N Y          B. E.       "      24f       93 T. J. Campbell   34m
   J. Rosenthal        15f         Infant      '    1/12m          L. R.       "     26f
                      N Y          Mary E.             14f         J. W.       "      1m
   A.       "          11f      80 Asa Thornton        26m      94 Tyre B. Harbin   35m
                      N Y          D. M.       "      23f         Clara       "     32f
   M. A. Marcus        22m         S. F.       "    10/12f         J. L.       "     15m
                      Prussia   81 W. J. Pratt         51m         W. M.       "     13m
69 M. T. Fleming       60m         M.       "         42f         G. B.       "     11m
                      N C          Sarah    "         57f         H. J.       "      6f
   F.       "          56f      82 J. M. Fortson       47m         C. E.       "      4f
   M.       "          19f         Frances Fortson    42f         L. M.       "      1f
   R.       "          17m         M. E.       "      20m      95 J. B. Bell       30m
   S. D.    "          15m         F. M.       "      16m         M. F.       "     20f
   L. C.    "          13m         A. C.       "      14m         O. F.       "      4m
   M. G.    "          11m         O. L.       "       9m         G. D.       "      2m
70 Wm. Lovinggood      25m         J. A.       "       6m         Infant      "   7/12m
   M.       "          21f      83 J. L. Heard         27m      96 Asa Chandler     51m
   Mary     "           1f         M. M.       "      20f         L. H.       "     43f
   Joseph S. Pulliam   30m         T. J.       "       2m         H. M.       "     18m
71 James Almond        52m         M. M.       "       1f         W. O.       "     16m
   A. M.    "          42f      84 G. W. Dye           49m         L. B.       "     14f
   C. A.    "          18f      85 M. E. Pulliam       35m         J. Z. R.    "     12m
   J. B.    "          16m         R. C.       "      53f         H. F.       "     10m
   J. M.    "          14m         M. H.       "      12f         T. A.       "      8m
   C.       "          13m         A. G.       "      10f         M. W.       "      4f
   J.       "           7f         E.          "       8f         J. P.       "      2m
   Theo Rowzee         22m         J. H.       "       5f         Fannie      "      1f
                      S C          B. W.       "       3m      97 G. W. Brown      46m
72 Jonathan Bell       57m      86 John H. Anderson    40m         E. B.       "     39f
   S.       "          52f         M. B.       "      39f         L. M.       "     17m
   J. T.    "          21m         R. Tibbetts         79f         B. D.       "     14m
   R. N.    "          18f         John S. Gulley      34m         T. E.       "     10m
   M. L.    "          15f      87 Benjamin Winn       75m         M. E.       "      2f
   F. M.    "          12f                             S C      98 G. T. Webb      39m
   S. E.    "          10f         E.       "         48f         M. A.       "     29f
   E. M. Roberts       33m         M.       "         35f         J. W.       "      6m
   H. C. Bailey        27m         A.       "         24f         A. G.       "      4m
73 John L. Wilhite     27m         H. C. Carlton       16m         C. A.       "      2f
74 George Eavenson     43m         B. F.       "      13m      99 R. M. Crittendon 41m
   S.       "          33f         A. E.       "       9f         J. G.       "     40f
   J. W.    "          20m      88 John J. Burden      26m         F. A.       "     16f
   W. G.    "          18m         Nancy L.    "      16f         E. J.       "     14f
   T. M.    "          16m      89 John W. Colvard     43m         S. E.       "     12f
   G. A.    "          14m         L. F.       "      36f         E.          "     10f
   M.       "          12f         J. H.       "      19m         S. M.       "      8f
   M. C.    "          10f         S. M.       "      15f         N. E.       "      6f
   M.       "           8f         S. G.       "      11m         M. C.       "      4f
   L.       "           6f         C. W.       "      13f         W. T.       "      2m
   A.       "           4f         L. M.       "       9f      100 J. N. Gunter    32m
   Robert P. Maxwell   43m         W. J.       "       6m         M.          "     28f
75 Thomas Oglesby      25m      90 John White          46m         C. A.       "     11f
   S. F.    "          20f         N. A.       "      33f         J. L.       "      9m
   E. G.    "           2f         W. S.       "      16m         M. E.       "      6f
   G. F.    "         7/12m                                       G. A.       "      4f
76 B. E. Thornton      32m                                        M. F.       "      2f
   P. J.    "          27f                                        J. D.       "      1m
```

101	John Davis	26m
	S. A. "	27f
	Infant "	1/12f
102	Haley Fortson	39m
	E. C. "	30f
	E. L. "	16m
	W. W. "	14m
	E. A. "	12f
	G. T. "	10m
	M. F. "	8m
	N. "	1f
103	L. W. Stephens	34m
		Ala
	S. M. "	26f
	J. S. Jones	9m
	J. R. Stephens	5m
104	W. P. Pledger	30m
	A. E. "	27f
	E. J. K. "	10f
	L. A. "	8f
	N. A. "	4f
105	M. D. Mobley	40m
	F. "	85f
		N C
	N. "	50f
106	T. M. Turner	38m
	M. E. "	21f
		S C
	J. B. "	12m
	L. G. "	10m
	A. "	8f
	S. J. "	6f
	J. A. Gaines	24m
107	L. R. A. Harper	35m
		S C
	M. C. "	33f
	A. O. "	11m
		Miss
	H. R. "	2m
108	H. P. Brawner	66m
	C. "	63f
	S. A. "	42f
	A. J. "	12f
109	R. P. Dickerson	62m
		Va
	H. "	50f
	C. "	17f
	C. "	15f
	M. "	14f
	R. S. "	12m
	L. F. "	10f
110	J. M. Cleveland	61m
	M. "	26f
	F. "	12m
111	D. Summers	68m
	E. "	58f
	M. Whitfield	14f
112	W. Bond	56m
	S. A. Bond	32f
	A. J. "	22m
	M. E. "	16f
	A. C. "	14f
	M. E. "	11f
	C. T. "	6m
113	J. H. Stovall	29m
	E. F. "	22f
	J. S.? "	9m
114	John T. Hulme	53m
	E. "	32f
	J. M. "	17m

114	cont'd:	
	H. E. Hulme	14f
	H. C. "	13m
	S. R. "	9f
	J. E. "	7f
	C. T. "	2m
115	J. C. Nelms	49m
	Jane "	39f
116	F. M. Wilson	29m
	F. L. "	30f
	M. H. "	3f
	F. M. "	4/12m
117	Samuel Hamm	54m
	C. "	39f
	J. H. "	13m
	E. H. "	12m
	J. S. "	10m
	R. S. "	8m
	M. J. "	5f
	C. C. "	3m
	F. M. "	1m
118	James Lofton, Sr.	65m
		S C
	L. A. "	54f
		S C
	L. L. "	30f
	J. E. "	16f
119	T. J. Derrett?	25m
		Va
	E. H. "	21f
		Miss
	R. J. D."	3m
		Miss
	H. P. "	7/12f
		Miss
120	T. F. Willis	59m
	J. J. A. "	24m
	S B. F. "	19m
	R. M. M. "	17m
	R. M. "	15m
	L. E. Stovall	22f
	M. "	4f
	J. M. "	3m
121	J. Brawner	53m
	B. E. "	50f
	R. Thornton	86f
		N C
122	H. B. Hulme	33m
	S. F. "	24f
	M. L. A. "	5f
	H. V. V. "	5f
	S. F. "	3f
	T. J. "	7/12m
123	J. D. Adams	33m
	F. A. E. Adams	25f
	S. D. B. "	8f
	M. L. F. "	6f
	M. F. "	4m
	J. C. "	2m
124	W. F. Faulkner	29m
	B. "	25f
	W. Rogers	10m
	M. H. Faulkner	5f
	M. "	3m
125	W. T.? Herndon	32m
	E. C. "	26f
	S. E. "	10f
	D. "	8m
	M. L. "	4f
	L. L. "	1m
126	John McLanahan	35m

126	cont'd:	
	R. S. McLanahan	26f
	F. E. "	9f
	J. T. "	8m
	J. L. "	6m
	G. H. "	9/12m
127	A. J. Cleveland	25m
	M. E. "	20f
128	J. W. Fortson	24m
	S. B. "	22f
	L. M. "	1m
129	Robert M. Heard	24m
130	E. B. Tait	59m
	M. "	54f
	E. B. "	19m
	J. S. "	17m
	John S. Tait	13m
	W. H. Shoats	65m
		Scotland
131	David Adams	46m
	Sarah "	49f
	J. L. Stephens	12m
	J. S. "	10m
132	J. W. Black, Sr.	50m
	E. "	53f
	W. L. L. "	14m
	S. "	12m
133	G. G. Fortson	31m
	L. L. "	25f
	M. G. "	7m
	M. W. "	4f
	W. D. Hudson	23m
	Coon Black	2m
134	R. Fortson	47m
	N. "	47f
	E. R. "	19m
	S. H. "	21f
	J. B. "	16m
	H. A. "	13m
	L. J. "	12f
	E. W. "	10m
	W. O. B."	8m
	J. E. "	24m
	Miss L. Hamm	52f
135	Col. Stephen Hamm	69m
	J. G. "	38m
	J. W. Penn	18m
136	S. A. Taylor	36f
	R. M. H. E. Taylor	15f
	J. B. "	13m
	D. H. "	11m
	R. M. V."	7f
137	S. J. Brawner	42m
	R. H. "	34f
	J. K. "	15m
	G. "	13f
	H. "	11m
	T. "	7m
	W. "	5m
	H. "	2f
138	Peter Allgood	29m
	E. "	19f
	T. "	9/12f
139	D. Kerlin	24m
	E. H. "	20f
	E. G. "	6/12f
141	T. J. Nach, Sr.	70m
		Va
	M. "	67f

141 cont'd:			156 cont'd:			168 cont'd:			
	N. Nash	34f		J. H. Dunn	2m		B. Butler		12m
	H. "	30f		A. Cohen	25m		T. "		10m
	W. "	36f			Prussia		E. "		4m
	T. J. Nash, Jr.	24m					A. "		4m
			157	W. D. Clark	55m				
142	G. W. Stone	38m		J. E. "	51f	169	L. Simmons		32m
	L. A. "	32f		W. J. Gray	28m		S. M. "		24f
	R. M. "	12f					M. M. "		9f
	J. V. "	8m	158	W. M. Hudson	58f		S. R. "		8f
	F. T. "	5f		T. E. Bradford	3f		W. W. "		4m
	J. K. "	2m					D. R. "		3f
			159	E. Kinnebrew	54m		J. H. "		1m
143	J. B. Guest	20m		M. "	51f		Infant "		1/12m
	M. "	27f		J. M. "	27f				
	M. "	4m		A. "	20f	170	J. F. Allgood		44m
	W. C. "	2m		E. "	18m		S. "		47f
	Infant "	2/12m		S. E. "	15f		J. "		18m
	W. R. Stone	22m		M. F. "	13f		S. "		16f
	H. C. Stone	16m		M. V. "	10f		S. "		11f
	Clem Brewer	18m		R. H. Kerlin	28f		J. W. "		15m
	J. C. Nash	21m		J. E. "	3f		L. "		13f
							L. "		8m
144	E. Hall	35m	160	S. H. Fortson	22m		H. "		7f
	A. "	22f		M. "	19f		L. "		6f
	R. C. Hall	4m		M. E. "	1m				
		Miss		S. E. "	3/12f	171	W. T. Nash		40m
	G. "	1m		Miss E. A. Fortson			C. E. "		27f
		Miss			28f		W. D. "		7m
							J. "		4m
145	H. P. Mattox	48m	161	A. Johnson	56m		F. E. "		7/12f
					N C				
146	H. Adams	43m		K. "	47f	172	Mrs. S. S. Butler		61f
	M. "	47f		W. "	17f				Md
	S. D. Adams	15f		F. "	10f				
	M. E. "	7f		L. "	11m	173	S. Sorrow		51m
	H. M. "	6m		C. "	8f		G. "		44f
	W. D. "	3m		M. A. Dye	32f		E. H. "		16f
	Miss M. Adams	48f		W. "	8m		T. S. "		14m
							M. J. "		12f
147	A. Burton	59m	162	John Johnson	28m		S. H. "		10f
	A. "	48f		Mary "	28f		J. "		9m
				B. "	1f		C. "		5m
148	Mrs. E. Burton	49f		Z. W. Bullard	25m				
	Miss S "	18f		J. H. Cosby	23m	174	Nancy Sorrow		72f
				W. B. Clark	21m				Va
149	B. Hickman	27m		W. Franklin	23m				
	H. E. "	23f			Poland	175	S. Snellings		66m
	C. O. "	1f		G. T. Bullard	23m				Va
							R. "		42f
150	Z. H. C. Mattox	21m	163	T. B. Smith	23m		E. "		37f
	F. J. "	20f		C. E. "	18f				
						176	Terry Davis		72m
151	D. N. Poss	33m	164	J. Nash	65m		M. M. "		76f
	J. J. "	30f			Va				Va
	S. J. "	10f		M. W. Nash	63f				
					N C	177	J. W. Davis		24m
152	A. C. Mathews	39m					M. C. "		25f
	S. F. "	31f	165	T. Bell, Sr.	71m		J. T. "		1m
	M. E. "	13f			N C				
	E. G. "	11f		E. "	68f	178	A. T. Turman		66m
	W. G. "	4m		W. "	51m		M. "		53f
	G. B. "	1m		E. Elliott	39f		F. L. "		15f
	O. P. "	18m							
	M. A. Wooten	48f	166	Mrs. W. Hines	64f	179	D. M. Wheelis		30m
	E. "	14f		M. "	36f		S. E. "		29f
				E. Jones	30f		J. L. "		12m
153	J. Gunter	72m		M. "	8m		T. D. "		10m
		N C					C. H. "		8m
	R. "	63f	167	Enoch Bell	43m		W. H. "		6m
	S. P. Gunter	15f		M. B. "	40f		S. M. A."		4f
				G. B. "	20m		S. E. V."		1f
154	W. H. Gunter	34m		R. M. "	18f				
				E. N. "	10m	180	W. T. Rayle		45m
155	G. T. Snellings	32m		L. R. "	1m				N C
	R. E. D. "	28f		J. S. Hudson	20m		E. A. "		35f
	W. S. G. "	7m					F. L. "		10f
	G. B. "	5m	168	N. Butler	47m		R. S. "		8m
	J. E. H. "	3f		N. A. Butler	45f		A. L. "		6m
	R. T. "	1m		E. "	24m		L. "		4m
				R. S. J. Butler	21f		M. W. "		2m
156	E. J. Dunn	24m		L. "	17f		S. J. Nash		39f
	A. M. "	21f		M. "	14m				

85

181	J. Nash	47m	196 cont'd:			209 cont'd:		
	S. "	42f		P. L. Scales	23f		Infant Moon	7/12m
	S. "	18f		S. M. "	21f	210	Mrs. Mary McLanahan	
	S. "	16m		S. Bird	8m			53f
	D. "	15f	197	L. L. Blackwell	21m			Va
	R. "	8f		E. Y. H. "	18f		J. "	26m
	S. "	4f			S C			
	Infant "	3/12m				211	L. W. Stone	30m
182	B. B. Clark	55m	198	J. C. Hall	28m		R. B. "	26f
	S. "	46f					A. L. "	4f
	J. R. "	26m	199	Mrs. M. L. Hall	52f		Z. W. "	2m
	G. J. W. "	18m		M. A. "	28f	212	Mrs. L. Cosby	41f
183	P. Slay	56m		A. "	20m		N. B. "	25m
		N C		M. E. "	7f		Mary C. "	19f
	S. "	52f		L. C. "	5f		D. C. "	18m
	M. "	26f		J. W. "	3m		J. M. "	16m
	S. "	25f		L. "	1f		Z. T. "	13m
	T. "	23m	200	W. D. Campbell	61m	213	J. W. Hudson	21m
	S. "	22f			S C		S. A. "	17f
	M. "	18f		J. "	62f		James T."	1/12m
	G. "	20m		Jane "	33f			
184	Mrs. F. Nash	75f		C. "	25m	214	Mrs. S. A. Hill	35f
				L. "	23f		M. E. " -	13f
185	F. Nash	45m		H. "	21f			S C
	S. F. Nash	22f	201	James W. Hill	32m		T. W. "	11f
	T. J. "	5m		R. C. "	28f			S C
	M. E. "	2f		W. F. "	8m			
				J. N. "	7m	215	R. W. Snellings	44m
186	Y. Turman	58m		L. H. "	5m		E. F. "	34f
	A. V. Turman	18m		S. D. "	4f		J. S. "	17m
	W. "	15m		D. W. "	1m		G. T. "	15m
	E. N. "	13f					W. J. "	13m
	C. "	11f	202	W. W.? Almond	28m		J. E. "	11m
	R. Z. "	7m		L. "	21f		S. E. "	8f
	N. M. "	6f		M. C. "	6f		R. A. "	6f
	E. Colwell	30f		C. C. "	4f		W. J. "	2f
		S C		W. M. "	1f			
				J. C. Harris	25m	216	A. S. Davis	43m
187	J. F. Butler	36m					R. G. "	30m
	N. D. "	35f	203	J. W. Harper	20m			
	F. H. "	16f		S. F. "	22f	217	James Jones	46m
	S. R. "	14f		M. F. "	1f		S. T. "	41f
	E. E. "	10f		John E. Smith	55m		M. E. "	21f
	J. D. "	4m					T. S. "	18m
	M. J. "	1f	204	Dozier Thornton	43m		M. F. "	16f
				Jane M. "	41f		J. M. "	12m
188	H. H. Nash	52m		Thomas D. "	21m		L. S. "	8f
	S. E. "	30f		W. M. "	18m		W. W. "	6m
	T. "	2m		John C. "	16m			
	H. "	8/12f		James H. "	13m	218	W. W. Dye	33m
				G. H. "	10m			
189	P. B. Bourne	21m		F. C. "	6m	219	S. C. Slark	42m
				R. "	3m			S C
190	W. H. Carpenter	24m		M. C. C. C. Crony	19f		M. A. "	36f
	F. M. "	17f					L. "	16m
	A. N. "	5/12f	205	John E. S. Jones	43m		M. J. " -	12f
	W. D. Fleming	19m		E. F. "	39f		S. A. "	10f
				W. C. Prather	42m		E. B. "	7m
191	W. H. Anderson	33m			N C		A. H. "	10/12f
	P. A. "	31f		David Hudson	26m			
	J. J. Oglesby	14f				220	Thomas Balchin	50m
	L. W. "	12f	206	J. Prather	58m			England
					S C		Jane R. "	20f
192	T. J. Bowers	21m		J. N. "	55f		W. T. "	3m
	M. R. "	19f		J. W. "	26m			
				L. F. "	22f	221	J. M. Brewer	26m
193	M. P. Deadwyler	33m		A. F. "	20f		W. E. "	27f
	A. "	25f		G. S. "	18m			
	J. B. Eberhardt	19m		L. J. "	17f	222	E. H. Brewer	58m
				G. E. "	14m		C. V. "	20f
194	W. Clark	32m						
	S. "	22f	207	J. R. Cox	24m	223	J. B. Jones	23m
	L. "	8m		G. E. "	17f		E. T. "	16f
	E. "	6m						
	E. V. "	1m	208	Martin Bond	51m	224	R. Rich	56m
	M. "	4m		E. "	40f		P. W. Rich	53f
				J. Beasley	8m		S. S. "	20f
195	J. L. Scales	30m					S. A. "	17f
			209	W. H. Moon	24m		L. F. "	14f
196	Mrs. M. M. Scales	63f		S. E. "	23f			

#	Name	Age
225	H. W. Bourne	25m
	F. A. "	20f S C
	J. P. "	2m
226	Mrs. M. Bourne	53f
227	R. B. Bradford	26m
	M. J. "	22f
	F. M. "	2f
	Thomas T. "	1m
	N. M. "	30m
228	D. S. Hill	43m S C
	R. "	37f S C
	A. J. Hill	15f
	John J. "	13m S C
	A. C. "	11f S C
	N. C. "	8f S C
	Frances R. "	6f S C
	L. B. "	3f S C
	Infant "	1m
229	Mrs. F. Bradford	57f Va
	R. "	21m
	P. D. "	7m
	J. B. "	17m
230	James Kelly	37m S C
	E. "	38f
	W. T. "	11m
	Mary "	7f
	E. "	6f
	H. "	4f
231	G. H. L. Ivy	34m
	Sarah "	34f
	J. L. "	12m
	Rebecca Harper	45f
232	A. W. Cowan	40m S C
	M. J. "	45f
	M. E. "	4/12f
	T. L. Gray	24m
233	G. Cade	45m
	S. R. Cade	17m Ala
	M. E. "	15f
	V. D. "	13f
	G. S. "	11m
234	T. J. Turman	54m
	G. E. "	21m
	F. A. "	19f
	T. M. "	14m
	W. H. "	14m
	M. L. "	8f
235	W. G. Cade	27m
	M. J. "	22f
	S. J. "	6/12f
236	J. W. Dubose	45m S C
	F. M. "	39f S C
	M. S. "	21f S C
	J. A. "	19f S C
	S. E. "	14f S C
236 cont'd:		
	B. J. Dubose	12m
	V. "	4f
	E. "	2f
	Infant "	1/12m
237	J. E. Bell	23m
	R. C. "	16f S C
238	David Poor	65m S C
	M. "	45f S C
239	E. Pennell	49m Ireland
	Jane "	12f Ireland
240	W. Dixon	59m
	R. "	39f
	C. "	18f
	S. "	15f
	S. "	12m
	W. J. "	3f
	J. V. "	1f
241	A. Scroggins	46f S C
	R. "	13f S C
242	H. S. Saxon	52m
	E. C. "	39f
	H. A. "	17f
	W. T. J. "	16m
	L. W. "	12m
	Jane "	8f
	H. "	7m
243	E. Campbell	55f
	P. "	15m
	L. "	34f
	E. "	12f
	E. Pruitt	21f
244	W. C. Pruitt	41m S C
	E. L. "	38f S C
	J. J. "	21m S C
	M. C. "	16f S C
	J. C. "	14f S C
	N. A. "	12f S C
	J. W. "	11m S C
	W. L. "	8m
	E. J. "	6f
	J. A. "	3m
245	M. Saxon	48f S C
	Nancy Downer	67f Va
	J. E. G. Saxon	10m
	M. H. "	9f
	S. M. "	8m
246	W. S. Mills	43m
	J. "	42f Scotland
	M. E. "	19f S C
	E. A. "	17f S C
	E. W. "	15f S C
246 cont'd:		
	R. A. Mills	14m S C
	W. H. "	12m S C
	T. M. "	11m S C
	M. J. "	10f S C
	M. C. "	7f S C
	G. R. "	4f S C
	A. C. "	2f S C
	S. J. "	11/12f
247	Enoch Allgood	29m
	M. A. "	20f
248	A. J. Cooper	45m
	C. A. "	30f S C
	W. C. "	14m S C
	R. B. "	11m S C
	J. L. "	7m S C
	L. F. "	4/12m
249	M. Allgood	29f
	D. W. "	2m
	Thomas Turner	30m
	James "	25m
	James Thompson	22m
250	John Thompson	39m
	H. A. "	19m
	Jane "	27f
	M. A. "	3f
	Mary Allgood	20f
	Sarah "	18f
251	D. B. Cade	57m
	J. A. "	51f
	R. B. "	17m
252	William Campbell	30m
	S. "	30f
	F. "	6m
	M. E. "	3f
	James "	2m
	Miss M. Evans	26f
	W. "	20m
253	Mrs. Mary Hughs	77f S C
	John D. Saxon	36m
254	W. D. Cooper	40m S C
	J. "	30f
	E. R. "	10f
	E. S. "	7f
	J. C. "	4f
	W. W. "	11/12m
255	O. R. Clark	29m
	E. A. "	23f
	J. S. Jones	21m
256	U. O. Tate	50m
	R. C. "	34f
	W. C. "	13m
	Z. A. "	11m
	M. M. "	9f
	Jane M. Tate	2f
257	A. W. Dixon	26m
	F. "	21f
258	W. M. Saxon	40m

```
258 cont'd:
    L. A. Saxon          25f
    L. E.      "         10f
    L. E.      "          6f
    L. S.      "          4f
    J. A.      "      10/12f
    M. H. Pulliam        59m

259 L. W. Saxon          32m
    S. J.      "         27f
    F. J.      "          7f
    A. A.      "          3f
    M. C.      "       4/12f
    Miss C. Johnson      24f

260 Thomas M. Owens, Sr.
                         41m
    A. J.      "         39f
    B. J.      "         10f
    Thomas M., Jr.        9m
    W. D.                 5m

261 J. M. Saxon          70m

262 R. F. Jones          28m
                         S C
    S.         "         28f
    B. W. S.   "          8m
    W. H.      "          6m
    S. J.      "          4m
    L. M.      "       2/12f
    Julia Dixon          87f
                          Va

263 H. G. M. Fleming     48m
                         S C
    A.         "         38f
                         S C
    E. W.      "         21m
    S. M.      "         19f
    M. R.      "         18f
    E. J.      "         17f
    J. H.      "         13m
    A. O. J.   "          8f
    Miss M. Fleming      46f
                         S C

264 E. Asbel             53m
                         S C
    A.         "         50f
                         N C
    W. F. Asbel          20m
                         S C
    L.         "         19f
                         S C
    J. E.      "         17m
                         S C
    M. C.      "         14f
                         S C
    G. W.      "         12m
                         S C
    J. M.      "         10m
                         S C
    R. Branscomb         55f
                         S C

265 Jesse Johnson        37m
    S.         "         35f
    S.         "          5f
    P. S.      "          3m
    J. E.      "          1m
    Rosa       "         21f
    A. V.      "         14f

266 Enos T. Johnson      18m
    E.         "         26f
    L. H. Erwin          28m
                      Ireland

267 W. D. Owens          36m
    M. J.      "         16f
    M. F.      "          1f
    T.         "         21m

268 W. W. Jones          41m
    W. B.      "         33f
    L. O.      "         17f
    C. E.      "         14m
    G. A.      "         12m
    L. N.      "          1m

269 A. D. Hunter         47m
                         S C
    A. A.      "         45f
    G. A.      "         14f

270 H. C. Edmonds        25m
                         S C
    M. J.      "         19f
                         S C
    S. F.      "         20m
                         S C

271 A. E. Hunter         25m
                         S C
    M. L.      "         18f
    A. E.      "      10/12f

272 James Fuller         45m
                         S C
    Jane       "         35f
                         S C

273 James A. Clark       48m
    (Trustee for:)
    Mrs. F. M. Clark     41f
    J. E.      "         16f
    S. W.      "         13f
    M. C.      "          7f

274 W. Scott             30m
    Sarah Scott          27f
    F.         "          6m
    W. H.      "          4m
    Infant     "       9/12m

275 R. Gray              53m
    Jane Gray            50f

276 _____

277 M. Harper            40f
    James Harper         22m
    H.         "         10m
    D.         "          8m
    Tom        "          6m
    S.         "          4f
    S.         "          2f

278 W. Butler            44m
    F. K. Butler         40f
    S.         "         22f
    M. A.      "         18f
    M. J.      "         15f
    M.         "         12f
    S.         "         10f
    William S. Butler     3m

279 Mrs. S. Johnson      63f

280 E. C. Jones          34m
    E.         "         32f

281 T. B. Dye            39m
    M.         "         38f
    Thomas H. Dye        19m
    W. W.      "         17m
    L. B.      "         14m
    G. H.      "         12m
    F. J.      "         10f
    M. L.      "          8f
    S. A.      "          5f
    J. J.      "          2m
    Infant     "       1/12f

282 Hiram Jones          64m
    E.         "         37f

282 cont'd:
    E. Jones             28f
    W. H. H. Jones       19m
    S. C.      "         16f
    L. J.      "         10f
    John B.    "          2m
    N.         "         40m
    J. A. Edwards        24f

283 B. C. Wall           56m
    M. W.      "         45f
    B. B.      "         14m
    J. M.      "         12m
    Miss       "          6f
    Infant     "       7/12f
    Jane Nunnelee        72f
                          Va
    G. T. Galloway       15m
    W. L.      "         13m

284 J. Y. Arnold         43m
                         N C
    S. K.      "         34f
    J. B. D.   "         17m
    E. A.      "         14f
    McA. F.    "         12m
    S. S.      "         11f
    S. A.      "          9f
    J. S.      "          6m
    G. P.      "          2f
    M. G.      "       8/12f

285 J. P. Deadwyler      43m
    A. M.      "         32f
    L. R.      "         15f
    M. E.      "         13f
    N. A.      "         11f
    A. M.      "          9m
    M. P.      "          2m
    J. F.      "       1/12m

286 W. M. Almond         51m
    M. S.      "         46f
    M. E.      "         27f
    J. A. H.   "         22m
    S. H.      "         24f
    W. B.      "         14m
    R. T.      "         10m

287 A. P. Anderson       36m
    S. E.      "         38f
    L. E.      "         13f
    W. J.      "         11m
    M. P.      "          3m

288 A. C. Brown          28m
    P. E.      "         23f
    R. M. A.   "          8f
    S. E.      "          7f
    J. C.      "          3m
    D. H.      "          2m

289 H. R. Deadwyler      21m

290 W. T. Thornton       32m
    L. A.      "         27f
    A. B.      "         11m
    M. F.      "          9f
    J. W.      "          8m
    D. W.      "          6m
    J.         "          4f
    B. H.      "          3m
    A. L.      "          1m

291 Henry Harden         53m
                         S C
    Axy        "         60f
    M. F.      "         22f
    E.         "         21f
    James      "         20m
    W. M.      "          8m

292 W. J. Moore          57m
```

292 cont'd:		
E. Moore		46f
Mary Moore		18f
W. V.	"	15m
M. H.	"	12f
N. C.	"	10f
Joel H.	"	8m
R. J.	"	6m
293 George Gaines		57m
Mary	"	57f
M. C.	"	19m
F. C.	"	17m
R. A.	"	15m
W. B.	"	11m
J. L. Deadwyler		11m
G. W.	"	10m
294 D. W. Anderson		29m
M. A.	"	27f
J. D.	"	7m
M. A.	"	4f
M. N.	"	2f
295 T. J. Brown		21m
N. S.	"	20f
M. M.	"	1f
296 J. R. Perryman		32m
L. A.	"	32f
S. H.	"	7m
J. B.	"	4m
F. L.	"	2f
Infant	"	11/12m
297 John Almond		55m
A. F.	"	51f
L. A.	"	28f
J. M.	"	23m
M. A.	"	19f
C. F.	"	13m
298 J. B. Arnold		41m
S. E.	"	36f
S. F.	"	16m
M. A.	"	14f
M. E.	"	13f
H. A.	"	10f
G. S.	"	8f
B. C.	"	3m
299 Mrs. H. Carruth		48f
P. Andrews		55f
B. O. Carruth		25m
Thomas S.	"	18m
F. A.	"	19m
J. E.	"	13m
Robert	"	12m
300 Enos A. Tate		25m
T. L.	"	24f
		S C
O. A.	"	2m
		S C
S. W.	"	1/12m
		S C
301 E. W. Bond		48m
S. C.	"	41f
C. S.	"	15f
E. F.	"	13f
S. E.	"	11f
M. S.	"	9f
E. C.	"	3m
S. T.	"	1f
302 Mrs. Jane Burns		50f
P.	"	22f
N.	"	17f
303 Mrs. Susan Hall		46f
A. J. Andrews		30m
J. O.	"	27m
303 cont'd:		
W. C. Perry		22m
304 Mrs. N. J. Swift		38f
		S C
Thomas M. Swift		12m
William A.	"	10m
John K.	"	6m
Isaac G.	"	3m
305 Mrs. M. D. Roebuck		
		52f
M. A.	"	15f
A. H.	"	13m
H. A.	"	20m
Elizabeth Bond		84f
		Va
Nancy Butler		65f
James A. Jones		22m
306 Alfred Hammond		66m
307 C. P. Wood		34m
		Ireland
Mary	"	34f
		Ireland
Catherine Wood		9f
		Md
Calla	"	7f
		S C
Susan	"	5f
		Va
308 William Hutcheson		52m
		S C
F. A. Daniels		16m
		S C
309 Jesse Eaves		24m
L. H.	"	19f
M. C.	"	2f
310 Thomas J. Howland		44m
		S C
E.	:	43f
		S C
M.	"	17m
		S C
L.	"	15m
		S C
H.	"	13m
Thomas	"	11m
H.	"	9m
C. C.	"	7f
B.	"	5f
James	"	3m
Robert	"	5/12m
311 Joseph Pulliam		76m
John	"	45m
E.	"	13f
C.	"	11f
Susan	"	9f
F. King		15m
312 Z. Anderson		23m
		N C
M.	"	20f
P. A. Wilhite, Jr.		29m
J. J. Vasser		23m
313 Eli Higginbotham		37m
Martha	"	26f
		Tenn
T. M.	"	4m
N. J.	"	2f
314 Thomas Burden		36m
F. E.	"	22f
L. J.	"	1m
315 Stephen White		74m
Rebecca	"	71f
316 Frances Tucker		22f
Andrew	"	5m
William T.	"	2m
		Ala
317 William Willis		46m
Amelia	"	41f
318 W. T. Andrews		42m
E. E.	"	38f
H. A.	"	15f
E. E.	"	14f
W. C.	"	10m
A. J.	"	9f
A. J.	"	3f
James A. Andrews		25m
319 P. A. Wilhite, Sr.		57m
320 James R. Adams		25m
Sarah	"	23f
Andrew	"	3m
Mary	"	1f
321 S. L. Pledger		27m
P. E.	"	27f
H. Jane	"	6f
C. A. H. S.	"	4m
W. J.	"	2m
George T.	"	4/12m
Keziah	"	50f
322 George Eberhardt		28m
S. H.	"	22f
Ira E.	"	3m
Laura L.	"	1f
R. F.	"	4/12m
323 Robert White		43m
M. A.	"	38f
		S C
Garnett	"	21m
M. A.	"	19f
E. R.	"	16f
Robert	"	15m
M. F.	"	13f
Eliza	"	11f
Sarah	"	9f
Rachel	"	7f
Stephen	"	2m
324 James A. Anderson		72m
		N C
Elizabeth	"	62f
Charlotte	"	42f
Frances	"	25f
William	"	21m
James	"	16m
Ella	"	13f
325 Martin Jones		30m
S. E.	"	20f
		Miss
S. A.	"	4/12f
James Ridgeway		12m
326 John H. Burton		45m
M. E.	"	45f
		Va
E. A.	"	17f
L. J.	"	14f
Martha A.	"	13f
327 James C. Campbell		35m
Jerusha	"	26f
William	"	11m
Sarah	"	9f
L.	"	7f
Chandler	"	6m
Louisa	"	5f
James	"	4m
Gibson	"	2m
Martha	"	1f

328	B. J. Brewer		41m
	Mary	"	40f
	C.	"	19m
	Martha	"	17f
	Jacob	"	15m
	John	"	14m
	Sarah	"	10f
	Nancy	"	7f
	Milly	"	3f

329	M. G. Rowzee		32m
	M. E.	"	22f
	M. J.	"	1m
	M. E.	"	__m

330	H. M. Carithers		31m
	Sarah	"	34f
	James	"	11m
	William M.	"	9m
	George	"	7m
	Frances	"	5f
	H. C.	"	3m
	L.	"	1f

331	Burley Andrews		66m
	C.	"	63f
	James	"	21m
	F.	"	18f
	Richard Sanders		42m

332	Benjamin Andrews		72m
			S C
	Lucy	"	68f

333	Robert S. Andrews		30m
	E. J.	"	22f
	S. E.	"	4f
	L. M.	"	2f

334	William P. Hansford		46m
	L.	"	45f
	M. J.	"	22f
	W. J.	"	20m
	J. R.	"	18m
	P. H.	"	14m
	S. L.	"	13.
	E. S. L.	"	10f
	M. A. N.	"	8f
	M. A. S. T.	"	5f
	G. S.	"	10/12f

335	Joseph Sewell		58m
	M. C.	"	54f
	O.	"	16f
	S. R.	"	13f

336	Levi Stinchcomb		74m
			Va
	Mary	"	73f
			Va

337	J. N. Almond		25m
	S. A.	"	22f
	William Hubbard		18m
	Drury P. Oglesby		22m

338	Mrs. Nancy Patton		40f
	W. H.	"	20m
	Martha	"	11f
	S. C.	"	8f

339	Absalom Booth		42m
	Mary	"	42f
	J. M. G.	"	22m
	M. F.	"	16f
	George T.	"	14m
	C. A. E.	"	11f
	C. J.	"	6m
	M. F.	"	4m

340	Birch A. Moon		28m
	E. E.	"	29f

340 cont'd:		
William C. Moon		7m
P. H. "		5m

341	Jacob D. Vaughan		37m
	M. J.	"	25f
	W. A.	"	6m
	Isaac	"	4m
	James	"	2m

342	John Hall		32m
	M.	"	33f
	F. P. Eberhardt		21m

343	John Oglesby		29m
	M.	"	29f
	George C.	"	6m
	R. S.	"	2m

344	Benjamin Colvard		34m
	Sarah	"	76f
			N C

345	Abda Oglesby		24m
	Mary L. "		20f
	Lola J. "		11/12f

346	Robert Eberhardt		56m
	Elizabeth "		46f
	Emma Hunt		14f

347	Lewis Brown		67m
			N C
	Nancy	"	35f
	William G. Brown		28m

348	Henry C. Grimes		53m
	P.	"	49f
	John	"	18m
	Elijah	"	16m
	A.	"	11f
	William	"	9m

349	George W. Haralson		34m
	M. E.	"	36f
	S. H. A. "		13f
	W. A. M. "		11m
	B. T. P. "		9m
	G. W. M. "		7m
	M. M. B. "		5f
	J. H. M. "		3m
	J. A.	"	6/12f

350	James Johnson		41m
	M. S.	"	41f
	N. A.	"	19f
	J. W.	"	15m
	S. F.	"	12f
	J. M.	"	9m
	W. T.	"	7m
	C. H.	"	4m
	S. E.	"	1f

351	Mrs. Judy Moore		79f
			Va
	Elizabeth "		46f
	N. M. "		43f

352	Thomas W. Roberts		22m
	Frances "		28f
	A. A.	"	4f
	J. W.	"	2m

353	William Hewell, Sr.		70m
			Va
	C.	"	50f
	P. W.	"	21m
	Nancy	"	16f
	J. H. C. "		14m

| 354 | Joel Moore | | 38m |

354 cont'd:		
S. A. Moore		37f
William "		11m
Mary "		9f
J. H. "		7m
J. J. "		5m
J. W. "		2m
Martha Lunsford		50f
		Va

355	Elijah W. Webb		47m
	A. B.	"	45f
	George	"	23m
	A. J.	"	20m
	Martin	"	18m
	John	"	16m
	Abner	"	14m
	W. P.	"	12m
	W. H.	"	8m
	Joseph V. "		5m

356	Robert Booth		86m
			Va
	Mary	"	56f
			Va
	Mary E. "		13f

357	J. B. Smith		32m
	N. E.	"	21f
	S. A. M. "		6/12f

358	James W. Eberhardt		35m
	Jane	"	30f
	John	"	16m
	William "		14m
	Elizabeth "		10f
	Georgiana "		8f
	M. C.	"	6f

359	William G. Roberts		26m
	Mary	"	21f
	L. J.	"	2f

360	J. S. Moon		23m
	M. F.	"	18f

361	W. R. Crook		39m
	N.	"	48f
	James P. Crook		15m
	George W. "		13m
	W. A. S. "		2m

362	Valentine Crook		66m
			Germany
	Ann	"	36f
	Willis Payton		10m
	M. C. Crook		1f

363	Joseph Roberts		62m
	Mary	"	58f
	Lucy	"	37f
	Sallie	"	27f
	Fannie	"	24f
	M. A. G. "		22f
	M. J.	"	20f
	A. E.	"	18f

364	J. B. Moon		48m
	Susan	"	19f
	William P. "		20m
	Elizabeth "		22f
	James	"	15m
	Josephine "		12f
	Thomas "		9m
	D. B.	"	6m

365	V. E. Booth		53m
	Elizabeth Booth		55f
	Lucinda "		21f
	Sarah F. "		19f
	Gabriel "		15m

```
365 cont'd:                      377 cont'd:                      387 cont'd:
    Isham J. Booth      12m          A. W. Vaughan       22m          John A. Brown       1m
    Ira T.    "         11m          W. W./N. N.?"       20m          D. J.      "        2/12m
                                     E. C.     "         12f
366 N. Booth            45m          J. M. I."            9f      388 Johnson T. Wansley
    M. A. Booth         37f          Susan Perryman      34f                              45m
    F. A.     "         21f                                           F. L.     "         25f
    William A. "        18m      378 Charles Andrews     66m          James     "          5m
    S. ?      "         16f          M. A.     "         50f          Ruston    "         80m
    C. A.     "         13f          Rachel    "         16f          E.        "         75f
    J. C.     "         10m
    C. B.     "          5m      379 John Phelps         39m      389 Thomas P. Ginn      33m
    D. T.     "         4/12m         Susan    "         39f          M. F.     "         17f
                                     W. T.     "         14m          H. J.     "          2m
367 Mrs. Elizabeth Booth             L. A. E."           12f
                        72f          M. L.     "         10f      390 K. R. Cooper        24m
                        Va           S. M.     "          7f          D. A.     "         24f
                                     J. F.     "          5f
368 Moses Payton        42m          B.        "          3f      391 D. B. Verdel        38m
    Sarah     "         40f          R. I.     "          1f          E. A.     "         31f
    J. N. Culley        16m                                           C. M.     "          9f
    James     "          7m      380 John W. Seymour     50m          S. F.     "          3f
    George Payton        2m          Nancy     "         51f          C. E.     "         4/12f
                                     M. M.     "         25m          F. E. Herndon       70f
369 Robert Teasdale     48m          C. M.     "         19m                              Va
                        England      K. J.     "         17f
    Nancy     "         26f          S. A.     "         14f      392 Mitchell Dennard   24m
    D. A.     "          2m          A. E.     "         12f          G.        "         21f
                                     W. S.     "          4m          James     "          1m
370 F. W. Hammond       49m
                        N C      381 John K. Booth       38m      393 B. A. Henry         31m
    M. A.     "         20f          E. C.     "         36f          M. H.     "         30f
    C. H.     "         23m          M. A.     "         12f                              S C
    William H. "        17m          E. J. F."           10f          O. L.     "          4m
    A. V.     "         14m          J. W.     "          8m          L.        "          2f
    M. P.     "         12m          L. C.     "          6f                              S C
    P. W.     "          5m          W. H.     "          3m
    E. A.     "         23f          T. A.     "          1m      394 Mrs. M. W. Gray     67f
    S. P.     "         19f          M. A. Tucker        42f          Miss J. G. Carter   20f
    N. R.     "         11f
    T. R.     "          8f      382 C. W. Christian     44m      395 T. Wilhite          72f
                                     Mary      "         49f                              N C
371 J. J. Parham        42m          A. C. K."           17f          W. G.     "         39m
    J.        "         39f
    M. E.     "         17f      383 J. T. Ridgeway      50m      396 Thomas B. Bullard   52m
    W. J.     "         15m          Sarah     "         45f          E. B.     "         47f
    L. J.     "         14f          Lucy      "         20f          John W.   "         24m
    E. C.     "         11f          M.        "         14f          J. R.     "         18m
    R. J.     "          9m          Nancy     "         11f          F. E.     "          8f
    J. J.     "          6m                                           G. W.     "          6m
    Anna      "          1f      384 Thomas J. Adams     36m          Sarah     "          3f
                                     A. E.     "         27f          T. H.     "          1m
372 William Hardeman    40m          John W.   "         14m
    Frances   "         36f          James H.  "         11m      397 Shelton O. Pass     35m
    Charles   "         13m          Thomas L. "         10m          E. A.     "         27f
    Nancy     "         11f          Peter A. C. "        8m          D. A.     "          9f
    M. A.     "          7f          Julia A.  "          5f          Thomas A. "          5m
    William   "          4m          A. S.     "          1m
    Infant    "         10/12f       Milly     "          1f      398 J. B. Almond        25m

373 Mrs. Elizabeth Penn          385 M. G. Dennard       47m      399 Thomas J. Moore     21m
                        58f          C. L.     "         27f          E. J.     "         22f
    Mrs. Mary Penn      53f          M. E.     "         19f          M. A.     "         9/12f
                                     S. A.     "         16f
374 W. W. David         57m          N. C.     "          8f      400 James K. Wiley      25m
    M.        "         45f          J. M.     "          4m          M. W.     "         47f
    James W.  "         24m          M. J.     "          2f          A. S.     "         18m
    Peter     "         18m                                           John A.   "         16m
    W. A.     "          6m      386 M. L. Ruff          34m          F. M.     "         23f
                                     M.        "         40f
375 Isaac M. Mobley     24m          M. E.     "          6f      401 W. W. Eaves         25m
    W. A.     "         30f                                                                N C
    M. A.     "         6/12f    387 G. W. Brown         38m          S. M.     "         26f
                                     C. S.     "         38f          J. W.     "          2m
376 John Gulley         72m          J. F.     "         16f          W. L.     "         2/12m
                        Va           L. J.     "         15f          Thomas J. Almond    22m
    M. A.     "         30f          William J. "        14f?
    A. Y.     "         27f          J. F.     "         12m      402 J. W. Bond         29m
    J. W. Alexander     18m          James D.  "         10m          C. E.     "         19f
                                     H. W.     "          8m
377 Isaac D. Vaughan    50m          L. E.     "          6f      403 James Burden        48m
    R. G.     "         48f          P. C.     "          5f          J. T.     "         43f
    P. D.     "         25m          L. A.     "          3f          M. A.     "         18f
```

403 cont'd:
R. A. Burden   14m
G. W.   "   12m
N. K.   "   9f
S. F.   "   6f
A. S.   "   4m
R. T.   "   5/12m
R. T. Buffington   22m

404 C. E. Heard   26m
M. E.   "   21f
B. H.   "   4m
Thomas J. "   2m
G. A.   "   1/12m

405 Daniel M. Carlton 36m
                      N C
M. L.   "   32f
M. M. A."   10f
Thomas C. "   7m
S. R.   "   3f
E. Holmes   16f
F.   "   14f

406 Thomas Phelps, Jr.44m
E.   "   32f
H. A.   "   13f
G. T.   "   11m
John   "   10m
R. H.   "   9m
E.   "   7f
M.   "   6f
Z.   "   2f
Thomas Phelps, Sr.87m
                       Va

407 John Gray   73m
A.   "   42f
E.   "   37f
E.   "   34f
W.   "   3m

408 M. Hudson   52m
S. L.   "   19f
Thomas J. Hudson   17m
W. A. C.   "   15m
E. E.   "   13f
S.   "   9m
E. S.   "   7f

409 W. R. Buffington 24m
J. H.   "   17m
J. D. Hulme   22m

410 Mrs. D. Adams   55m?
S. M.   "   27f
P.   "   19f
D. E.   "   13f
E. Perryman   82f
                       Va

411 Dillard Herndon   65m
                       Va
Thomas C. Elliott   65m
                       Va

412 Mrs. M. Brown   53f
N. M. S."   15f
L. C. H."   13f
M. M. C."   10f

413 Mrs. E. White   45f
F. S. S."   14f
Thomas J. B."   9m
E. B.   "   8f
V. G.   "   6f
L. D.   "   4f

414 A. H. Langston   30m
M. A.   "   24f
John H. Hulme   23m

415 Mrs. N. A. Dickerson

415 cont'd:
(Mrs. Dickerson)   84f
                       Va
A. C. Perryman   49m
Serena Adams   45f

416 David E. Harris   30m
                      S C
L. C.   "   28f

417 L. A. Baker   37m
                      S C
E. J.   "   30f
                      S C
W. W.   "   12m
                      S C
M. E.   "   10f
                      S C
W. Mc.   "   8m
                       Ga
L. R.   "   4f
                      S C
G. D.   "   2f
                      S C

418 J. S. Hammond   30m
                      Penn
M. C.   "   27f
F. C.   "   5f
W. B. White   21m

419 E. B. Norman, Jr. 24m
M. J.   "   21f
Ida   "   3/12f

420 Henry Warnsing   68m
                    Germany
Lidda   "   57f

421 Ez Bailey   48m
R. S. Bailey   26f
S. S.   "   24f
F.   "   19m
L.   "   16m

422 B. R. Taylor   52m
M. A.   "   38f
W. T.   "   19m
                      S C
Z. B.   "   16m
J. M.   "   14m
H. S.   "   12m
C. P.   "   10m
N. B.   "   7m
M. E. F."   5f
L. M.   "   2f
M. E. Scott   20f

423 J. Forester   55m
                      N C
Mary   "   66f
M. C.   "   21f

424 Thomas Black   58m
                      S C
H. L.   "   49f
L. E.   "   27f
S. N.   "   21f
Thomas J. "   19m
L. E.   "   16m
S. A.   "   12m
S. F.   "   6f
H. C.   "   12m

425 B. F. Swindle   23m
M. C.   "   20f
L. A.   "   1f

426 Leroy Cleveland   50m
Samantha C."   26f
L. L.   "   3f
J. W.   "   7/12m

427 A. C. Stovall   40m
S. F.   "   27f
G. M.   "   17m
M. L.   "   14f
S. R.   "   12f

428 W. T. Alexander   41m
W.   "   33f
M.   "   13f

429 W. H. Haslett   42m
                      S C
E.   "   40f
E.   "   14f
T.   "   10f
G. A.   "   4m
Infant   "   1/12f

430 E. McDaniel   42m
                      S C
M.   "   35f
                      S C
L.   "   12f
E.   "   10m
F.   "   8f

431 A. C. Terry   30m
Frances   "   20f
S. King   65f

432 J. H. Alexander   35m
F. E.   "   28f

433 Mrs. S. Fortson   55f

434 K. H. Stone   76f
                      N C

435 E. M. Holmes   41f

436 Isaac P. Edwards 31m
James Coker   24m
E.   "   28f
A.   "   5f
Thomas B. Scanler   21m
                    Ireland

437 Thomas R. Alexander
                      42m
M. F.   "   27f
D. B.   "   20m
H. C.   "   17m
Thomas R. "   15m
L. M.   "   10f
Jett T.   "   3m

438 J. G. Nelms   40m
Trecy   "   43f
M. J.   "   18f
C. V.   "   17m
F. M.   "   15f
D. C.   "   14m
H. B.   "   12m
M. E.   "   10f
S. A.   "   8f
S. E.   "   6f
M. N.   "   5f

439 William Mills   72m
Nancy   "   62f

440 Benjamin Smith   73m
                      S C
M. C.   "   69f
                      S C
A. C.   "   30f
George W. Johnson   20m

441 Z. R. Oglesby   54f
M. L.   "   20f
E. R.   "   18f
J. M. Prather   10m

442	John Young	64m	454 cont'd:			467 cont'd:		
	Anna "	66f		Sarah E. King	2f		T. M. Jones	16f
	S. R. Harris	16m		John E. "	8/12m		Leonora "	14f
		S C					A. O. "	11f
			455	R. W. Brown	46m		P. L. "	9f
443	M. Perrin	48m		Elizabeth Brown	46f		T. L. "	5f
	E. "	47f		Elizabeth "	20f		G. L. J."	1f
	William E. Perrin	18m		Eliza "	17f			
	John S. "	16m		M. J. "	14f	468	James C. Booth	26m
	Thomas J. "	12m		Thomas M. "	16m		M. A. "	24f
	M. "	10f		S. E. "	11f		E. G. "	6f
	Mathias "	6m		H. O. "	8m		M. J. "	2f
	A. J. Marsh	32m		F. M. "	2f			
		Ala				469	W. P. Graham	45m
			456	C. W. Harmon	57m		Elizabeth "	40f
444	William Tucker	49m		Nancy "	54f		M. F. "	17f
	Nancy "	52f		F. C. "	19m		Elizabeth "	16f
	M. E. "	20f		M. J. "	15f		C. W. "	14m
	Jane "	18f		Georgia "	13f		J. P. "	12m
	Martha "	13f		Zeporah "	11f		John W. "	10m
	Sarah "	6f		Wiley Coker	21m		Jesse H. "	6m
							M. J. "	3f
445	Lindsay H. Smith	50m	457	John L. Russell	28m		H. P. J."	1m
	Rhoda "	45f		Nancy "	57f			
	Frances "	17f		Barbara "	35f	470	Elizabeth Bradbury	
	L. E. A."	14m						45f
			458	J. M. Willis	50m		C. H. "	13f
446	Martha Smith	28f		Malissa "	43f		W. J. "	11m
	Atinett "	9f		C. A. "	20f		R. A. "	9m
	Ann "	7f		Georgiana "	16f			
	Conie "	5f		John W. "	14m	471	Isaac D. Gloer	33m
	Ida "	1f		Thomas F. "	12m		Pelina "	36f
	Martha Nash	17f		James M. "	6m		M. M. "	8f
	Thomas Smith	20m		Louisa "	8f		J. G. "	6m
				Sarah "	4f		J. A. "	3m
447	Drury Oglesby	44m		Benjamin H. "	1m			
	Cinthia "	41f				472	Andrew J. Dillashaw	
	Adline "	16f	459	Sidney Maley	48m			35m
	M. C. "	13f			Va			S C
	T. C. C."	6m		Arency "	47f		Levina "	31f
	William "	4m		Martin "	19m		A. M. "	10m
	James M. "	8/12m		Joseph "	16m		W. A. "	8m
				Margareth "	14f		James A."	6m
448	M. H. Maxwell	31m		Arency "	12f		S. G. "	2m
	William King	14m		Asa "	10m			
				Stephen "	4m	473	Jesse J. Edwards	42m
449	B. F. Haynes	37m					M. E. "	29f
	Sarah "	33f	460	A. F. Brown	29m		Ira J. "	19m
	M. E. "	12f		M. A. "	21f		W. A. "	18m
	L. L. "	11f		Ella "	3f		R. J. B."	15m
	H. B. "	5m		Talulah "	1f		M. E. "	6f
	Hester "	3f		Elizabeth Harston	14f		T. J. "	13m
	E. "	1f					H. M. "	11m
			461	Jeptha Thornton	19m		E. C. "	2f
450	Vinson Hubbard	49m		S. F. "	16f			
	Susan "	56f		Thomas Z. Prather	14m	474	H. A. H. Bennett	26m
	S. R. "	22f						Va
			462	William W. Hewell	34m		M. F. "	23f
451	W. R. Haley	41m		M. A. H."	25f		M. E. "	4f
	Sarah "	37f		Thomas A. "	5m		M. P. "	3f
	James M. "	19m		W. B. "	2m		C. W. "	2m
	George W."	16m		H. D. "	1m			
	Henry F. "	14m				475	James F. Shaw	29m
	Sarah E. "	12f	463	John A. Smith	27m			S C
	Isham A. "	10m		Mary E. "	28f		Martha "	70f
	Nancy C. "	8f						S C
	E. E. "	6f	464	L. M. Thompson	25m		Mary Beasley	60f
	T. E. "	3f		M. E. "	22f			S C
	Infant "	1/12f						
			465	Joel A. Eaves	19f	476	Martin D. Nelms	32m
452	Sarah V. Haley	67f		Sephronia "	19f		E. O. "	26f
	Elizabeth "	10f		Joel T. "	2m		H. J. "	4m
	P. B. "	8m		Wiley Thompson	22m		M. E. "	2f
	S. R. Buffington	20f						
			466	Mrs. F. Johnston	19f	477	Joshua Ford	25m
453	Archibald Rousey	28m		P. E. "	19f			S C
	Eliza "	24f		Polly Coker	30f		Margaret "	25f
	William "	7m		James "	12m			S C
	John "	5m					R. J. "	5f
	Sarah H."	1f	467	Elijah Jones	50m		James W. "	4m
				M. E. "	40f		William G. "	2m
454	Rufus King	25m		S. P. "	22f			
	Elizabeth King	20F		W. H. "	18m	478	Gr____ Vaughan	62f
								Va

93

478 cont'd:
   Nancy Vaughan   26f
   Jane   "   24f
   E. P.   "   22f
   Mary   "   1f

479 Asa C. Hendricks   25m
   Frances   "   26f
   John H.   "   1m

480 Milan Hendricks   59m
   J. A.   "   56f
   S. W.   "   27m
   J. L.   "   22m
   Martin   "   16m
   Eli   "   10m
   M. A.   "   9f
   Nancy Tucker   12f

481 W. R. Hendricks   32m
   S. E.   "   26f
   M. A.   "   2f
   Martha Nelms   14f

482 Jesse N. Moon   32m
   Martha   "   30f
   S. B.   "   10m
   William M.   "   8m
   F. A.   "   6m
   M. A.   "   4f
   L. J.   "   1m

483 Thomas A. Moore   25m
   M. E.   "   29f
   M. V.   "   4f
   M. A.   "   1f

484 William M. Moore   31m
   K. H.   "   33f
   B. M.   "   6m
   F. C.   "   2f

485 David S. Brown   36m
   F. A.   "   34f
   T. A.   "   13f
   I. E.   "   11f
   M. F.   "   9f
   L. R.   "   7f
   L. P.   "   6f
   R. W.   "   4m
   M. M.   "   6/12f

486 Josiah Hewell   35m
   M. C.   "   30f
   I. H. G."   6m
   M. E.   "   4f
   W. A.   "   1m
   Catherine Mize?   21f

487 Lovord Moore   70m
                         N C

488 P. H. Smith   22m
   S. E. F. Smith   19f
   Arminda Bond   37f
   William E. Bond   15m

489 Robert Rice   40m
   E. A.   "   38f
   James J.   "   17m
   William R.   "   12m
   F. M.   "   10f
   Manda   "   8f
   John H.   "   7m
   R. S.   "   5f

490 James M. Denny   34m
   L. E.   "   27f
   William M.   "   8m
   M. E.   "   7f
   M. J.   "   5m
   John H.   "   3m
   Infant   "   6/12f

491 Elily Denny   28f
   John T.   "   8m
   James C.   "   6m
   Levy   "   4f

492 Martin White   57m
   Ann   "   56f
   Mary   "   22f
   Nelson A.   "   25m
   A. S.   "   20m
   Susan A.   "   13f

493 Margaret Hendricks   44f
   John C.   "   23m
   William C.   "   21m
   M. C.   "   19f
   R. C.   "   16m
   S. A.   "   14f
   F. W.   "   12m
   J. A.   "   9f

494 Whitehead Hendricks 89m
                          Va
   Brantly   "   60m
   Emily   "   40f

495 Henry J. Beasley   41m
                          S C

496 George F. Nichols   21m
   Mary   "   22f
   M. M.   "   1f

497 Robert W. Tucker   58m
                          S C
   Martha   "   71f
                          S C

498 Charles G. Moon   42m
   M. E.   "   38f
   B. J.   "   30f
   W. C.   "   17m
   John F.   "   14m
   T. E.   "   11f
   F. C.   "   9f
   M. E.   "   7f
   David H."   1m
   Sarah T.   "   10f
   Benjamin W. Lively
                         24m

499 Abda Ridgeway   45m
   M. C.   "   40f
   N. L.   "   20f
   M. E.   "   18f
   J. T.   "   16m
   T. E.   "   12f
   J. L.   "   14m
   Martha   "   10f
   Joseph   "   8m
   Susan   "   4f

500 James C. Booth   26m
   Nancy   "   32f
   John W. Moore   15m
   L. A.   "   14f
   Lovord   "   11m
   John W. Booth   21m
   L. A.   "   6/12f

501 David Dye   70m
                          Va
   Rebecca Dye   69f

502 John C. Edwards   41m
   Sarah A."   36f
   Mary J.   "   16f
   John N.   "   13m
   C. E.   "   12f
   S. T.   "   10f
   S. Amm   "   7f

502 cont'd:
   M. P. Edwards   5f
   William   "   3m

503 Mary E. Johnson   22f
   John C.   "   7m
   Mary   "   5f
   F. E. Sorrow   20f

504 Martha E. Smith   42f
   W. R. H."   17m
   P. L.   "   13f
   C. H.   "   11m
   E. J.   "   7f
   R. T.   "   4m
   M. M.   "   2f
   M. P.   "   7/12f

505 Jesse Seymour   38m
   Rebecca   "   28f
   M. S.   "   18f
   Elizabeth   "   17f
   G.   "   15m
   Reece   "   13m
   Armindy   "   9f
   P.   "   11f
   Clark   "   8m
   Isham   "   6m
   M. E.   "   1/12f

506 James A. Ginn   32m
   J. A.   "   27f
   Eliza J. Nelms   17f

507 Singleton S. Ginn   29m
   M. C.   "   27f
   T. A.   "   6m
   N. E.   "   3f
   W. C.   "   9/12m

508 Stephen J. White   37m
   Elizabeth   "   25f
   John M.   "   5m

509 Clark B. Vaughan   35m
   Elizabeth   "   32f
   C. J.   "   15m
   J. F.   "   13m
   S. E.   "   12f
   Alis   "   10f
   M. J.   "   8f
   J. M.   "   6m
   W. M.   "   3m

510 Z. Seymour   23m
   L. E.   "   19f
   John A.   "   2m
   Jonathan G."   21m

511 Thomas H. Brown   47m
   S. D.   "   43f
   F. M.   "   19f
   J. M.   "   16m
   S. T.   "   13m
   S. A.   "   11f
   M. F.   "   8f
   A. D.   "   5m
   W. J.   "   24m

512 Lindsey Hall   28m
   M. E.   "   24f
   Thomas J.   2m
   Infant   "   2/12m

513 Martin Seymour   21m
   S. F.   "   20f

514 W. A. Booth   35m
   E. J.   "   25f
   Thomas A.   "   9m
   M. J.   "   8f
   James R.   "   6m
   M. E.   "   1f

515 Zachariah Kidd	50m
M. M. "	49f
Judy T. "	24f
N. W. "	23f
Martha "	19f
Mary E. "	18f
Richard "	17m
Susan M."	16f
James Z."	13m
W. R. "	12m
H. F. "	8m
B. A. "	4f
James Bradley	89m
	Va
516 D. M. Sanders	45m
M. "	43f
John J. "	18m
W. T. "	15m
W. C. "	13m
L. J. "	12m
R. T. "	10m
M. A. C."	8f
R. B. "	6m
S. D. "	4m
517 James M. Bradford	35m
Rebecca "	31f
George "	9m
J. S. "	4m
518 H. W. Bond	50m
S. C. "	40f
J. M. "	19m
J. W. "	17m
E. F. "	14f
S. P. "	10f
H. W. "	8m
M. E. "	6f
L. E. "	4f
James R. "	2m
519 R. N.? Phillips	23m
	S C
H. M. "	27f
	S C
H. A. "	2f
	S C
520 J. B. Dye	38m
Ann Dye	35f
J. W. "	18m
B. F. "	17m
Joseph Dye	15m
M. E. "	5f
Thomas "	10m
J. B. "	4m
M. "	1f
T. R. White	17m
M. A. Vasser	23f
E. J. "	2f
521 Benjamin Thornton	59m
	N C
N. F. "	58f
M. A. Highsmith	30f
J. M. Thornton	19m
M. J. "	17m
522 J. W. Craft	32m
M. M. "	32f
L. A. L."	8f
R. B. "	5m
Thomas "	2m
523 G. J. Dye	45m
E. F. "	38f
M. E. "	11f
C. T. "	9m
W. N. "	7m
J. P. "	5m
S. J. "	3m
J. G. "	1f
524 G. T. Clark	23m
M. E. "	20f
G. N. "	1m
525 J. M. Carter	38m
M. L. "	34f
A. E. "	12f
J. F. M."	8m
Georgia "	5f
L. C. "	1m
M. G. McDaniel	34m
526 W. H. H. Adams	22m
E. L. "	17f
527 Foster Rowsey	72m
	Va
Sarah "	70f
Foster "	22m
Nimrod Patterson	67m
Nancy Teber	50f
	Va
Sally Cavendish	55f
528 R. G. Adams	59m
	Va
Eliza "	42f
Robert Hall	6m
	Miss
529 Martha Rousey	53f
Nancy "	23f
James "	21m
Woodson "	16m
Martha "	13f
Nancy "	60f
L. D. Pearson	17m
530 Elizabeth Patterson	42f
Wiley W."	18m
William W. "	16m
531 James A. Gaines	25m
Mary A. "	20f
532 Lindsey Vaughter	50m
Mary "	46f
J. R. G. "	16m
L. F. "	12f
Thomas F. "	10m
A. E. "	8m
R. B. "	4m
533 N. J. Patterson	31f
Singleton Johnson	11m
Thomas "	6m
534 Elizabeth Patterson	80f
	Va
W. E. "	36m
535 W. T. Davis	44m
S. A. "	40f
M. E. "	12f
E. M. "	9f
536 McCagh Rousey	31m
M. J. "	29f
W. F. "	2m
M. J. "	6/12m
537 J. M. Butler	36m
M. J. "	35f
H. S. "	10m
M. C. "	8f
John W "	6m
L. G. "	4f
F. James "	2m
N. F. "	1f
538 James M. Sanders	36m
538 cont'd:	
E. D. Sanders	32f
L. C. "	15m
W. H. "	13m
C. M. "	11f
O. E. "	2f
V. H. "	1f
539 Elijah B. Norman	66m
Jane A. "	63f
J. J. "	20m
Tolison Norman	63m
540 Mrs. H. M. Smith	51f
	S C
S. P. "	25m
R. P. "	18m
W. P. "	16m
S. E. "	13f
J. A. "	10m
541 Mrs. E. S. Smith	29f
H. J. "	12f
John B. "	9m
W. H. "	8m
542 Thomas A. Gaines	36m
C. N. "	33f
543 James Jenkins	48m
M. A. "	22f
E. P. "	20m
Jane "	16f
C. A. "	10f
544 David R. Fleming	32m
	N C
D. A. "	30f
W. J. "	13m
M. A. "	9m
M. R. "	6f
545 Mrs. S. L. Smith	35f
J. B. B. "	9m
H. C. "	28m
546 Eli Hansard	48m
M. C. "	43f
John J. "	14m
A. W. "	10m
W. C. "	8m
547 John W. Brown	20m
S. L. "	20f
548 Joel Maxwell	76m
	Va
Mary "	77f
	N C
E. H. "	28f
G. W. "	45m
549 James Lunsford	68m
Martha "	49f
Nancy "	34f
F. L. "	7f
Alexander "	5m
550 John A. Oliver	42m
S. R. "	41f
J. F "	15m
M. E. "	13f
F. J. "	9f
J. H. "	6m
551 John Tennant	47m
	S C
M. C. "	22f
	S C
C. "	20m
	S C
H. A. "	17m
	S C

551 cont'd:
```
    M. M. Tennant        15f
                         S C
    W. C.      "         13m
    John       "         11m
    Charles    "          9m
                         S C
    Littleton  "          7m
                         S C
    Laura      "          4f
                         S C

552 Joseph Maxwell       35m
    Jane E.    "         28f
    W. P.      "          5m
    L. M.      "          3m
    E. M.      "        4/12f
    L. S.      "        4/12 f

553 E. Z. Maxwell        29m
                         S C
    M. E.      "         26f
    J. M.      "          9m
    Thomas J.  "          7m
    J. M.      "          4m
    William M. "          2m

554 William H. Teasley
                         29m
    Jane A.    "         26f
    M. E.      "         10f
    Thomas W.  "          8m
    Thomas William "      6m
    Andrew Teasley        5m
    S. L.      "          1f
    J.H. T. E. Teasley
                         18m
    Thomas W. King       39m

555 Mrs. A. Lunsford     67f
    S. S.      "         33f
    C. M.      "         32f
    M. A.      "          8f
    W. L.      "          7m
    A. B.      "        4/12m

556 W. A. Teasley        32m
    D. T.      "         32f
    M. L. E."            12f
    G. T.      "          8m
    M. A. G.   "          4f

557 J. N. Jordan         40m
    Mary       "         37f
    N. C.      "         18f
    Honor H.   "         17f
    M. O.      "         15f
    M. J.      "         14f
    J. B.      "         12m
    S. E.      "         10f
    L. T. E.   "          8m
    J. W.      "          6m
    J. M.      "          3m
    H. C.      "          1f

558 Archibald Burden    78m
                         Va
    Mary       "         74f
                         N C

559 B. T. E. Lunsford   30m
    N. A.      "         44f
    James M.   "          8m
    B. W.      "          6m
    M. E.      "          4f
    G. A.      "          2m
    James Pulliam        42m

560 F. M. Jordan         29m
    M. J.      "         27f
    N. A.      "          5f
    N. M.      "          3m
```

```
561 Micajah Burden       50m
    Sarah      "         46f
    W. W.      "         19m
    William L. "         12m
    F. K.      "         10f
    Thomas J.  "          5m

562 William Burden       39m
    S. A.      "         37f
    S. M.      "         15m
    S. A.      "         13f
    M. J.      "         11f
    Elizabeth  "          9f
    M. A.      "          7f
    J. S.      "          5m
    W. C.      "          3m
    Infant     "       11/12m
    L. G. Gaines         21m

563 John Bond            27m
    Elizabeth  "         23f
    L. A. L.   "          2m

564 Jesse Maxwell        53m
    Catharine  "         50f
    D. J.      "         15m
    S. A.      "         15f

565 John H. King         19m
    Errena     "         22f
    Franklin   "          2m
    Infant     "        6/12f

566 Mathew Pulliam       73m
    Rebecca Kerby        47f
    M. V.      "         17f

567 R. M. Rice           33m
    M. E.      "         24f
    M. A. E.   "          4f
    M. O.      "          1f
    T. B. McClendon      18m
                         S C

568 Charles A. Rice      30m
    Julia A.   "         24f
    R. E.      "          8m
    E. S.      "          6f
    James M.   "          5m
    M. F.      "          3f

569 Thomas J. Warren     28m
    M. E.      "         24f
    A. C.      "          2f
    M. E.      "        3/12f

570 Jerry S. Warren      62m
                         N C
    Elizabeth  "         57f
    John M.    "         22m
    Dixon H.   "         20m
    B. F.      "         17m
    James J.   "         14m
    Catherine P. "       30f
    Mary E.    "          6f
    William H. "          5m
    James S.   "          3m
    Frances C. Adams     16f

571 Benjamin T. Hunt     23m
    F. E.      "         17f
    M. J.      "        3/12f

572 R. N. Ward           38m
    M. E.      "         32f
    S. F.      "         15f
    G. M.      "          9m
    Susan      "          6f
    J. P.      "          3m
    Thomas N.  "          1m
    J. E. Dickerson      23m
    Miss A. M. Wiley     22f
```

```
573 Fleming Wansley      47m
    Rebecca    "         46f
    C. C.      "         13f
    John       "          8m

574 Thomas N. Wansley    26m
    Elizabeth  "         24f
    Leroy H.   "          4m
    E. O.      "          2f
    W. H.      "          1m

575 J. R. Bailey         27m
    Mary E.    "         24f
    Martha J.  "       7/12f

576 James Stansell       35m
                         S C
    Cynthia    "         35f
                         S C
    Mary J.    "         10f
                         S C
    Elizabeth H. "        8f
                         S C
    Joannah    "          6f
                         S C

577 H. S. Gaines         26m
    Mary F.    "         26f
    Amanda O.  "          6f
    James H.   "          4m
    Augustus H. "         2m
    Sarah E.   "          1f

578 Asa M. Rice          31m
    Bogester   "         27f
    Thomas R.  "         10m
    Luther M.  "          8m
    James M.   "          5m
    John H.    "          2m
    Martha E.  "       4/12f

579 Ralph Gaines         63m
    Elizabeth M. "       57f

580 Alvin A. James       23m
    Martha C.  "         20f
    Georgia F. "          1f

581 Reuben T. Wansley    45m
    Emily      "         38f
                         S C
    Lucy G.    "         16f
    L. G.      "         13m
    J. A.      "         10f
    A. L.      "          9m
    B. L.      "          7m
    Mary M.    "          4f
    Larkin     "          1m

582 William M. Gaines    30m
    Frances A. "         21f

583 Thomas Turner        60m
                         Va
    Anna       "         56f
    Eliza J."            16f
    Varchis? S. "        14f
    Allen F.   "         12m

584 Thomas S. Gaines     29m

585 Hiram H. Thomason    35m
    Sally E.   "         33f
    William M. "         13m
    Milly A.   "         11f
    Sarah A.   "          9f
    Josey A.   "          7f
    Martha A.  "          5f
    Nancy A.   "          3f

586 David Daniel         61m
                         S C
    Fanny      "         51f
```

586 cont'd:
  William S. Daniel 17m
  Curand? C. " 11m
  Mary G. Gaines 5f

587 James B. Turner 35m
  Frances H. " 30f
  Juda A. " 11f
  Sarah E. " 8f
  Marietta " 5f
  Milly J. " 2f

588 John Kelly 30m
  Nancy " 36f
  James M. T. " 9m
  William B. " 6m
  Thomas J. " 3m
  Nicholas C. " 1m

589 W. H. Alexander 38m
  Sarah E. " 35f
  Martha A. " 14f
  Teresa B. " 10f
  Nancy M. " 7f
  Sarah L. " 4f
  Milly A. " 1f

590 John Daniel 50m
  Sarah A. " 37f
  Eliza " 14f
  Lucinda F. " 10f
  Marion C. " 6m
  James T. " 3m
  Henry N. " 3/12m

591 Allen Daniel 47m
  Mary " 40f
  Fleming " 19m
  Lindsay " 15m
  Elizabeth " 12f
  Marion " 8m
  Permelia " 6f
  Bradford " 4m

592 Francis K. Bond 32m
  Susan H. " 30f
  John W. " 15m
  James R. " 13m
  Lucinda F. " 11f
  Elizabeth M. " 8f

593 William J. Yerry 26m
  Mary " 32f
  Tinsley Ashworth 15m
  Washington " 13m
  William J. " 12m
  Mary M. " 10f
  Martha " 6f

594 John A. Cunningham 62m
  Minerva " 19f
  Frances F. " 17f
  Martha " 15f
  David R. " 13m

595 W. D. Candel 30m
  Amanda " 27f
  Samantha " 5f
  Thomas J. A. " 3m
  Cullen H. " 9/12m

596 James J. Adams 26m
  Mary F. " 24f
  Ellen G. " 3f
  Isham C. " 1m

597 Hiram G. Adams 52m
  Mary H. " 54f
  William H. " 39m
  Phoebe " 24f
  Lawrence M. " 22m
  Middleton B. " 21m

597 cont'd:
  Hiram P. Adams 18m
  Singleton A. " 14m

598 Phoebe Nelms 90f

599 William R. Adams 33m
  Elizabeth A. " 28f
  Alfred M. " 10m
  Elizabeth E. " 7f
  Mary A. " 5f
  Amanda C. " 2f

600 (This number skipped by census enumerator)

601 James Adams 61m
  Va
  Mary A. " 61f
  Sarepta A. " 40f

602 William H. Maxwell 26m
  Amelia A. " 20f
  Francis C. " 10/12m

603 Richard C. Adams 26m
  Sarah A. " 19f

604 Frances Stamps 45f
  Lovena " 21f
  Mary E. " 19f
  Britton S. " 13m

604 Elizabeth Alexander 49f
  George W. " 23m
  Roysey E. " 20f
  Permelia E. " 17f
  Mary F. " 16f
  Cora A. " 13f
  Robert T. B. " 10m

606 John M. Bradwell 35m
  Mary A. " 37f
  William T. " 15m
  James M. " 13m
  Martha Ann " 11f
  John W. " 9m
  Edwin F. " 8m
  Malissa A. " 7f
  Benson B. B. " 1m

607 John W. Turman 29m
  Amanda A. " 23f
  Thomas A. " 7/12m

608 Louis R. Shiflett 52m
  Elizabeth " 50f
  Judge A. " 21m
  Lucretia J. " 18f
  Major W. " 17m
  General J. " 15m
  Sarah E. " 14f
  Nancy A. " 12f

609 William Gulley 77m
  Va
  Frances " 54f
  Va
  Robert P. " 20m
  Martha A. " 17f

610 James L. Crawford 57m
  Mourning " 50f
  James C. " 19m
  Nancy C. " 17f
  Francis M. " 13m
  Teresa E. " 10f

611 Lawrence M. Adams 57m
  Lucy H. " 52f
  Nancy E. " 20f
  Drucilla C. " 15f

611 cont'd:
  Emily Adams 14f
  Beverly T. " 10m

612 George W. McMullan 40m
  Agga V. " 43f
  Permelia A. " 19f
  Mary D. " 16f
  James T. " 16m
  Robert M. " 13m
  Nancy E. " 8f
  George W. " 6m
  Susan M. " 3f

613 David L. Craft 23m
  Mary E. " 20f
  S C
  Malissa C. " 6/12f

(Note: Number 614 was used twice for the enumeration)

614 William C. Gary 31m
  Jane " 32f
  James B. " 11m
  Elbert M. " 8m
  Missoury A. " 6f
  Ugamupolener? " 4f
  Martha S. " 2f

614 Benjamin E. Partain 48m
  S C
  Frances E. " 35f
  Benjamim P. " 16m
  Amanda E. " 4f
  Joseph R. " 6/12f
  James S. " 2m

615 Elijah M. Terry 21m
  Sarah J. " 24f

616 Richard C. Adams 35m
  Mary J. " 27f
  Elmira M. " 13f
  Laura S. " 10f
  Martha T. F. " 8f
  Simeon F. S. " 4m

617 John C. Ward 26m

618 Elizabeth E. Thornton 39f
  William M. " 19m
  C. A. " 18f
  Mark A. " 15m
  Lawrence T. " 13m
  Lucy E. " 11f
  Amanda F. " 9f
  Merrill A. " 7f
  Samantha C. " 4f

619 John W. Terry 44m
  Susan C. " 39f
  John M. " 12m
  Sarah F. " 11f
  Amanda E. " 9f
  Emiline S. " 7f
  Lindsay F. " 4m

620 Joseph Terry 92m
  Va
  Juda " 73f
  Va
  Joseph C. " 19m

621 Middleton Woods 30m
  Mary A. " 31f
  Martha E. " 10f
  Mary S. " 8f
  James A. " 6m
  William A. " 4m

621 cont'd:
      Shadrack Woods   1m
622 Asa A. Bone   39m
                              S C
      Caroline   "   29f
      Elizabeth D. "   13f
      Francis M. "   10m
      Mary M.   "   9f
      John H.   "   7m
      George T.   "   5m
      James A.   "   3m
      Willis J.   "   1m

623 Delilah Roberts   43f
      Elijah J.   "   14f?
      Mary J.   "   11f
      Martha A.   "   10f
      Wiley   "   6m
      Minerva   "   3f

624 Francis Gaines   55m
      Diddona   "   48f
      Francis M. "   22m
      Lindsay A. "   20m
      Mary A.   "   16f
      Sarah E.   "   13f
      William J. "   8m
      Elizabeth McGee   22f
      Ebsa   3m

625 Robert T. Gaines   79m
                              Va

626 Robert C. C. Roebuck
                             31m
      Mary F.   "   26f
      Sarah O.   "   8f
      Martha E.   "   6f
      John W.   "   4m
      Willis C.   "   2m

627 James Brown   57m
      Sarah   "   51f
      Nancy A.   "   27f
      Sarah E.   "   18f
      Martha F.   "   15f
      James H. S. "   12m
      George T.   "   8m

628 Milly G. Neal   40f
      Mary E.   "   13f
      Milly J.   "   11f
      William M. "   9m

629 Juda M. McMullan   36f
      Lucy A.   "   10f
      William A. "   7m

630 Anderson Craft   65m
                              N C
      Lucy   "   68f

631 Permelia C. Craft   43f
      Marion C. Stowers   24m
      Seaborn J. Cash   22m
      Lucy J. Craft   16f
      Sarah F.   "   13f
      John R.   "   11m
      James L. W. "   9m

632 William P. Ruff   35m
      Elizabeth   "   32f
      James N.   "   10m
      John T.   "   5m
      Allen S.   "   3m
      Charles W. "   1m

633 Sarah G. Davis   40f
      Louisa A.   "   15f
      William H. "   14m

634 George M. Ward   36m

634 cont'd:
      Susan A. Ward   26f
      Sarah E.   "   10f
      Robert P.   "   8m
      Mary E.   "   6f
      Tarrah E.   "   4f
      Louella B. "   2f

635 Willis Craft   51m
      Martha T.   "   48f
      John F.   "   22m
      William A. "   20m
      Willis M.   "   18m
      Martha A.   "   15f
      James D.   "   13m
      Tarrah A.   "   11f
      Richard P." "   9m

636 John H. Greenway   42m
      Nancy C.   "   40f
      Mary A. M." "   19f
      Harriet E." "   17f
      Nancy C.   "   13f
      John J. H." "   10m
      Miriam B.   "   8f
      Judith T. A. "   6f
      Martha C. C. "   3f
      Andrew J.   "   3/12m

637 Jesse M. Taylor   57m
      Susan P.   "   51f
      Francis M." "   36m
      Eliza J.   "   18f
      Frances E." "   12f

638 Elam Alexander   57m
      Lucy B.   "   53f
      Martha   "   28f
      Mary R.   "   26f
      Juda F.   "   16f
      James J.   "   14m
      Elam   "   11m

639 Daniel E. Conwell   60m
                              S C
      Susannah   "   38f
                              S C
      Frances A. "   18f
                              S C
      Sarah A.   "   15f

640 Charles Y. Dickerson
                             24m
      Elizabeth J. "   21f

641 John H. C. Taylor   21m
      Mary E.   "   14f

642 John B. Stephenson   24m
      Lucintha? P. "   27f
      Frances D. "   5f
      William H. M. "   1m

643 Wiley Abney   57m
                              S C
      Elinder? W. Abney   44f
      Susannah E. "   25f
      Jones W.   "   20m
      Sarah A.   "   12f
      Aaron L.   "   10m
      George A.   "   8m
      Nancy E.   "   6f
      Isham Goss   2m
      Eliza C. Buffington
                             15f

644 Sarah D. Conwell   44f
      James D.   "   14m
      George B.   "   11m
      Andrew J.   "   10m
      Henry H.   "   9m

645 Thomas Steadman   48m
                              N C

645 cont'd:
      Elizabeth A. Steadman
                             36f
      Sarah A. E. "   19f
      Levi   "   17m
      Aggie A.   "   15f
      Malinda F. "   13f
      Milly S.   "   9f
      Harriet S. "   7f
      Jones   "   6m
      Martha E.   "   4f
      Gaines   "   2m
      Mary J.   "   1f

646 James J. Stamps   22m
      Carolina   "   24f
      John H. Ashworth   5m
      Mary J.   "   2f

647 William T. Craft   32m
      Sarah J.   "   26f
      Asa H.   "   7m
      Joseph W.   "   9/12m

648 William M. Eaves   24m
                              S C
      Mary E.   "   20f
      Martha E.   "   3f
      W. A.   "   10/12m
                              S C

649 George W. Hulme   20m
      Cornelia A. "   20f
                              S C
      George H.   "   1m

650 Wiley Powell   45m
      Mariah   "   34f
                              S C
      W. J.   "   20m
                              S C
      James L.   "   18m
                              S C
      Jonathan F. "   14m
      Henry T.   "   11m
                              S C
      Marion A.   "   10m
      Milly J.   "   6f
      Sarah F.   "   5f
      Louis A.   "   2m
      Mary E.   "   5/12f

651 Joseph Strickland   65m
                              N C
      Mary E.   "   28f
      Nancy A.   "   25f
      James Craft   14m
      David L. Craft   21m

652 Rachel Hinton   66f

653 Benjamin S. Crawford
                             33m
      Louisa C.   "   33f
      Lucy A.   "   10f
      William M. "   9m
      Fanny D.   "   6f
      Thomas B.   "   4m
      Willis A.   "   2m
      John B.   "   2/12m

654 Mary Rucker   43f
      James T. Rucker   19m
      Margaret M. "   17f
      Elizabeth A." "   15f
      Martha P.   "   13f
      John W.   "   11m
      Moses M.   "   8m

655 John B. Abney   27m
      Lucy M. C. "   23f
      Martha A. C." "   2f
      Mildred   "   7/12f

656	William C. Taylor	23m	669	Horatio J. Goss	27m	680	cont'd:		
		S C		Melita S. "	26f		William R. Christian		23m
	Cornelia A. "	20f		William B. Eberhardt			Mary E. "		14f
657	Milly A. Hulme	49f			10m				
	Eliza A. "	18f		Zilla A. "	6f	681	Richard H. Brag		24m
658	George Conwell	30m	670	Jesse J. Taylor	24m		Louisa "		24f
	Sarah "	30f		Elizabeth "	23f		Mary "		2f
		S C		Susan A. "	2f		Infant "		5/12f
	John H. "	12m		John W. "	10/12m	682	Robert P. Hall		46m
	Milton "	10m					Mary "		45f
		S C	671	J. R. Ford	30m		Artimessa "		25f
	Susannah "	7f			S C		Nancy M. "		23f
	Nancy E. "	5f		B. D. J. "	30f		Beverly W. "		21m
				John D. "	7m		William H. "		19m
659	George W. Hulme	47m		George T. "	5m		Mary P. "		17f
	Mary A. "	46f		S. J. C. D. "	4f		Robert P. "		15m
	Easton Z. "	18m		William R. "	3m		Asorah S. "		13m
	Sarah A. "	16f		J. P. "	6/12f		Singleton H. "		10m
	Elizabeth A."	12f	672	William Pulliam	28m		Millard F. "		8m
	Isham H. G. "	9m		Adlisa "	21f		Jeremiah F. "		5m
	Sanford M. "	6m		Martha L. E. "	5f				
				W. A. "	3f	683	Charles W. Hall		26m
660	Martha A. Terrell	81f					Treesy A. "		24f
	James B. "	33m	673	William Payton	48m		Mary E. "		4f
	Piety A. "	18f		Catherine "	45f		Malissa F. "		2f
	Sarah M. "	9/12f		Mary Ann "	18f		Horvell C. "		7/12m
				Nancy "	16f				
661	Henry H. Mann	36m		Mahulda "	14f	684	Malissa Christian		20f
	Susan "	29f		Henry "	12m				
	Daniel E. "	11m		Moses "	10m	685	John S. Denny		44m
	Mary J. "	9f		Elizabeth "	8f		Tempy "		36f
	Martha E. "	7f		Frances "	6f		Sarah E. "		13f
	Henry C. "	6m					Eliza M. "		11f
	Susan T. C. "	3f	674	Archibald Payton	40m		Mary F. "		9f
	George W. "	5/12m		Matilda "	38f		James H. S. "		5m
				John L. "	11m		David M. "		2m
662	Elijah Greenway	63m		Nancy E. "	9f				
		Va		Moses "	7m	686	John T. Shaw		31m
	Sarah "	62f		Susan A. "	6f				S C
	Sarah A. "	24f		Infant "	2/12f		Amanda M."		26f
	Susannah C. "	21f					Sarah J. "		8f
	William H. "	16m	675	John Payton	23m		William T. "		6m
	William T. Terry	16m		Clementine Payton	22f		Isham G. "		5m
				William T. "	2m		James F. "		4/12m
663	Noah Ashworth	55m							
	Nancy "	53f	676	Zachariah Seymour	52m	687	George P. Ferguson		
	Mary E. "	20f			Va				33m
	Sarah J. "	18f		Isa J. "	30f				S C
	Robert W. T. "	16m		Parthony "	28f		Mary "		33f
				Jesse A. "	17m				S C
664	Ellender Hinton	68f					Elizabeth "		6f
		N C	677	Richard Ford	85m		Sarah "		4f
	Frances D. "	25f			Va		William "		2m
				Eleanor "	75f		Joseph "		8/12m
665	Sarah A. Terrell	40f			S C				
		S C		Co_____ Coker	39f	688	Chapel P. Dudley		36m
	Sarah C. "	23f			S C		Martha "		38f
	John O. "	16m		Long G. Ford	30f		Elizabeth "		13f
	Larkin Wansley	75m			S C		William "		12m
		Va		Sarah A. "	15f		Joel "		11m
				Ellen "	8f		Nichols "		10m
666	William Cleveland	38m		Richard "	8m		Susan "		9f
	Lucy A. M. "	23f		Jordan R. "	5f		Martin "		7m
	Sarah O. "	4f					Clemmy "		6f
	William R. "	2m	678	Nancy P. Strickland			James "		5m
	Mary C. "	2/12f			26f		John "		2m
	Alexander Stratton			Nancy P. "	8f				
		49m		Mary E. "	5f	689	Elizabeth Thompson		
		Canada		Gaines E. "	3m				64f
				W. R. W. "	1/12m		Susan "		24f
667	Hudson J. Smith	27m					Jeremiah "		25m
		S C	679	William H. King	34m		Nancy "		23f
	Martha D. "	27f			Va		Joel "		20m
	William J. "	1m		Elizabeth "	26f		Andrew J. Brag		12m
	Jane Madden	40f		Sarah C. "	9/12f				
				John W. "	17m	690	Isham Smith		48m
668	Benjamin Goss	27m		Martha A. "	9f		Mary A. M. Smith		44f
	Emily R. "	50f							S C
		S C	680	Washington Christian			Malissa "		19f
	Sarah E. A. H."	21f			47m		Sophronia Pulliam		18f
	Benjamin H. "	15m		Levicy "	48f		Silvertine "		21m

#	Name	Age/Sex
690 cont'd:		
	Frances K. Smith	14f
	James M. "	11m
	John L. "	9m
	Narcissa "	7m
	Moses P. "	5m
	Nancy O. "	3f
691	John M. Power	25m
	Martha E. A. "	22f
	William H. "	4m
	Mary A. "	3f
	James M. "	11/12m
692	Franklin Christian	43m
	Frances A. "	42f
	William H. "	21m
	John W. "	19m
	Benjamin B. "	16m
	Charles F. "	12m
	Tinsley C. "	9m
693	John H. Bowers	23m
	Letty E. "	20f
694	William Smith	45m
		S C
	Mary A. "	33f
		S C
	Eliza A. E. "	7f
	Moses W. "	4m
	Sarah E. D. J. "	2f
695	Miles B. Vaughan	30m
	Susan A. "	26f
	Isaac D. "	8m
	Angeline "	6f
	Wiley J. "	3m
	Lacy B. "	2/12m
696	Patrick R. Butler	49m
	Clarissa "	46f
	John F. "	19m
	Martin T. "	17m
	Robert "	14m
	Joel "	12m
	Aletha S. "	9f
697	Thomas Colvard	30m
	Martha P. "	26f
	Patrick R. "	5m
	Clarissa S. "	1f
698	William Alexander	25m
	Mary E. "	21f
	Emily I. "	3f
699	Sarah Burden	44f
		S C
	Sarah J. "	15f
	Jesse A. "	12m
	Russell T. "	8m
	James I. "	10m
700	Abner H. Ginn	51m
	Sarah "	40f
	Jeptha W. "	22m
	Mary E. "	20f
	Teresa A. "	18f
	Hamilton J. "	22m
	Ariney E. "	15f
701	Middleton A. Ginn	26m
	Lenney I. "	24f
	Annie "	2f
702	Henry J. Ginn	26m
	Frances "	25f
	Sephronia "	6f
	Allen "	4m
	Mary A. "	2f
703	Samuel F. Brown	22m
		S C
	Sarah Kirkpatrick	65f
		S C
704	David Bray	21m
	Nancy A. Bray	20f
		S C
	Hulda E. "	6/12f
705	James R. Bray	35m
	Sarah "	40f
		S C
	John W. "	10/12m
		S C
706	Asbury H. Brown	35m
	Rebecca J. "	32f
	Thomas W. "	11m
	Silas "	9m
	Asbury W. "	8m
	Nancy E. E. J. "	7f
	Mary E. "	5f
	Martha E. "	3f
707	Nelson Burden	52m
	Nancy "	46f
	Mary E. "	23f
	Sarepta F. "	19f
	Isaac N. "	17m
	Delilah "	15f
	Martha A. "	13f
	Clara A. "	12f
	Nancy "	10f
	James N. "	9m
	Sarah P. "	7f
	Victoria "	2f
708	Martha Ginn	60f
	Martha S. Ginn	23f
	Sarah M. "	19f
	Gaines W. "	17m
	Isaac "	15m
709	Gaines P. Bray	23m
	Elizabeth E. "	16f
		S C
	Phoebe Brawner	38f
		S C
710	Thomas Bray	24m
	Mary "	22f
	Marion C. "	1m
	Sarah J. "	3f
711	Adam Brown	60m
	Nancy "	61f
	Ira M. "	27m
	John D. "	25m
	Martha E. "	21f
	Sarah A."	18f
	William H. "	15m
712	Tinsley J. Ginn	35m
	Sarah E. "	37f
	John R. "	3m
	Martha A. "	1f
713	Penina Phipps	25f
	Augusta A. "	6f
	Venetiler E. "	3f
	Sarah "	65f
714	Wiley Ginn	66m
	Cynthia "	51f
	Walton "	20m
	Cynthia M. "	15f
715	John J. Saylers	35m
		S C
	Nancy "	23f
	John D. "	7m
	Sarah L. "	3f
716	W. H. Scarborough	26m
	Nancy "	26f
	John D. "	3m
	William D. "	1m
717	Susan Smith	58f
	Franklin Smith	25m
	William "	21m
	Matilda "	18f
	Sarah H. "	17f
718	Benjamin F. Winn	35m
	Nancy "	25f
	William B."	13m
	Thomas A. "	8m
	Florence S. "	5m
	Louellen "	7/12m
719	Baxton? Jordan	56m
	Lydia "	40f
	Franklin "	3m
720	F. M. Cook	22m
	S. L. "	18f
721	P. C. Smith	24m
	Clementine Smith	23f
	Arretty "	6f
	William B."	4m
	Jesse T. "	4m
	Infant "	3/12m
722	Nathaniel H. Nelms	25m
723	William J. Rice	28m
	Martha E. "	26f
724	Stephen W. Jordan	52m
	Elizabeth "	50f
	Mary S. "	21f
	Nancy C. "	19f
	Elizabeth M. "	17f
	James J. "	15m
	Frances A. "	13f
	Emma A. "	11f
	William B. "	9m
725	John B. Maxwell	48m
	Martha W. "	39f
		S C
	George W. "	13m
726	Franklin Smith	32m
	Abigail "	32f
		S C
	Letty M. "	8f
727	John G. Maley	23m
	Lucinda A. "	23f
728	Reece P. Thompson	38m
	Martha "	22f
	John J. "	8m
	Sarah J. "	7f
	Isham J. "	6m
	Lawrence N. "	4m
	Mi_____ "	2m
729	Gaines Thompson	72m
	Sarah "	66f
		N C
	Antely? "	23f
730	James Hendrick	62m
	Rebecca P."	51f
	Frances M."	32f
	Cynthia "	21f
	Elijah G. "	18m
	Stephen L. "	17m
	Joseph M. "	14m
	John J. "	12m
	Leonora E. "	10f

731 Charles W. Hendrick
                                                      26m
    Nancy J. "   17f
    Richard A. Vasser 18m

732 Francis Hilley   68m
    Mary R. "   60f

733 John N. Moore   53m
    Martha "   48f
    Martha J. "   8f

734 James F. Brown   28m
    Sarah E. "   25f
    Parthany? "   4f
    Mary E. "   7/12f
    Mary A. Syemour 17f

735 Joel Seymour   46m
    Jane "   47f
    Eppy "   22m
    Asa C. "   19m
    Sephronia "   16f
    Ann "   14f
    Joshua "   11m
    Gaines "   9m
    Mary Mason   44f
    Elminy? Mason   11f

736 John Brown   52m
    Martha "   52f
    Mary J. "   26f
    Ira "   20m
    Abram "   18m
    John "   16m
    William Tucker   8m
    Elizabeth Brown 14f

737 Zachariah Seymour 80m
                                        Va
    Caroline "   30f
    Charles "   17m
    Elmina "   15f

738 Middleton Brown 22m
    Sarah J. "   20f

739 William S. Butler 29m
    Susan M. "   24f
    Georgia A. "   5f
    William D. "   3m

740 Daniel W. Edwards 34m
    Martha "   31f
                                       S C
    Seliter A. "   13f
    Martha J. "   11f
    Rachel E. "   9f
    Henry D. "   6m
    James F. "   4m
    Mary "   2f

741 Elizabeth N. Parham
                                      44f
    Mary E. "   22f
    Jephtha J. "   20m
    William T. "   18m
    Jacob H. "   16m
    L___ A. "   14f
    James M. "   12m
    Madison M. "   10m
    Josephine F. "   2f

742 Jesse G. Christian
                                      49m
    Ann "   43f
    Ira J. "   16m
    Sarah A. "   14f
    Elizabeth U. "   18f
    Mary F. "   12f
    Josephus M. "   11m
    John T. "   10m
    William C. "   8m

742 cont'd:
    Martha P. Christian
                                      8f
    Charles W. "   5m
    Jesse G. "   2m

743 William J. Christian
                                    46m
    Elizabeth "   40f
    Manda "   19f
    Martha "   16f
    Malissa "   14f
    Abraham "   10m
    George "   6m
    Elizabeth "   3f
    Henry M. Bond   18m

744 Jeptha H. Moon   46m
    Susan M. "   30f
    Bird I. "   15m
    James M. "   13m
    John L. "   10m
    Lockey? A. "   5f
    William B. "   2m

745 John T. Dickerson 46m
    Phoebe "   45f
    Mary A. "   18f
    Robert "   16m
    Samuel "   14m
    Lucy "   12f
    Martha "   10f
    Saling? "   6f

746 Martha A. Macbee 30f
    Charles T. "   3m
    Troy Willingham   73m

747 Robert Dickerson 80m
                                      Va
    Susan "   65f
                                    N C

748 Benjamin Maxwell 49m
    Nancy M. "   38f
    Mary J. "   19f
    Charles W. J. "   15m
    William W. "   13m
    Martin G. "   11m
    John R. "   9m
    Thomas J. "   6m
    James F. "   4m
    Brawner "   9/12m

749 Samuel Gee   40m
    Elizabeth J. Gee 28f
    William H. "   11m
    John B. "   8m
    James W. "   5m
    Lindsey "   2m

750 James H. Sanders 66m
    Catherine "   62f
                                    S C
    Mary A. "   30f
    Susan C. "   27f
    Jane Busbee   25f
    Jacob "   23m
    Charles "   21m
    James "   8m
    Susan C. "   4f

751 Clarissa Bond   75m?
    Jane E. "   25f
    Susan "   23f
    Eppy M. "   22m
    Nelson "   21m
    Mary "   17f
    Thomas "   13m
    Sarah "   11f

752 Robert Pulliam   33m
    Susan A. "   32f

752 cont'd:
    John J. Pulliam   10m
    George R. "   8m
    Jeptha A. "   6m
    Frederick J. "   2m
    Infant "   6/12m

753 Joseph A. Colvard 40m
    Frances M. "   33f
    John S. "   10m
    Jesse M. "   8m
    Benjamin L. "   6m
    Georgia A. "   4f

754 James G. Eberhardt
                                    32m
    Priscilla A. "   27f
    Almaritha G. "   10f
    Sarah L. "   5f

755 Perling?/Pauline? J.
    Oglesby   49f

756 Abraham G. Colvard
                                    26m

757 John B. Andrews 33m
    Rhoda M. "   38f
    Lucy J. "   10f
    William P. "   8m
    Thomas A. "   6m
    Benjamin A. "   6m
    Sarah E. "   5f
    James A. "   7/12m

758 Adkin Oglesby   46m
    Catherine "   44f
    Mary W. "   17f
    Winn B. "   15m
    Robert H. "   13m
    George W. "   10m
    Susan B. "   8f
    Amy B. "   6f

759 E. J. Mann   37m
    L. C. "   33f
    G. H. "   13m
    A. J. "   11m
    William L. "   9m
    J. C. "   7m
    T. E. C. "   5f
    F. M. "   3m

760 Joseph Burden   48m
    John S. Page   53m
    Willis Threlkeld   67m
                                      Va

761 Woodson Burden   39m
    Elizabeth C. "   29f
    Mary A. "   16f
    James A. "   14m
    Thomas J. "   12m
    Johnson B. "   10m
    Laura J. "   2f

762 Peter J. Shannon 35m
    Olivia L. "   32f
    John P. "   9m
    L. A. N. "   5m
    Benjamin H. "   3m

763 James H. Brewer   30m
    S. A. C. "   26f
    James E. "   8m
    L. H. "   6f
    T. H. "   4m
    S. S. "   3m
    M. H. "   1m

764 Washington Craft 75m
    Polly "   50f
    L. J. "   24f

764	Jasper Craft	18m	777	Thomas O'Brian	48m S C	788	cont'd: H. F. Thornton	37f
765	William E. Thornton	35m		Martha "	49f		B. F. "	16m
	Elizabeth E. "	33f		William "	20m		James W. "	14m
	Louisa A. "	14f	778	Joshua Hutchinson	51m N C		M. A. A. "	12f
	John F. "	12m					John L. "	4m
	M. A. "	10f		Flora "	48f			
	S. J. "	8f		M. J. "	21f	789	Eliza Carpenter	45f
	Thomas Maxwell	40m		James M. "	19m		Thomas J. "	20m
766	John P. Fleming	44m N C		John McD. "	16m		F. N. P. "	16m
	Mary E. "	44f N C		Sarah M. "	14f		Laura "	12f
				Nancy "	55f N C		E. C. "	9f
	David F. "	20m N C		Olivia A. "	12f	790	Moses A. Fleming	24m
	John R. "	17m N C		Amanda A. "	9f		Lavonia "	19f
	Sarah P. C. "	14m?		Daniel W. "	6m	791	W. J. Tate	35m Ala
	Martha J. "	12f	779	John G. Higginbotham	52m		Elizabeth Tate	35f S C
	Nancy "	77f Va		Sarah "	49f		Martha R. "	13f
				James D. "	18m		Susamrance "	9f
767	Jackson O. Maxwell	21m		Frances P. "	16f		Daniel J. "	6m
	Mary C. "	21f		Reuben C. "	12m		James B. "	3m
				Jeptha B. "	10m		L. J. "	1f
768	E. B. Higginbotham	21m		David R. "	6m			
	Frances E. "	22f	780	William J. Thomason	37m	792	John M. Adams	48m
							Agnes M. "	46f
769	Rohemeh Nelms	69f Va		Sarah C. "	36f		James H. "	19m
	Priscilla "	44f		Martha M. "	13f		Elizabeth E. "	16f
	Andrew J. "	14m		L. M. "	10f		L. M. "	17m
				Martha Riley "	60f N C		T. R. "	15m
770	Joshua A. Nelms	40m					Thomas J. "	13m
	Mary A. "	25f	781	L. J. Cunningham	32m		George H. "	11m
	James C. "	20m		L. A. S. "	23f		Joseph D. "	9m
	William "	18m		Sarah B. "	8f		Mary A. "	7f
	Louis E. "	3m		M. F. "	6f		Howell P. "	5m
	Thomas J. "	10/12m		S. C. "	3f		A. H. "	3m
							B. H. "	8/12m
771	Mrs. Frances Rucker	69f	782	Joseph Jenkins	45m			
				Sarah "	42f	793	John M. Turner	36m
772	William B. Rucker	24m					Mary J. "	28f
	Sarah C. "	19f	783	Martha Harper	48f		Robert A. "	11m
	Thomas J. "	8/12m		William R. "	35m		Mary L. "	8f
				Emma Oglesby	16f		Verona V. "	6f
773	R. T. Partain	31m S C		John M. Harper	12m		Martha H. "	11f
	Sarah A. "	30f		J. A. "	8m		Cora A. "	2f
	Georgia "	3f	784	Thomas J. Maxwell	56m	794	Jesse Russell	50m N C
	Caroline Alexander	20f		Ann B. "	46f		Margaret J. "	41f
				M. E. "	21f		Sarah E. "	12f
774	Joshua T. Carleton	27m		Chandler "	16m		Nancy D. "	10f
	Mary E. "	20f		Julia "	14f		Mary F. "	8f
				Louisa "	12f		James N. "	6m
775	Joel Hutchinson	58m N C		John M. "	10m		Rollin A. "	4m
	Elizabeth "	47f		Thomas J. "	8m	795	Joel Bond	62m
	Thomas J. "	21m		M. P. "	6f		Nancy "	-51f
	Benjamin H. "	19m					Eliza H. Bond	32f
	Joshua H. "	17m	785	R. T.? Brown	44m		Martin R. "	24m
	Nancy C. "	15f		E. A. "	36f		Willis H. "	19m
	P. C. "	11f		B. T. "	20m			
	Elizabeth L. "	9f		J. A. "	17m	796	Nathan Pulliam	44m
				I. H. "	14m		Dorethea M. "	23f
776	Willis Hunt	51m		L. C. "	10f		Sarah J. "	2f
	Priscilla Hunt	46f					Nancy E. "	3/12f
	James W. H. "	22m	786	James R. Teasley	40m			
	B. A. T. "	20m		Martha B. F. "	20f	797	James M. Harmon	45m
	T. J. M. "	18m		M. D. J. "	11f		Malinda L. "	33f
	S. J. W. "	16m		L. A. "	8/12f		Isaac M. "	10m
	J. M. B. "	14m					John W. "	8m
	William S. A. "	12m	787	Sion Hunt	63m		Victoria A. "	7f
	L. C. P. "	10f		Sarah Hunt	50f		Lavonia C. "	5f
	Bab? "	2m		Frances "	25f		Elizabeth B. "	2f
				Sion W. H. "	19m			
				D. C. "	18m	798	Samuel S. Dickerson	45m
				D. C. "	16m		Elizabeth "	33f
				Jemima "	95f Va		James R. "	8m
							John T. "	6m
			788	Fleming P. Thornton	40m		Susan E. "	4f
							Samuel P. "	2m

798 cont'd:
    William H. Dickerson
                                2/12m

799 Thomas Hall   59m
    Nancy   "   56f
    James   "   19m
    Marion   "   16m
    William   "   12m
    Sarah   "   15f

800 Willis B. King   25m
                           N C
    Mary J.   "   22f
    James B.   "   1m

801 Rachel Richard   70f
                           Va
    Piety   "   40f

802 John Faulkner   48m
                           N C
    Litha   "   46f
    Frances R.   "   22f
    Isaac N.   "   17m
    Martha J.   "   15f
    William C.   "   12m
    Sarah G.   "   9f
    John R.   "   7m
    Mary C.   "   2f

803 William Grimes   50m
    Olivia   "   42f
    William J.   "   18m
    Thomas J.   "   14m
    Robert T.   "   11m
    Phillip P.   "   8m
    John W.   "   6m
    Bryan   "   4f
    Mary Bell   68f

804 Asa E. Faulkner   51m
    Antoinette   "   41f
    Mary C.   "   20f
    Susan A.   "   16f
    Malissa I. V. H."   12f
    Robert W.   "   8m
    Thomas H.   "   6m

805 Andrew W. Booth   40m
    Eliza T.   "   33f
    William R.   "   12m
    Mary E.   "   9f

806 Richard A. Gaines   33m
    Mary J.   "   25f
    William S.   "   6m
    Frances L.   "   4f

807 Thomas Bell, Jr.   44m
    Louisa A.   "   36f
    Joseph M. A.   "   12m
    Mary E. C.   "   10f
    Thomas E.   "   4m
    John A. C.   "   1m

808 Thomas J. Fortson   34m
    Susan R.   "   29f
    Mary E.   "   6f
    Georgia A.   "   3f

809 Thomas J. Herndon   36m
    Sarah A.   "   36f
    George M.   "   16m
    Sarah E. A.   "   15f
    Almira F.   "   13f
    Benjamin T.   "   11m
    James E.   "   9m
    Thomas J.   "   5m
    Louisa M.   "   1f
    Sarah Terrell   78f

810 William H. Adams, Sr.
                           50m

810 cont'd:
    Nancy Adams   46f
    Pulliam Adams   21m
    Garnett   "   18m
    Harper   "   15m
    Ellen   "   14f
    William H.   "   13m
    Wiggen   "   11m
    Laura   "   9f
    Millard   "   7m
    Ida   "   4f

811 McKinsie Sorrow   39m
    Sarah E.   "   28f
    Jesse N.   "   15m
    William J.   "   12m
    James   "   10m
    Susan N.   "   7f
    John   "   3m
    Amos T. Akerman   39m
                           N H

812 Stinson P. Sorrow   37m
    Jane   "   32f
    Nancy   "   13f
    John   "   11m
    George   "   9m
    James   "   7m
    Frances   "   5f
    Peter   "   3m

813 James H. Lofton   25m
    Mary C.   "   20f
    Willis Pulliam   28m

814 Frances Colson   53f
    Susan D.   "   12f

815 Betze Bonefield   47f
    Nancy Anthony   8f
    Joe W.   "   5m

816 Peter Cleveland   52m
    Mary F.   "   35f
    Daniel R.   "   15m
    Eliza M.   "   13f
    Louisa R.   "   10f
    Washington P. "   7m
    Alexander S.   "   3m
    Richard T.   "   7/12m

817 William L. Cleveland
                           19m
    Mary A.   "   17f

818 Reuben W. Cleveland
                           17m
    Mary F.   "   17f

819 Thomas J. Bowman   47m
                           S C
    Sarah A.   "   40f

820 Briggs A. Bowman   40m
    Jane   "   35f
                           S C
    Talullah   "   16f
    Sarah   "   13f
    Lorenzo A.   "   12m

821 John G. Deadwyler   44m

822 Madison Baker   51m
    Louisa A.   "   41f
                           Mass
    Mary C.   "   8f
    Georgia A.   "   7f
    Julia E.   "   6f
    James M.   "   3m
    Louisa A.   "   1f
    Miss Elizabeth Brad-
    bury   60f
                           N C

823 Mathew B. Thomason
                           37m
    Frances E.   "   30f
    William M.   "   12m
    Mary E.   "   9f
    Sarah M.   "   8f
    Isham H.   "   4m
    Luca? J.   "   9/12f

824 Hiram Lovinggood   75m
                           Va
    Martha J.   "   60f
    Samuel J.   "   20m
    George W.   "   23m

825 James M. Lovinggood
                           28m
    Mary E.   "   18f

826 Mrs. Elizabeth Black-
    well   65f
    Claudia C.   "   27f

827 John T. Sayer   45m
    Martha   "   37f
    William   "   13m
    Sarah   "   11f
    Florence   "   9m
    Jane A.   "   7f
    John   "   5m
    Knight   "   3m
    Infant   "   4/12f

828 Hugh W. Roberts   79m
                           N C
    Mary   "   66f
    Amanda J.   "   21f

829 Mrs. Sarah Perryman
                           46f
    Cora   "   10f
    Mary   "   8f

830 William J. Sanders
                           32m
    Mahulda   "   20f
    Charles F.   "   4m

831 Thomas D. Beggs   23m
    Lina   "   20f
    Enos R. Tate   22m

832 Jeptha W. Norman   38m
    Sarah A.   "   34f
    Emily V.   "   13f
    William B. J. "   10m
    Henrietta C.   "   8f
    Antoinette   "   6f
    George P.   "   4m
    Laura   "   6/12f

833 Rufus C. Nash   34m
    Sophia A.   "   29f
    Louisa   "   7f
    Mary M. B.   "   5f
    Sarah M.   "   1f

834 William D. Maley   25m

835 Joshua A. Saxon   30m
    Mildred A.   "   26f
    Rebecca C.   "   9/12f

836 John King   56m
                           N C
    Matilda King   53f
    Martha   "   29f
    Lucy A.   "   20f
    Mary A.   "   20f
    Eliza Jane   "   18f
    John M.   "   16m
    Rachel   "   13f

837 John H. Cox   38m

837 cont'd:
```
      Jacob Cox              72m
      Sarah Cox              67f
838 James E. Herndon         29m
      V. J.         "        22f
      John S.       "         5m
      Anna M.       "         3f
      Sarah F.      "       7/12f
839 Wilson Langford          49m
      Harriet       "        49f
      William H.    "        18m
      Hugh          "        15m
      Willis        "        12m
840 James H. Sutler          31m
      Seanna A.     "        31f
      Ada A.        "         6f
      William B.    "         5m
      George T.     "         2m
841 James W. Duncan          35m
      Catherine     "        27f
      William       "         9m
      Elizabeth     "         7f
      Victor N.     "         5m
      James F.      "         2m
842 Alexander Vaughan, Sr.
                             75m
                             Va
      Elizabeth     "        72f
                             Ga
      Isaac Smith            18m
843 Alexander Vaughan, Jr.
                             33m
      Nancy         "        29f
      James M.      "         3m
      Laura A.      "       4/12f
      Wm. Butler             24m
      Wiley Seymour          24m
844 Wiley T. Dennard         49m
      Martha A.     "        40f
                             Va
      Sarah E.      "        18f
      Lucy J.       "        16f
      Martha A.     "        14f
      Wiley J.      "        10m
      Mary D.       "        12f
845 Dellancy A. Fortson
                             24m
      Mary A.       "        23f
846 William T. Harris        33m
      Rachel A. M.  "        30f
      Edmond T.     "         8m
847 Thomas B. Clark          36m
      Elizabeth J.  "        28f
848 William Rosser           32m
      Susan B.      "        38f
      Sarah         "        50f
      Mary E.       "         7f
      John H.       "         5m
      James L.      "         2m
849 Claiborn Webb            37m
      Mary          "        35f
      Permelia      "        16f
      Letty         "        14f
      Martha        "        11f
      William H.    "         5m
      Drury Oglesby, Sr.
                             70m
                             Va
850 William J. Burden        21m
      Sarah         "        21f
```

```
851 Thomas J. Cunningham
                             25m
      Mary E.       "        23f
      Sarah J.      "         2f
      Seymour M. Whitney
                             25m
                             N Y
852 Mrs. Elizabeth Hamm
                             89f
                             Va
      Lany Dennard           62f
853 William E. Fortson
                             27m
      Mrs. Sarah L. Henry
                             56f
854 William Bell             49m
      Charity A. Bell        43f
      Cornelia A.   "        23f
      Louisa C.     "        21f
      Harmon L.     "        18m
      Joseph A.     "        15m
      Martha E.     "         8f
      Alexander H. S. "       4m
      D.___ C.      "         1f
855 William B. Campbell
                             65m
      Lucy          "        59f
      Susan L.      "        21f
      Jeptha E.     "        18m
      Ira C.        "        14m
856 SAvannah Alexander
                             43f
      George W.     "        20m
      Philemon W.   "        17m
857 Edward H. Brown          47m
      Elizabeth A.  "        43f
      Lucinda M.    "        17f
      Michael H.    "        14m
      George W.     "         9m
      William E.    "         6m
      Edward C.     "         4m
      Elizabeth M.  "         2f
858 Emma Wilkins             53f
      McCoy         "        19m
      Francis       "        18m
      Eliza C.      "        15f
      Frances F.    "        13f
      James T.      "        22m
859 William J. Bullard
                             50m
      Milly T.      "        51f
      Christopher Mc "        6m
      Anna Wheelis           63f
      James W. Smith         19m
      James C. Young         26m
860 Lycurgus Bell            26m
      Louisa C.     "        27f
      David         "         1m
861 David Bell               55m
      Elizabeth Bell         49f
      Elizabeth A.  "        16f
      Mary J.       "        14f
      David B.      "         8m
862 Jesse Osley              33m
      Sarah  "               47f
      Elizabeth Osley        71f
      William Hall           15m
863 Thomas M. Hulme          38m
      Elizabeth     "        33f
      Martha A.     "        15f
      Mary F.       "        13f
```

```
863 cont'd:
      William H. Hulme       11m
      Susan M.      "         9f
864 Sheler H. Oglesby        37m
      Sarah F.      "        36f
      Junius J.     "        13m
      Allen         "        11f
      Ira D.        "         9m
865 Alfred Oliver            44m
      Alfred S.     "         2m
      Thomas G. Dennard      21m
866 Micajah T. Almond        50m
      Elsa          "        42f
      Reuben        "        26m
      Sarah M.      "        18f
      Elizabeth A.  "        16f
      James H. A.   "        14m
      Simon W.      "        13m
      Emma L.       "        12f
867 Thomas V. Newell?        30m
      Statira       "        24f
      Emma          "         9f
      Mary          "         7f
868 Thomas C. White          35m
      Rachel        "        72f
      Sarah         "        40f
      Rachel A.     "        32f
869 John R. Sanders          35m
      Harriet       "        35f
      Benjamin C. Henry      29m
870 Elizabeth Taylor         71f
                             Va
      Fannie Ashworth        30f
      Thomas J. Thornton
                             21m
      L. L Clark             37m
      James A. Hill          18m
                             S C
871 Joseph Rucker            72m
      Margaret      "        67f
                             S C
872 Mrs. Jane L. Allen
                             64f
      Sam D. Stalnaker       50m
                             S C
      Miss Cora Blackwell
                             15f
873 William Oglesby          32m
      Mahulda A.    "        21f
      Jeptha H.     "         3m
      Mary          "         1f
874 John A. Verdel           72m
      Edith A.      "        28f
      Martha E.     "        20f
875 Jasper J. Morrison
                             35m
      N. L. Bailey           22m
      Sarah Gray             81f
      Polly Morrison         74f
876 Lucy Morgan              68f
      Thomas Jones           41f?
      William M. Jones       10m
      Sarah ___     "         8f
877 John C. McConnell        34m
                             S C
      Jemima        "        31f
                             S C
      Evans         "        12m
                             S C
```

```
877 cont'd:
    Elerra McConhell    10f
                        S C
    Rebecca C.    "      8f
    Drucilla C.   "      6f
    James J.      "      4m
    Samuel T.     "      2m
    Nancy H.      "   8/12f

878 William S. Ayers    47m
                        S C
    Eliza B.      "     36f
                        S C
    Mary E.       "     16f
                        S C
    Thomas J.     "     14m
    George W.     "      5m

879 William G. B. Jones
                        24m
    Nancy E.      "     27f
    William F.    " 10/12m

880 William S. Jones    49m
    Lucy A.       "     45f

881 Elizabeth Herndon   48f
    Francis A.    "     18m

882 Joseph A. J. Bentley
                        24m
    Sarah T.      "     24f
    William A. Hulme    43m

883 John Adams          60m
    Nancy         "     65f

884 William J. Harper   36m
    Fannie M.     "     18f
                        Va
    Mattie E.     "      1f

885 Thomas J. Greenway
                        31m
    Nancy J.      "     27f
    George W. L,  "      7m
    Emily A.      "      5f
    William A.    "      3m
    Sarah E.      "      1f

886 J. H. M. Barrett    49m
    Mary A.       "     45f
                        S C
    Augustus H. Hickman
                        19m

887 John W. Coker       20m
    Lettice E.    "     25f
    Mary A.       "      1f

888 William Teasley     41m
    Charles Deerberg    20m
                    Prussia

889 Thomas J. Heard     59m
    Nancy         "     49f
    Jane A.       "     16f
    William H. H. "     14m
    J. B.         "     12f

890 Oscar D. Jones      25m
    Anna E.       "     20f
                        S C

891 William H. Mattox   24m
    Rebecca       "     19f
    Singleton P.  "  6/12m

892 W. A. Palmer        35m
                        S C
    Sarah         "     28f
    Susan         "      8f
    Mattie        "      6f
```

```
892 cont'd:
    William Palmer       4m

893 John W. Brownlee    35m
                        S C
    Mary          "     28f
    Ann           "     10f
    Thomas J.     "      8m
    William T.    "      5m

894 Mrs. Rachel W. Barr
                        48f
    George        "     20m

895 John R. Goulding    32m
    Elizabeth     "     26f
    John T.       "      3m
    Susan E.      "     24f
    John C. Burch       27m

896 Mrs. Elizabeth Burch
                        54f
    M. A.         "     20f
    E. S.         "     18f

897 John Rowzee         51m
    Martha        "     48f

898 Rufus Oglesby       45m

899 Luther H. O. Martin
                        37m
    Sarah E.      "     32f
    Luther H. O.  "     10m
    Sallie T.     "      2f
    Jane F. Johnson     77f
                        Va
900 Robert Hall         49m
    E____ M. Hall       39f
    Louisa M.     "     18f
    Tocara?       "     16f
    Talulah       "     12f
    Thomas B.     "     10m
    Sallie        "      8f
    George C.     "      7m
    Doctor        "      4m
    Alnine E.     "      1f

901 Thomas W. Thomas    37m
    Sallie E.     "     26f
    Cora E.       "      7f
    Mary F.       "      5f
    William       "      4m

902 Nancy M. Thomas     71f
                        Va
    Karen H. Cook       52f
    John T. McCarty     23m
                        Va
    James P. Sharp      25m
                        Tenn

903 Terry Treadwell     38m
    Susan E.      "     37f
    John H.       "     13m
    Isaac F.      "     12m
    Rebecca M.    "     10f
    Cynthia H.    "      8f
    Jerusha E.    "      6f
    Levi G.       "      4m
    Joseph P.     "      2m
    James H.      "      1m
    Judy A. Eaves       36f
    Elijah Allgood      26m
    James E. Tait       23m

904 Robert C. Ridgeway
                        46m
    Mary R.       "     51f

905 Joel A. Maxwell     36m
    Mary A.       "     27f
    John H.       "     11m
```

```
905 cont'd:
    Mary E. Maxwell      8f
    Charles G.    "      6m
    Cornelia      "      1f
    George W. Gaines    21m
    Amos H. McCurry     23m

906 William B. Alexander
                        47m
    Milly M.      "     50f
    Milton        "     14m

907 Lewis Tucker        42m
    Elizabeth Tucker    36f
    Nancy         "     10f
    Lindsey D."          5m
    Nancy McCoy         69f
    Marcus Ward         20m
    Elizabeth Maxwell   72f
    Abner T. Fortson    22m

908 Lewis Walker        26m
    Mary          "     22f
    Robert        "      3m
    Thomas        "      1m

909 Joseph A. Carrouth
                        22m

910 Shadrack Ruff       68m
    Martha        "     60f
    Elizabeth     "     20f

911 Robert M. Brown     50m
    Sarah         "     45f
    Micajah Smith       52m
```

INDEX

1860 Census of Elbert County, Georgia

Heads of Households

Abney, John B. 655
  Wiley 643
Adams, David 131
  E. B. 53
  H. 146
  Hiram G. 597
  James 601
  James J. 596
  James R. 320
  J. D. 123
  John 883
  John M. 792
  Lawrence M. 611
  M. F. 41
  Mrs. D. 410
  R. C. 528
  Richard C. 603,616
  Thomas J. 384
  William H., Sr. 810
  William H. H. 526
  William R. 599
Alexander, Elam 638
  Elizabeth 605
  Isaac E. 59
  J. H. 432
  Savannah 859
  Thomas R. 437
  William 698
  William B. 906
  W. H. 589
  W. T. 428
Allen, George W. 19
  Mrs. Jane L. 872
Allgood, Enoch 247
  J. F. 170
  M. 249
  Peter 138
Almand/Almond, James 71
  J. B. 398
  J. N. 337
  John 297
  J. W. 54
  Micajah 866
  W. M. 286
  W. ?. 202
Anderson, A. P. 287
  D. W. 294
  James A. 324
  John H. 86
  W. H. 191
  Z. 312
Andrews, Benjamin 332
  Burley 331
  Charles 378
  John B. 757
  Robert S. 333
  W. T. 318
Arnold, J. B. 298
  J. Y. 284
  M. F. 58
Asbel, E. 264
Ashworth, Noah 663
Ayers, William S. 878

Bailey, A. 57
  E. P. 33
  Ez 421
  J. R. 575
Baker, L. A. 417
  Madison 822
Balchin, Thomas 220
Barr, Mrs. Rachel W. 894
Barrett, J. H. M. 886
Beasley, Henry J. 495
Beggs, Thomas D. 831
Bell, David 861
  Enoch 167

Bell, cont'd:
  J. B. 95
  J. E. 237
  Jonathan 72
  Lycurgus 860
  Thomas, Jr. 807
  Thomas, Sr. 165
  William 854
Bennett, H. A. H. 474
Bentley, John D. 14
  Joseph A. J. 882
Black, John W., Jr. 77
  J. W., Sr. 132
  Thomas 424
Blackwell, L. L. 197
  Mrs. Elizabeth 826
  S. D. 39
Bond, Clarissa 751
  E. W. 301
  Francis K. 592
  H. W. 518
  Joel 795
  John 563
  J. W. 402
  Martin 208
  W. 112
Bone, Asa A. 622
Bonefield, Betze 815
Booth, Absalom 339
  Andrew W. 805
  James C. 468,500
  John 78
  John K. 381
  Mrs. Elizabeth 367
  N. 366
  Robert 356
  V. E. 365
  W. A. 514
Bourne, H. W. 225
  Mrs. M. 226
  P. B. 189
Bowers, John H. 693
  T. J. 192
Bowman, Briggs A. 820
  Thomas J. 819
Bradbury, Elizabeth 470
Bradford, James M. 517
  Mrs. F. 229
  R. B. 227
Bradshaw, H. C. 91
Bradwell, John M. 606
Bragg, Richard U. 681
Brawner, H. P. 108
  J. 121
  S. J. 137
  William M. 17
Bray, David 704
  Gaines 709
  James R. 705
  Thomas 710
Bren, M. 35
Brewer, B. J. 328
  E. H. 222
  James H. 763
  J. M. 221
Brown, A. C. 288
  Adam 711
  A. F. 460
  Asbury H. 706
  David S. 485
  Edward H. 857
  C. W. 97,387
  James 627
  James F. 734
  J. C. 50
  John 736
  John W. 547

Brown, cont'd:
  Lewis 347
  Middleton 738
  Mrs. M. 412
  Robert M. 911
  R. T.? 785
  R. W. 455
  Samuel F. 703
  Thomas H. 511
  T. J. 295
  W. A. 64
Brownlee, John W. 893
Bruce, P. S. F. 42
  S. P. 43
Buffington, W. R. 409
Bullard, Thomas B. 396
  William J. 859
Burch, Mrs. Elizabeth 896
  T. C. 11
Burden, Archibald 558
  James 403
  John J. 88
  Joseph 760
  Micajah 561
  Nelson 707
  Sarah 699
  Thomas 314
  William 562
  William J. 850
  Woodson 761
Burns, Mrs. Jane 302
Burton, A. 147
  John H. 326
  Mrs. E. 148
  P. W. 25
Butler, J. F. 187
  J. M. 537
  Mrs. S. S. 172
  N. 168
  Patrick R. 696
  W. 278
  William S . 739

Cade, D. B. 251
  G. 233
  W. G. 235
Campbell, E. 243
  James C. 327
  T. J. 93
  William 252
  William B. 855
  W. D. 200
  William G. 8
Candel, W. D. 595
Carithers, H. M. 330
Carlton, Daniel M. 405
  Joshua T. 774
Carpenter, Eliza 789
  R. W. 22
  W. H. 190
Carrouth, Joseph A. 909
  Mrs. H. 299
Carter, J. M. 525
Chandler, Asa 96
Cheek, D. W. 26
Christian, C. W. 382
  Franklin 692
  Jesse G. 742
  Malissa 684
  Washington 680
  William J. 743
Clark, B. B. 182
  G. T. 524
  James A. 273
  O. R. 255
  Thomas B. 847
  W. 194

Clark, cont'd:
  W. D. 157
  William J. 21
Cleveland, A. J. 127
  J. M. 110
  Leroy 426
  Peter 816
  Reuben W. 818
  William 666
  William L. 817
Coker, John W. 887
Colson, Frances 814
  S. D. 62
Colvard, Abraham G. 756
  Benjamin 344
  John W. 89
  Joseph A. 753
  Thomas 697
Conwell, Daniel E. 639
  George 658
  Sarah D. 644
Cook, F. M. 720
Cooper, A. J. 248
  K. R. 390
  W. D. 254
Cosby, Mrs. L. 212
Cowan, A. W. 232
Cox, John H. 837
  J. R. 207
Craft, Anderson 630
  David L. 613
  J. W. 522
  Permelia C. 631
  Washington 764
  William T. 647
  Willis 635
Crawford, Benjamin S. 653
  James L. 610
Crittendon, R. M. 99
Crook, Valentine 362
  W. R. 361
Cunningham, John A. 594
  L. J. 781
  Thomas J. 851

Daniel, Allen 591
  David 586
  John 590
David W. W. 374
Davis, A. S. 216
  Henry B. 46
  John 101
  J. W. 177
  Sarah G. 633
  Terry 176
  Thomas S. 30
  W. T. 535
Deadwyler, H. R. 289
  James S. 79
  J. P. 285
  John G. 821
  M. P. 193
Dennard, J. V. 48
  M. G. 385
  Mitchell 392
  Wiley T. 844
  W. J. 34
Denny, Elily? 491
  James M. 490
  John S. 685
Derrett/Durratt?, T. J.119
Dickerson, Charles Y. 415
  John T. 745
  Mrs. N. A. 415
  Robert 747
  R. P. 109
  Samuel S. 798
Dillashaw, Andrew J. 472
Dixon, A. W. 257
  W. 240
Dubose, J. W. 236
Dudley, Chapel? P. 688
Duncan, James W. 841

Dunn, E. J. 156
Dye, David 501
  G. J. 523
  G. W. 84
  J. B. 520
  T. B. 281
  W. W. 218

Eavenson, George 74
Eaves, Jesse 309
  Joel A. 465
  William 47
  William M. 648
  W. W. 401
Eberhardt, James G. 754
  James W. 358
  George 322
  Robert 346
Edmonds H. C. 270
Edwards, Daniel W. 740
  Isaac P. 436
  Jesse J. 473
  John C. 502
  W. H. 7

Faulkner, Asa E. 804
  John 802
  W. F. 124
Ferguson, George P. 687
Fleming, David R. 544
  H. G. M. 263
  John P. 766
  M. T. 69
  Moses A. 790
Ford, Joshua 477
  J. R. 671
  Richard 677
Forester, J. 423
Fortson, Dellaney A. 845
  E. K. 56
  G. G. 133
  Hailey 102
  J. M. 82
  J. W. 128
  Mrs. S. 433
  R. 134
  S. H. 160
  Thomas J. 808
  William E. 853
Franklin, S. 38
Fuller, James 272

Gaines, Francis, Jr. 624
  George 293
  H. S. 577
  James A. 531
  Ralph 579
  Richard A. 806
  Robert T. 625
  Thomas A. 542
  Thomas S. 584
  William M. 582
Gary, William C. 614
Gee, Samuel 745
Ginn, Abner H.? 700
  Henry J. 702
  James A. 506
  Martha 708
  Middleton A. 701
  Middleton S. 507
  Tinsley J. 712
  Thomas P. 389
  Wiley 714
Cloer, Isaac D. 471
Gordon, C. H. 60
Goss, Benjamin 668
  Horatio J. 669
Goulding, John R. 895
Graham, W. P. 469
Gray, John 407
  Mrs. M. W. 394
  R. 275
Greenway, Elijah 662

Greenway, cont'd:
  John H. 636
  Thomas J. 885
Grimes, Henry G. 348
  William 803
Guest, J. B. 143
Gulley, John 376
  William 609
Gunter, G. L. 23
  J. 153
  J. N. 100
  W. H. 154

Haley/Hailey, Sarah V.452
  W. R. 451
Hall, Charles W. 683
  E. 144
  J. C. 198
  John 342
  Lindsey 512
  Mrs. M. L. 199
  Mrs. Susan 303
  Robert P. 682
  Robert 900
  Thomas 799
Hamm, Mrs. Elizabeth 852
  Samuel 117
  Stephen 135
Hammond, Alfred 306
  E. N. 24
  F. W. 370
  J. S. 418
Hansard, Eli 546
Hansford, William P. 334
Haralson, George W. 349
Harbin, Tyre B. 94
Hardeman, William 372
Harden, Henry 291
Harmon, James M. 797
  G. W. 456
Harper, James 276
  James C. 16
  J. W. 203
  L. R. A. 107
  M. 277
  Martha 783
  Robert 900
  Thomas 799
  W. H. 31
  William J. 884
Harris, David E. 416
  William T. 846
Hash, C. 37
Haslett, W. H. 429
Haynes, B. F. 449
Heard, G. E. 404
  J. L. 83
  Robert M. 129
  Thomas J. 889
Hendrick/Hendricks,
  Asa C. 479
  Charles W. 731
  James 730
  Margaret 493
  Whitehead 494
  W. R. 481
Henry, B. A. 393
  W. B. 92
Herndon, Dillard 411
  James E. 838
  Mrs. Elizabeth 881
  Thomas J. 809
  W. T.? 125
Hester, Robert 29
Hewell, Josiah 486
  William, Sr. 353
  William W. 462
Hickman, B. 149
Higginbotham, E. B. 768
  Eli 313
  John G. 779
Hill, D. S. 228
  James W. 201

Hill, cont'd:
  Mrs. S. A. 214
Hilley, Francis 732
Hines, Mrs. W. 166
Hinton, Ellender 664
  Rachel 652
Holmes, E. M. 435
  Jackson 20
Howland, Thomas J. 310
Hubbard, Vinson 450
Hudson, J. C. 66
  J. W. 213
  M. 408
  W. M. 158
Hughs, Mrs. Mary 253
Hulme, George W. 649,659
  H. B. 122
  John T. 114
  Milly A. 657
  Thomas M. 863
Hunt, Benjamin T. 571
  Sion 787
  Willis 776
Hunter, A. D. 269
  A. E. 271
Hutchinson, Joel 775
  Joshua 778
  William 308

Ivy, G. H. L. 231

James, Alvin A. 580
  G. W. 61
Jenkins, James 543
  Joseph 782
Johnson, A. 161
  Enos T. 266
  James 350
  Jesse 265
  John 162
  Mary E. 503
  Mrs. S. 279
Johnston, Mrs. F. 466
Jones, E. A. 67
  E. C. 280
  Elijah 467
  Hiram 282
  James 217
  J. B. 223
  John E. S. 205
  John H. 3
  Martin 325
  Oscar D. 890
  R. F. 262
  W. G. B. 879
  William S. 880
  W. W. 268
Jordan, Baxton? 719
  F. M. 560
  J. N. 557
  Stephen W. 724

Kelly, James 230
  John 588
Kerlin, D. 139
  D. L. 140
Kidd, Zachariah 515
King, John 836
  John H. 565
  Rufus 454
  William B. 800
  William H. 679
Kinnebrew, E. 159
  Jasper 52

Langford, Wilson 839
Langston, A. H. 414
Loehr, George 9
Loftis, William F. 12
Lofton, James H. 813
  James, Sr. 118
Lovinggood, A. H. 45
  Hiram 824

Lovinggood, cont'd:
  James M. 825
  William 70
Lunsford/Lunceford,
  B. T. E. 559
  James 549
  Mrs. A. 555

McConnell, John C. 877
McDaniel, E. 430
McIntosh, William M. 2
McLanahan, John 126
  Mrs. Mary 210
McMullan, George W. 612
  Juda M. 629

Macbee, Martha A. 746
Maley, John G. 727
  Sidney 459
  William D. 834
Mann, E. J. 759
  Henry H. 661
Marcus, S. 68
Martin, Luther H. O. 899
Mathews, A. C. 152
Mattox, H. P. 145
  William H. 891
  Z. H. C. 150
Maxwell, Benjamin 748
  E. Z. 553
  Jackson D. 767
  Jesse 564
  Joel 548
  Joel A. 905
  John B. 725
  Joseph 552
  M. H. 448
  Thomas J. 784
  William H. 602
Mills, M. E. 13
  William 439
  W. S. 246
Mobley, Isaac M. 375
  M. D. 105
Moon, Birch A. 340
  Charles G. 498
  Jeptha H. 744
  Jesse N. 482
  J. B. 364
  J. S. 360
  W. H. 209
Moore, Joel 354
  John N. 733
  Lovord? 487
  Mrs. Judy 351
  Thomas A. 483
  Thomas J. 399
  William J. 292
  William M. 484
Morgan, Lucy 876
Morrison, Jasper J. 875

Nash, C. 37
  F. 185
  H. H. 188
  J. 164,181
  Mrs. F. 184
  Rufus G. 833
  T. J., Sr. 141
  W. T. 171
Neal, Milly G. 628
Nelms, J. C. 115
  J. G. 438
  Joshua A. 770
  Martin D. 476
  Nathaniel H. 722
  Phoebe 598
  Rohemeh? 769
Newell?.Hewell?,
  Thoomas C. 867
Nichols, George F. 496
Norman, E. B., Jr. 419
  Elijah B. 539

Norman, cont'd:
  Jeptha W. 832

O'Brian, Thomas 777
Oglesby, Abda 345
  Adkin 758
  Drury 447
  John 343
  Perling/Pauline? 755
  Rufus 898
  Sheler? H. 864
  Thomas 75
  William 873
  Z. R. 441
Olbon, Charles G. 18
Olds, Daniel 63
Oliver, Alfred 865
  John A. 550
Osler, Jesse 862
Owens, Thomas M., Sr. 260
  W. D. 267

Palmer, W. A. 892
Parham, Elizabeth 741
  J. J. 371
Partain, Benjamin E. 614
  R. T. 773
Pass, Shelton O. 397
Patterson, Elizabeth 530, 534
  N. J. 533
Patton, Mrs. Nancy 338
Payton, Archibald 674
  John 675
  Moses 368
  William 673
Penn, Mrs Elizabeth 373
Pennell, E. 239
Perrin, M. 443
Perryman, J. R. 296
  Mrs. Sarah 829
Phelps, John 379
  Thomas, Jr. 406
Phillips, R. ? 519
Phipps, Penina 713
Pledger, S. L. 321
  W. P. 104
Poor, David 238
Poss, D. N. 151
Powell, Wiley 650
Power, John M. 691
Prather, J. 206
Pratt, W. J. 81
Pruitt, W. G. 244
Pulliam, Joseph 311
  Matthew 566
  M. E. 85
  Nathan 796
  Robert 752
  William 672

Rayle, W. T. 180
Rice, Asa M. 578
  Charles A. 568
  R. M. 567
  Robert 489
  William J. 723
Rich, R. 224
Richard, Rachel 801
Ridgeway, Abda 499
  J. T. 385
  Robert C. 904
Roberts, Delilah 623
  Hugh W. 828
  Joseph 363
  Oliver H. 4
  Thomas W. 352
  William G. 359
Roebuck, Mrs. M. D. 305
  Robert C. C. 626
Rosser, William 848
Rousey/Rowzee,
  Archibald 453

Rousey/Rowzee, cont'd:
  Foster 527
  John 897
  Martha 529
  McC.? 536
  M. G. 329
Rucker, Alexander 10
  Joseph 871
  Mary 654
  Mrs. Frances 771
  William B. 772
Ruff, M. L. 386
  Shadrack 910
  William P. 632
Russell, Jesse 794
  John L. 457

Sanders, D. M. 516
  James A. 6
  James H. 750
  James M. 538
  John R. 869
  William J. 830
Saxon, R. S. 242
  J. M. 261
  Joshua A. 835
  L. W. 259
  M. 245
  W. M. 258
Sayer, John T. 827
Saylors, John J. 715
Scales, J. L. 195
  Mrs. M. M. 196
Scarborough, W. H. 716
Scott, W. 274
Scroggins, A. 241
Sewell, Joseph 335
Seymour, Jesse 505
  Joel 735
  John W. 380
  Martin 513
  M. G. 15
  Z. 510
  Zachariah 676
  Zachariah, Sr. 737
Shannon, Peter J. 762
Shaw, A. 49
  James F. 475
  John T. 686
Shiflett, Louis R. 608
Simmons, L. 169
Slay, P. 183
Smith, Benjamin 440
  Franklin 726
  Hudson J. 667
  Isham 690
  J. B. 357
  John A. 463
  Joseph T. 1
  Lindsey H. 445
  Martha 446
  Martha E. 504
  Mrs. E. S. 541
  Mrs. H. M. 540
  Mrs. S. L. 545
  P. C. 721
  P. H. 488
  Susan 717
  T. B. 163
  William 694
Snellings, G. T. 155
  R. W. 215
  S. 175
Sorrow, McKinsie 811
  Nancy 174
  S. 173
  Stinson P. 812
Spring, J. 36
Stamps, James J. 646
  Frances 604
Stanford, S. B. 51
Stansell, James 576
Stark, S. C. 219

Steadman, Thomas 645
Stephens, L. W. 103
Stephenson, John B. 642
Stinchcomb, Levi 336
Stone, G. W. 142
  K. H. 434
  L. W. 211
Stovall, A. C. 427
  J. H. 113
Strickland, Joseph 651
  Nancy P. 678
Summers, D. 111
Sutler, James H. 840
Swift, Mrs. N. J. 304
Swindle, B. P. 425

Tate/Tait, E. B. 130
  Enos A. 300
  U. O. 256
  W. J. 791
Taylor, B. R. 422
  Jesse J. 670
  Jesse M. 637
  John H. C. 641
  Mrs. Elizabeth 870
  S. A. 136
  William C. 656
Teasdale, Robert 369
Teasley, A. J. 55
  James R. 786
  W. A. 556
  William 888
  William H. 554
Tennant, John 551
Terrell, Martha A. 660
  Sarah A. 665
Terry, A. G. 431
  Elijah M. 615
  John W. 619
  Joseph 620
Thomas, Nancy M. 902
  Thomas W. 901
Thomason, Hiram H. 585
  Mathew B. 823
  William J. 780
Thompson, Elizabeth 689
  Gaines 729
  J. 44
  John 250
  L. M. 464
  Reece P. 728
Thornton, Asa 80
  B. E. 76
  Benjamin 521
  Dozier 204
  Elizabeth E. 618
  Fleming P. 788
  Jeptha 461
  William E. 765
  W. T. 290
Treadwell, Terry 903
Trenchard, John A. 5
Tucker, Frances 316
  Lewis 907
  Robert W. 497
  William 444
Turman, A. T. 178
  John W. 607
  T. J. 234
  Y. 186
Turner, James B. 587
  John M. 793
  Thomas 583
  T. M. 106

Vail, A. L. 28
VanDuzer, W. T. 65
Vaughan, Alexander, Jr. 843
  Alexander, Sr. 842
  Clark B. 509
  G. 478
  Isaac D. 377
  Jacob D. 341

Vaughan, cont'd:
  Miles B. 695
Vawter/Vaughter?,
  Lindsey 532
Verdel, D. B. 391
  John A. 864

Walker, Lewis 908
Wall, B. C. 283
Wansley, Fleming 573
  Johnson T. 388
  Reuben T. 581
  Thomas N. 574
Ward, George M. 634
  John C. 617
  R. N. 572
Ware, H. C. 40
Warren, Jerry S. 570
  Thomas J. 569
Warnsing, Henry 420
Webb, Claiborn 849
  Elijah W. 355
  G. T. 98
Wheelis, D. M. 179
White, John 90
  Martin 492
  Mrs. E. 413
  Robert 323
  Stephen 315
  Stephen J. 508
  Thomas C. 868
  William J. 27
Wiley, James K. 400
Wilhite, John L. 73
  P. A., Sr. 319
  T. 395
Wilkins, Emma 858
Williams, Joseph W. 32
Willis, J. M. 458
  T. F. 120
  William 317
Wilson, F. M. 116
Winn/Wynn, Benjamin 87
  Benjamin F. 718
Wood, C. P. 307
Woods, Middleton 621

Yerry, William J. 593
Young, John 442

1850 Census of Wilkes County, Georgia

Heads of Households

Microfilm No. M 432 and

Roll No. 87

Read and Indexed by

Irene Stilwell Wilcox

1973

1850 Census of Wilkes County, Georgia

#	Name	Age/Sex	#	Name	Age/Sex	#	Name	Age/Sex
1	John Butler	42m	19	John Sullivan	35m	34	Wm. D. Owen	27m
	Mary "	52f			Ireland		Verena "	37f
	Elizabeth "	17f	20	Nimrod Waller	75m		Wm. P. Bradford	20m
	Joice "	16f			Va	35	Ann Bradley	54f
	Thompson "	14m	21	Dicy Pullen	70f		Franklin Bradley	18m
2	F. H. Adams	30m			Va		Martha Binns	18f
	Mary E. Adams	22f	22	William Cade	41m	36	George Pullen	60m
	Mary S. "	7f		Julia M. "	41f		Elizabeth "	50f
	Elizabeth A. "	5f			Va			N C
	Sarah W. "	1f		Wm. B. "	13m		George P. "	22m
3	Thompson Corban	37m	23	John D. Cooper	27m		Elizabeth "	17f
	Priscilla "	33f		Caroline "	19f		Susan "	15f
	William S. "	12m	24	Elkanah Boswell	35m		Phena "	13f
	George B. "	10m			Md	37	James Henley	41m
	Susan E. "	8f		Nancy "	22f		Mary M. "	17f
	Marietta C. "	1f		Mary E. "	1f		Eliza "	15f
4	Jas. M. Hawkins	32m	25	Wm. B. Norman	41m		John "	11m
	Sarah "	24f		Mary "	30f		Indianna "	13f
	Eliza Coats	24f		Louisa "	19f		Beatrice "	9f
		Ala		Julia "	17f		Julia "	5f
5	R. M. Boatwright	32m	26	William Andrews	59m		Phillip L. "	7m
		Tenn			N C		Louisa "	2f
	Margaret "	25f	27	Thomas Y. Gill	35m	38	Wm. J. Wheatley	41m
	Lettia A. "	8f		Martha J. "	33f		Judith "	35f
	William "	6m		Caroline "	16f		Frances E. "	13f
	Mary "	3f		John T. "	15m		Robert C. "	11m
	Sarah "	6/12f		Frances "	13f		Infant "	2m
6	Martha Williams	50f		William "	11m	39	William Lindsay	25m
		Va		Micajah "	9m		John T. "	22m
	William "	85m		Julia "	7f	40	J. R. Hinton	45m
		Ala		Isaac "	5m		Catharine "	34f
7	Joseph H. Cade	30m		George "	3m		Jesse "	17m
	Susan A. "	20f	28	Elijah Pullen	50m		Caroline "	15f
	Jas. R. Beamans	23m		Hannah "	50f		Ann "	13f
8	Wm. Higginbotham	60m		James M. "	17m		Noah "	8m
	Susannah "	50f		Mary A. "	24f		Ellen "	6f
9	John L. Wootten	28m		Nancy "	10f		Riley "	2m
	N. E. Strawn	21f	29	Mary Pullen	50f	41	Celia Anders	38f
	M. J. Wootten	25f		George W. "	26m		Sarah A. "	20f
10	Wm. M. Jordan	41m		Sarah F. "	19f		Cythia M. "	18f
	Emily "	32f		Cynthia R. "	15f		Gibson C. "	15m
	Wm. F. "	16m		Mary E. "	13f		Frances J."	14f
		Ala		James D. "	11m		Garnett "	12m
11	Christopher Ives	25m	30	Elizabeth Psalmond	50m	42	B. W. Fortson	42m
		N Y			72f		R. H. "	35f
	Martha M. "	20f			Va		Sarah C. "	15f
		N.C		Susan M. "	19f		Margaret "	13f
12	Stephen Ives	40m		Frances "	28f		John "	11m
		N Y		Phebe Freeman	20f		Elizabeth "	8f
	Ann "	39f		Sarah Laws?	12f		Blanton W. "	6m
		N Y	31	Richard Bradford	60m		Frances S."	5f
13	H. J. Wilkinson	47?			N C		Lucy V. "	3f
	Elizabeth "	17f		Bathsheba "	50f		Thomas "	2m
	Florida "	15f		Wm. P. "	20m	43	Eli Worthen	30m
	Ann "	7f		Hannah T. "	14f		Sarah "	25f
14	Thos. Cash	33m		Ann R. "	17f		James "	6m
	Julia "	25f	32	William Sutton	38m		Julia A. "	4f
	Martha "	2f		Martha "	35f		Sarah "	2f
	Matilda "	6/12f		Frances "	14f		Infant "	6/12f
15	L. D. Wright	36m		Moses G. "	11m	44	John Anders	50m
16	Wm. S. Heard	32m		Elizabeth "	5f		Susan "	38f
17	B. W. Heard	28m		Louisa "	9f		Jackson "	15m
18	Jas. W. Wilkinson	24m		Matilda "	4f		Britton "	13m
				Martha "	1f		Polly "	11f
			33	Letitia Lindsay	64f		Michael "	9m
					Va		William "	7m
				Willis "	27m		John "	5m
							Sally "	3f
						45	Barton Norman	41m
							Nancy "	35f

45 cont'd:			57 cont'd:			66 cont'd:		
	Mary Norman	18f		Nathan Hawkins	10m		William R. Boswell	3m
	Talison "	16m		John "	8m		Thomas Aycock	16m
	Sophronia "	14f		Sarah "	6f			
	Thomas "	10m		Adelia "	4f	67	Rich Bryant	47m
	Sarah "	11f		Mary "	2f		Nancy O. "	38f
	Elmira "	8f					William "	20m
	Josephine "	7f	58	Samuel G. Rice	28m		Martha "	17f
							Louisa "	15f
46	Gibson Turner	23m	59	Robert Jones	74m		Ellen "	13f
	Margaret "	24f			Va		John "	10m
	Sarah F. "	1f		Mary "	52f		Joshua "	8m
					Md		Richmond "	3m
47	William Norman	57m		Amanda A. "	21f		Whitfield "	1m
		Va			Md			
	Mary "	55f		Martha "	17f	68	Phebe Moss	53f
		Ga			Md		Frances Moss	27f
	Nancy "	31f		Lucinda "	16f		Parnelia "	26f
	Emily "	24f			Md		Nancy "	25f
	Harmon "	28m		Phebe "	13f		Mary "	23f
	Frances "	16f			Md		Robert "	23m
	Henrietta "	12f		Frances "	10f			
					Md	69	Nematha Newman	35m
48	John Norman	63m					Harriett "	30f
		Va	60	David B. Hudson	49m		Nancy "	8f
	Lettie "	52f			Va		Martha "	6f
		Va		Lucinda "	44f			
	Daniel "	22m			Ga	70	David Carrington	73m
	Elijah "	20m		Martha J. "	22f			Va
	Thomas "	18m		David H. "	19m		Nancy "	72f
	Eliza "	15f		John M. "	15m			Va
	William "	11m		Adelia "	12f			
	Martha "	8f		Cynthia "	10f	71	Samuel W. Wynn	30m
	Francis "	6m		Lucinda "	8f		Jane E. "	25f
				Beasley "	6m		Samuel W. "	7m
49	William Walton	48m		Edwin "	3m		Mary J. "	4f
	Mary A. "	41f		William "	18m		S. Scott "	4/12f
	Ebenezer S."	19m					Mary J. Wynn	74f
	Sarah C. "	18f	61	Elijah Poss	40m			Va
	Thomas J. "	16m		Cassandra Poss	25f			
	Frances L. "	15f		Emma E. "	4f	72	John Worthen	43m
	Julia A. "	10f		Amand "	9/12f		Elizabeth "	32f
	Francis M. Truitt	23m					Martha D. "	15f
			62	Thomas Anderson	74m		Sarah "	13f
50	Francis E. Smith	26m			Va		Frances "	10f
	Sarah B. "	21f		Mary "	59f		John "	5m
	William D. "	7m			Ga		George "	1m
	Francis W. "	5m						
	Infant "	1/12f	63	Braxton Byrd	50m	73	Edward Waller	44m
				Exer____ "	50f			Va
51	W. J. Callaway	19m		Susan "	18f		Juda "	40f
	Isaiah Willis	19m		Martha "	15f		Thomas J. "	20m
				Ann Eliza "	12f		James B. "	17m
52	Joseph Sheppard	26m					George W. "	15m
	Nancy G. "	26f	64	Phebe Stinson	50f		Mary E. "	13f
	John J. "	3m			Va		Robert W. "	11m
	John N. "	1lm		Mary Jones	57f		Ann C. "	9f
	William R. "	1m		Dudley "	20m		Amelia A. "	7f
				Susan "	19f		Eliza J. "	3f
53	James Norman	20m		Thomas "	16m		Susannah Waller	79f
	Mary "	34f		Mary Hubbard	56f			Va
	Quinn "	6m					Eliza Staples	30f
	James H. "	4m	65	D. W. McJunkin	49m			
					S C	74	Henry W. Norman	25m
54	Washington Brady	23m		Jane "	28f		Eliza W. "	20f
	Martha "	19f			Ga		Martha E. "	4f
				Anderson C."	21m		William G."	2m
55	Nathan Lyon	37m		Sarah A. "	18f		Infant "	3/12m
	Frances Farmer	16f		Samuel P. "	16m			
	Martin "	13m		Mary J. "	14f	75	William R. Perteet?	
	Clayton "	9m		Robert W. "	12m			31m
	Martha "	7f		John "	5m		Martha J. "	22f
	Sarah Lyon	3f		James "	4m		John C. "	4m
	Mary "	2f		Charles "	2m		Martha C. "	2f
	Nathan "	1m		Infant "	1/12m		Infant "	3/12m
				Benjamin Rhodes	25m			
57	John L. Hawkins	41m		Davis McJunkin	45m	76	Overton Wingfield	48m
	Nancy "	36f			S C		Irwin Jackson	45m
	Elizabeth "	18f					Eliza "	35f
	Martha "	16f	66	Charles Boswell	67m		Mary A. "	14f
	Nancy "	14f			Md		John W. "	10m
	Simon "	12m		Jane "	57f		Nancy R. "	8f
	Sarah W. Smith	3f		Martha J. "	20f		Amanda "	6f

```
   76 cont'd:
      Lucinda Jackson      5f         85 cont'd:                              98 cont'd:
      Elijah E.     "      2m            Isabella Anderson  4f                   Sarah F. Holtzclaw  3f
                                         Infant        "    4/12f                Huldah A.     "     4/12f
   77 Herbert Rivier?     52m
      Mary           "    47f        86 P. F. Combs          39m             99 Thomas Johnson      49m
      John           "    22m           Sarah      "         37f                Cynthia     "       48f
      Patience       "    21f           Elizabeth Combs      15f                John T.     "       14m
      Martha         "    20f           William      "       12m                Mary        "       12f
      George         "    18m           George       "       10m                Martha      "        9f
      Dennis         "    17m           John         "        8m                Sarah       "        5f
      Franklin       "    15m           Thomas       "        6m                Bentley S.  "        1m
      Mary           "    13f           Ann          "        4f
      Sarah          "    12f           Lucy         "        2f           100 Jesse Cahoon?       46m
                                         Infant       "        4/12f            Nancy       "       45f
   78 J. R. Lockett?     40m                                                    Jasper      "       22m
      Delia         "    33f         87 Elizabeth Combs      72f                Amanda      "       20f
      Sarah J.      "    12f            Jeremiah    "        44m                Margret     "       16f
      F. C. Williams     20m            Nancy       "        26f                George W.   "       12m

   79 Burwell Binns      52m        88 Thomas C. Marshall    40m            101 Spain Colley        57m
      Milly         "    48f                                  N C               Nancy        "      40f
      Frances       "    15f           Frances E.   "        30f                John         "      20m
      Lucy          "    13f           Susan M.     "         9f                Francis      "      19m
      Amelia        "    11f           John W.      "         7f                Elizabeth    "      17f
      Burwell       "     7m           Isabella J.  "         4f                Mary         "      15f
      Elizabeth Bentley  62f           Matilda      "         2f                Caroline     "      12f
      William Binns      20m           Ella         "         6/12f             Thomas       "      15m
                                        Susan Jones          50f                Gabriel      "       9m
   80 Mary McElhaney     48f                                  N C               Henry        "       7m
                          S C                                                   Nancy        "       5f
      Bethany Smith      27f        89 Thomas A. Heard       37m                Martha       "       3f
                          S C           Antoinette M."       26f                Eliza        "       1f
      Rutilia       "     9f           Frances F.   "         8f
      Fulvia        "     8f           Ann E.       "         6f           102 Thomas H. Cooper    23m
                                        John D.      "         4m
   81 W. H. Freeman      54m           Margaret E." "         2f           103 Wm. L. Edmundson    39m
      Susan         "    31f           Infant       "         3/12f            Sarah J.     "      30f
      Mildred E.    "    21f                                                    John         "      11m
      Martha F.     "    12f        90 John W. Heard         37m                William      "      10m
      William M.    "    10m           Lydia B.    "         30f                Ann          "       8f
      Edward D.     "     9m                                                    Sarah J.     "       7f
      Mary E.       "     7f        91 John Thornton         34m                Augustus N.  "       6m
      James W.      "     2m           Amanda      "         28f                George P.    "       4m
      Sarah F.      "     5f           Thomas      "         14m                Junius G.    "       2m
      Holman        "     4/12m        Samuel      "         12m
      Sarah Freeman      85f           James       "         10m           104 Elbert Smith       35m
                          Va            Anderson    "          6m                Adelia       "     36f
      Absalom Cullen     18m           Martha      "          8f                James A.     "      7m
                          Va            Solomon     "          5m                Samuel K.    "      4m
                                        John Z. T.  "          1m                William      "      2m
   82 Daniel Shumate     48m
                          Va         92 George Downer        38m            105 Wyche S. Jackson   21m
      Frances       "    47f           Ruth        "         17f                Frances C."         18f
      Martha        "    20f           Hugh Callaway         17m
      John          "    14m           Fanny Downer          14f            106 Nancy Halliday     52f
      Elizabeth Norman   29f           Sydney Callaway        8m
      John Ashmore       35m                                                107 Sarah Corneliason?68f
                                     93 _____                                                  Va
   83 Gideon Bunch       35m                                                    G. F. Buchanan     53m
                          Va         94 Leonidas Huff        27m                                    S C
      Lucy A. Bunch      35f           Harriett    "         46f                John Arnett         8m
                          N Y
      George N.     "    14m        95 Archibald Little      65m           108 Ephriam Bailey      52m
      Samuel        "    12m                                  N C                                   Md
      Sarah         "    10f           Mary         "        63f                Amanda F.    "      45f
      Edmund        "     8m                                  Va                Hannah       "      16f
      Nancy         "     6f           Sarah Marler, Sr.     50f                Thomas       "      12m
      Julia A.      "     3f           Sarah     "  , Jr.    19f                Julia        "      10f
                                                                                Joseph       "       8m
   84 John H. Walton     26m        96 John C. Fanning       28m                Eliza        "       6f
      Louisa D.     "    20f                                                    Andrew       "       4m
      E_____       "     5/12m     97 Alfred Mason          26m                Mary Ray Bailey     88f
                                        Elizabeth Mason      25f                                    Va
   85 E. R. Anderson     41m           Hasseltine   "         6f
      Julia A.      "    35f           Emiline      "         5f            109 Jane Laughter      65f
      John          "    21m           Roxana       "         2f                                    Va
      George        "    16m
      Willis        "    12m        98 David Holtzclaw       35m            110 Henry Hurley       47m
      Zachariah     "     8m           Martha       "        21f                Sarah A.     "      28f
      Nancy         "    14f           Malinda      "        41f                Thomas       "      18m
      Sarah         "    10f           Lucinda      "         6f                Judith       "      13f
      Martha        "     6f           James C.     "         5m                Mary         "      11f
                                                                                Green C.     "      10m
```

115

110 cont'd:
    Nancy L. Hurley   4f
    Atha S.   "   3f
    Virginia M. "   1f

111 Sarah Hurley   65f
                         Va
    Parmelia Pinkston   44f
    Octavia Bell   8f

112 Sarah P. Gibson   37f
    William   "   16m
    Ann   "   14f
    Jesse   "   12m

113 George W. Florence
                         37m
    Mary A.   "   32f
    William Prather   22m

114 John G. Rives   35m
    Sarah A.   "   28f
    Thomas G.   "   10m
    Eliza G.   "   8f
    Mary B.   "   2f
    James W.   "   4m

115 Thomas Talbot   81m
                         Va
    Mathew Talbot   53m
    Thomas J. Little   30m
    William Smallwood   45m
    Mary   "   24f
    Henry   "   10m
    William   "   8m
    Larkin   "   6m
    Amanda   "   4f
    Green   "   2m
    Mary Smallwood   82f
                         N C
    Adelia   "   1f

116 F. M. Stribling   44m
    Sarah   "   42f
    John   "   21m
    Thomas   "   20m
    Elizabeth   "   18f
    William   "   15m
    Newton   "   13m
    Jane   "   12f
    Ann E.   "   10f
    Micajah   "   7m
    James M.   "   4m
    Sarah F.   "   1f

117 James Smith   39m
    Martha   "   33f
    Clark   "   12m
    Elizabeth   "   9f
    James   "   6m
    John   "   4m
    Emma F.   "   2f
    Frances Belcher   60f
    Mary Hackney   15f
    John   "   12m

118 Jesse M. Chaffin   38m
    Barbara   "   22f
    John   "   6m
    Mary   "   3f
    Robert   "   2m

119 James Harris   39m
    Caroline   "   27f
    Robert   "   9m
    Cornelia   "   7f
    James   "   5m
    Jane   "   3f
    Eva   "   1f
    Mary Harris   70f
                         Va
    John Grey   22m

120 William G. Arnett   32m
    Sophia A.   "   28f
    Sarah A. R. "   11f
    Virginia H. "   9f
    George L.   "   7m
    Henry L.   "   5m
    John A.   "   2m

121 William W. Baird   30m
    Mary P.   "   25f
    Frances R.   "   7f
    Alva C. D.   "   3m
    Frances Charlton   70f

122 Peter Lunceford   55m
    Mary   "   35f
    David   "   22m
    James   "   21m
    Barbara   "   19f
    Emily   "   10f
    Susannah   "   7f
    William P.   "   5m
    R. Wilkes   "   3m
    Infant   "   1m

123 George Waters   40m
    Frances   "   35f
    Nancy E.   "   6f
    Mary S.   "   4f
    Lucy   "   3f

124 Sarah Waters   30f
    Melissa J. Waters   7f
    John   "   5m
    George   "   3m
    Mary Kirkland   12f

125 Jonathan Smith   44m
    Eliza E.   "   32f
    William   "   18m
    Thomas   "   16m
    Joseph   "   14m
    Elizabeth   "   13f
    Elbert   "   10m
    James   "   7m
    Cornelia Fouche   8f
    Henry C. Smith   4m

126 James T. Hackney   55m
                         Va
    Mary   "   42f
    Edmund B.   "   30m
    Nancy   "   20f
    Frances E.   "   16f
    Amanda   "   14f
    Eveline   "   12f
    Mary   "   7f
    Jesse M.   "   5m
    Amelia J.   "   4f

127 Joseph B. Cofer   59m
                         Md
    Joanna   "   55f
    Joseph B., Jr.   23m
    Eugenia C.   "   19f
    John   "   24m

128 Charles Ivey   63m
                         N C
    Mary   "   62f
    Thomas   "   30m
    Nancy   "   23f
    John Coleman   18m
    Thomas   "   15m

129 William D. Bufford
                         36m
    Elizabeth   "   29f
    Mary   "   5f
    William   "   4m
    Susan A.   "   3f
    Infant   "   2m

130 John West   50m
    Eliza O. West   50f
    Mary C.   "   20f
    Thomas B.   "   17m

131 James W. Burdett   41m
    Margaret   "   35f
    George   "   11m
    Elizabeth   "   3f

132 A. T. Stokes   42m
    Elizabeth C. Stokes
                         45f
    John A.   "   13m

133 James Pullen   53m
    Mary   "   42f
    Gibson   "   20m
    John M.   "   18m
    Martha   "   14f
    Elijah   "   11m
    Benjamin F. "   2m

134 Isaiah Willis   42m
    Evaline   "   35f
                         Va
    Susan J.   "   18f
    George G.   "   16m
    Edward W.   "   14m
    Carter J.   "   12m
    Julia A. S. "   7f
    William M.   "   3m

135 Charles Towns   24m
    Celia   "   23f
    Whitfield P. "   2m

136 C. O. Mahoney   41m
    Eliza J.   "   38f
    Sarah A.   "   11f
    Micajah L.   "   7m
    Frances L.   "   5f
    Eugenia E.   "   1f

137 Dennis Mahoney   36m
    Winney   "   30f
    Celena   "   13f
    Sally   "   10f
    Amy   "   7f
    George   "   4m
    Eliza   "   2f

138 James A. Spratlin   36m
    Eliza   "   26f
    Nancy S.   "   3f
    James J.   "   1m

139 Daniel Fouche   38m
    Elizabeth A. Fouche
                         38f
    Sarah   "   56f
                         Va
    Daniel H.   "   13m
    Wesley P.   "   12m
    Jeremiah F. "   10m
    Lewis B.   "   9m
    George C.   "   7m
    Elizabeth S. "   5f
    William F.   "   3m
    William D. Walton   20m

140 E. A. Dozier   38m
    Louisa   "   29f
    Tilman H.   "   10m
    George C.   "   8m
    Martha E.   "   6f
    Sarah A.   "   4f
    Rebecca L.   "   2f
    Matilda E.   "   4/12f

141 James McCrary   25m
    Elizabeth   "   40f
    Sarah J. Embry   15f

141 cont'd:
    Cynthia D. Embry
    John J.   "
    Emily R.   "
    Eliza R.   "
    Hezekiah L."
    Daniel   "
    Elizabeth McCrary   1f
    Martha M.   "   2/12f
(Note: ages of the Embry
children were omitted)

142 James D. Gresham   32m
    Sarah T.   "   24f
    John Thomas "   5m
    Eliza J.   "   3f
    Mary E.   "   2f

143 Berry A. Arnett   39m
    Eliza J.   "
    Eliza R. S."
    Littleton Dallas
(Note: ages of the above
were omitted.)

144 B. J. Quinn   34m
    Sarah A. Quinn   32f
    Beremia R. "   10f
    Leonidas W. D."   5m
    Imge___ C. "   3f
    Infant   "   1m

145 Samuel Danforth   52m
                        Vt
    Harriett   "   48f
                        Vt
    Emma   "   10f
    A.? Reab   "   55f
                        N C
    John Collins   22m
                        N C
    H. Dowdy   45m
                        Va
    Wylie Bryant   18m

146 James A. Benson   41m
    Nancy A.   "   33f
    Josephine   "   13f
    George P.   "   11m
    Joseph H. L."   9m
    Sarah E.   "   5f
    Infant   "   6/12f

147 Kimbrew? Turner   46m
    Frances   "   50f
    Billington S. Florence
                        22m

148 R. T. Walton   33m
    Catharine N."   25f
    Harriett J. "   8f
    Charles T. "   5m

149 Micajah Land   50m
    Lucinda   "   45f
    Boling L.   "   21m
    Sarah F.   "   18f
    Andrew J.   "   14m
    George M.   "   10m

150 Griffin Mathews   41m
    Nancy   "   40f
    Welcome   "   16m
    Wyatt   "   15m
    William   "   14m
    Sarah   "   13f
    Ann   "   12f
    George   "   11m
    Robert   "   9m
    Luke   "   7m
    Alexander   "   5m
    Susan   "   2f

151 Levi Callaway   26m

152 John M. Booker   35m
    Barbara A. "   26f
    Lucinda Hammond   28f
    Frances A. Booker   6f
    George   "   5m
    Anderson   "   3m
    Mary   "   1f

153 Joseph T. Blakey   30m
    Mary S.   "   27f
    Thomas A.   "   7m
    Margaret S."   5f
    Boling A.   "   3m
    William B. "   3/12m
    John H.   "   3/12m

154 William D. Quinn   32m
    Sarah A.   "   24f
    Ella E.   "   2f
    Augustus S. "   1m
    William Graham   35m
                        S C
    Charles Heard   24m
    John S. Wheeler   37m
    Eliza Hinton   21f

155 Thomas L. Psalmond
                        36m
    Margaret   "   28f
    Louisa W.   "   6f
    Alsey E.   "   5f
    Linny V.   "   4f
    Elizabeth T."   2f
    George Lane   9m

156 Benaj? Smith   37m
    Hannah C. Smith   27f
                        Va
    Green   "   12m
    Sarah   "   10f
    Alexander   "   7m
    Bethany   "   5f
    Nancy   "   1f
    Keziah Smith   70f
                        N C
    Thomas V. Lowe   45m
    Helen Bunch   21f

157 Edmund W. Anderson
                        39m
    Elizabeth M."   35f
    Sarah J.   "   16f
    William T. "   14m
    Mary L.   "   12f
    Parthenia   "   10f
    Thadeus C. S."   8m
    Clay H.   "   6m
    John T.   "   4m
    Infant   "   2m
    Infant   "   1m
    Thomas H. Psalmond
                        25m

158 A. S. Fletcher   49m
                        Mass
    Sarah A.   "   49f
    Henry Stewart   9m

159 John A. Truslow   31m
                        Va
    Eliza C.   "   32f
    Mary J.   "   8f
    Laura   "   2/12f
    James   "   4m
    Catherine Wigginton
                        13f
    Sarah J.   "   75f
    A. J. Caldwell   37m

160 L. P. P. Tate   36m
                        S C
    Amanda C.   "   30f
                        S C

160 cont'd;
    Thomas Z. Tate   10m
    Lucy P.   "   8f
    Florence E. "   7f
    Margaret   "   5f
    James F.   "   3m
    Matilda C. "   1f
    John Nelms   26m

161 Noah Hinton   28m
    Elizabeth Hinton   74f
                        Va
    Lucian?   "   31m
    William Scott   11m

162 Joseph Gardner   38m
                        S C
    Elizabeth   "   28f
    Emma C.   "   7f
    Susannah W. "   5f
    Isabella F. "   2f

163 N. G. Rice   58m
    Susannah Rice   60f
    Nathaniel   "   24m
    Charles L. "   18m

164 William D. Hardy   34m
                        Va
    Mary S.   "   28f
    Alexander   "   6m
    Elizabeth   "   3f
    Jane   "   4/12f

165 Tyre Johnson   50m
                        S C
    Nancy   "   39f
    Theopholus "   21m
    James   "   19m
    Elizabeth A."   16f
    Frances R. "   14f
    Sarah   "   12f
    Lucinda   "   8f
    Nancy   "   6f
    George A.   "   3m
    Francis M. "   1m

166 Benjamin Holtzclaw
                        46m
    Frances   "   35f
    Martha   "   19f
    Benjamin H. "   17m
    Caroline L. D."   14f
    Daniel C.   "   12m
    Timothy   "   10m
    Henry T.   "   7m
    Lemuel   "   2m
    William C. Harris   7m

167 John Boren   69m
    Lydia   "   55f
    Clark   "   21m

168 John M. Rice   28m
    Martha A. Rice   29f
    William H. "   9m
    George T.   "   8m
    James G.   "   4m
    John C.   "   2m

169 Thomas L. Cofer   31m
    Mary H.   "   24f
    Martha   "   6f
    Joseph   "   4m
    Henry   "   1m

170 John H. Norman   42m
    Nancy   "   36f
    Martha J.   "   15f
    Isaac J.   "   13m
    Saphronia   "   11f
    Nancy   "   9f
    John H.   "   7m
    Harriett   "   5f

117

170 cont'd:		
Webster Norman		3m
171 Amanda Norman		27f
Isaac W.	"	8m
Elizabeth	"	5f
Felix A.	"	1m
172 Barrington Jones		30m
Mary	"	20f
173 John O. Colley		30m
Sarah	"	20f
Sarah	"	1f
174 John T. Huguley		44m
Mary	"	24f
Elizabeth	"	5f
John T.	"	4m
Zachariah	"	2m
175 John S. Eidson		25m
176 Elbert G. Harris		49m
Emily	"	43f
George	"	12m
Mirabeau	"	10m
177 Richard J. Barrett		40m
Ruena J.	"	38f
Susan J.	"	14f
Sarah V.	"	12f
Louis P.	"	10m
Burwell A.	"	8m
Erasmus L.	"	6m
Martha E.	"	3f
178 Isaac McCrary		49m
Amanda F.	"	47f
Frances E.	"	25f
Charles M.	"	18m
Thomas J.	"	15m
David W.	"	12m
Charity A.	"	10f
Eliza C.	"	4f
Burwell	"	4m
179 John Finley		45m
180 Joel R. Chivers		39m
Melissa B.	"	32f
Rebecca C.	"	10f
Josephine H.	"	1f
181 Thomas H. Civers		43m
Harriett	"	20f N Y
182 Charles R. Walker		26m
Sarah A. T.	"	21f
John W.	"	1m
183 Mary H. Beall		60f
Albert A.	"	23m
Mary E.	"	24f
184 Stephen H. Willis		40m
Nancy J.	"	41f
Mary A. B.	"	18f
John R.	"	13m
George B.	"	12m
William F.	"	10m
Frances R.	"	2f
185 Terry P. Sherrer		32m
Mary A.	"	32f
Sarah R.	"	3f
John W.	"	2m
William F.	"	6/12m
186 Jesse Callaway		54m
Mary J.	"	44f

186 cont'd:		
Morgan Callaway		19m
Sabrina M.	"	16f
Joshua	"	14m
M. A. Matilda	"	11f
Clara E.	"	8f
John J. S.	"	6m
187 Mary Cofer		40f
Joseph Cofer		22m
Joshua	"	20m
Thomas	"	18m
Nancy	"	15f
Susannah	"	12f
Claybrook	"	10m
Mathew	"	7m
188 (Skipped)		
189 Thomas M. Pinkston		34m
Mary S.	"	35f
William T.	"	10m
190 Christopher Agee		30m
Mary Ann	"	36f
John C.	"	9m
George W.	"	8m
Amelia A.	"	6f
191 William Lunceford		35,
Mary	"	28f
Mary Ann	"	11f
Henry E.	"	10m
William T.	"	7m
Sarah Poteet		10f
John J.	"	8m
Mary J.	"	6f
Susan C.	"	4f
192 Johnson T. Jarrett		39m
Jacob Johnson		75m
Melinda Jarrett		39f
193 John R. J. Carter		28m
Mary	"	17f
194 John M. Poss		32m
Mary S.	"	26f
Susan E.	"	10f
Sarah A.	"	8f
Mary J.	"	6f
Samantha J.	"	4f
Infant	"	1f
195 James A. Chivers		28m
Joseph Hardy		23m
196 Henry? Brooks		49m
Sarah	"	42f
James	"	20m
Jesse	"	19m
Thomas	"	17m
Elizabeth A.	"	15m
Jeremiah	"	14m
Wylie	"	12m
Susan	"	11f
Harrison	"	10m
Roena	"	8f
Almida	"	6f
Merriwether	"	5m
Willis	"	2m
197 Jefferson Culbertson		47f
Nancy G.	"	26f
William H. P.	"	9m
Eviline J.	"	7f
Laura C.	"	4f
Meleta E.	"	2f
198 William Elkin		40m S C

198 cont'd:		
Martha Elkin		35f
199 John G. Carley		47m N Y
Nancy	"	42f S C
Joseph F.	"	8m Ga
Mary A.	"	6f N Y
Allen J.	"	4m Ga
200 Daniel M. Irvin		35m
Amelia	"	27f
Burrell	"	12m
Elizabeth	"	10f
Martha	"	8f
Roena	"	6f
Isaiah	"	4m
Hannah	"	2f
Jesse Norman		40m
201 John L. Wynn		38m
Ann E.	"	23f
Mary L.	"	12f
Samuel E.	"	10m
John H. C.	"	8m
George B.	"	6m
Elizabeth	"	2f
Anna P.	"	1f
Elizabeth Walton		43f
James H. Brown		31m
Adaline	"	28f
Taswell Anderson		17m
202 Jonathan P. Davis		44m
Nancy A.	"	28f
203 Albert W. Arnett		27m
Mary Ann.	"	23f
John B.	"	7m
William	"	6m
Nathaniel C. ?		4m
Demetrius	"	2m
204 Charles A. Killgore		40m
Susan W.	"	23f
Obedience A.	"	10f
Eliza J.	"	8f
William C.	"	6m
James A.	"	3m
John D.	"	1m
205 George B. Smith		26m
Martha	"	30f
Thomas O.	"	7m
James R.	"	5m
Martha S.	"	4f
Mary A.	"	2f
Perry Farmer		18m
206 Lucy Sanders		35f
Lucy Poss		22f
George F. Sanders		14m
Lucy A.	"	10f
Wilkes	"	9m
207 Thomas Wilson		46m
Martha	"	42f
208 Martha Peteet		46f
William	"	19m
John C.	"	17m
Simeon	"	15m
Marshall	"	7m
209 Richard Peteet		26m
210 Elizabeth Peteet		56f
Elizabeth A. Jackson		12f

118

211 Nancy Darracott		23f
Garland	"	8m
Mary E.	"	5f
Taswell	"	1m
212 H. T. Bussey		33m
Mary M.	"	32f
Amelia E.	"	12f
Frances L. C. P."		11f
Mary A.	"	8f
Sarah D.	"	6f
Susan L.	"	4f
William S.? "		1m
John S. Walker		24m
Harrison Parker		6m
213 Willis R. Dorough		38m
Elizabeth	"	28f
Martha Ann	"	12f
Mary C.	"	10f
Sarah S.	"	7f
James E.	"	4m
Elizabeth D. "		2f
Harriett	"	1/12f
John Stewart		13m
214 Sarah E. Lynn		43f
William A. "		19m
Martha F.	"	17f
Sarah J.	"	10f
William	"	11m
215 Aug. P. Watkins		37m
216 Daniel H. Standard		
		32m
Mary A.	"	40f
Benjamin Mallory		52m
		Va
James Berry		57m
		N C
Ann E. Downer?		8f
217 William Pool		62m
		Va
Lama	"	45f
Alsey	"	22f
Delaney	"	21f
Cynthia	"	18f
Mary Norman		22f
Elizabeth Albridge		
		74f
		Va
Silas M. Pool		24m
		Va
218 Moses M. Hambrick		53m
Susan	"	48f
John	"	25m
Abner	"	21m
Susan F.	"	11f
219 Samuel E. Daniel		35m
Mary E.	"	30f
Amaziah	"	8m
John	"	5m
Frances	"	4f
Samuel	"	1m
220 George McKinney		62m
Frances	"	57f
		N C
Elizabeth	"	22f
Frances	"	20f
Louisa	"	8f
Edward Strother		8m
Cicero McKinney		22m
Lucinda Wynn		14f
Patrick McKinney		22m
221 Charles Wingfield		66m
		Va

221 cont'd:		
Mary Wingfield		66f
		Va
John T.	"	27m
222 John Littleton		40m
Jane	"	26f
Enoch L.	"	14m
John	"	12m
James	"	10m
Johnson	"	6m
Mary	"	4f
Nancy	"	2f
223 Enoch Littleton		70m
		N C
Nancy	"	68f
		Va
224 John J.? Pool		29m
Richard C. Sales		20m
225 Sarah Stribling		54f
William F. "		21m
Milton O. "		19m
Thomas L. "		15m
Sarah J. "		17f
Frances A. "		12f
226 William Benson		46m
Sarah	"	75f
		Va
Sarah	"	25f
227 Oliver C. Arnett		26m
Permelia J. "		26f
Ann	"	63f
Celestia	"	7f
William S. "		6m
Corrintha J. "		4f
Mary West "		1f
228 James M. Hackney		26m
Patience	"	23f
Infant	"	1m
229 James Lyle		22m
Elizabeth Lyle		42f
230 Benjamin W. Tuck		34m
Tabitha	"	34f
Martha	"	32f
Tabitha C. Hewell		19f
231 Thomas Johnson		60m
Lucy	"	50f
William	"	22m
Susan	"	17f
232 James Johnson		26m
Frances R. "		20f
Emily	"	4f
Lucy A. E. "		2f
William T. "		5/12m
233 Elizabeth Hammock		37f
John T.	"	1m
Granville	"	21m
234 Alexander Pope, Jr.		
		31m
Sarah	"	24f
James	"	9m
Louisa	"	7f
John	"	5m
William	"	3m
Richard	"	1m
235 William Y. Hill		29m
		S C
Nancy C.	"	28f
236 David Hyde		40m

236 cont'd:		
Esther Hyde		33f
Almeda	"	14f
237 Elijah S. Poss		27m
Elizabeth Poss		26f
Mary J.	"	8f
Henry	"	6m
Margaret M. "		4f
Nancy Ann Dupriest		
		28f
238 James Benson		49m
Elizabeth Benson		43f
Sarah E.	"	17f
Susan	"	15f
Virgil S. "		13m
Mary A.	"	11f
Zachariah "		9m
Thomas	"	7m
James	"	5m
John	"	3m
Drucilla	"	1f
239 William L. Snelson		
		27m
Ann S.	"	21f
Mary B.	"	2f
240 John T. Drinkard		30m
		S C
Frances	"	18f
241 Isaac A. Dickens		30m
Elizabeth "		68f
		N C
William	"	28m
242 John D. Self		31m
		S C
Louisa	"	29f
Henry Jennings		13m
Mary E. Self		10f
Roxana O. "		11f
Lucinda H. "		7f
John L. "		6m
William L. "		4m
Malcolm T. "		2m
243 Silas M. Pullen		47m
Rebecca	"	47f
244 Isabella Moore		40f
Henry	"	38m
Rufus	"	27m
George	"	25m
Ebenezer	"	21m
Catherine "		18f
John	"	17m
Mary	"	12f
245 Joseph W. Carter		48m
Sarah	"	50f
Winifred	"	87f
		Va
Samuel Hammock		13m
246 Robert Maxwell		36m
Bethana	"	39f
Mary C.	"	16f
John J.	"	15m
Martha A. "		11f
Sarah E. "		9f
James R. P. "		8m
Harriett F. "		6f
Robert	"	3m
247 L. W. Bramlett		38m
Martha	"	35f
Elizabeth "		15f
Thomas	"	17m
John	"	11m
George	"	9m

```
247 cont'd:
    Sarah Bramlett         7f
    Mary        "          5f
    James       "          1m

248 R. W. Wootten         27m
    Eliza       "         25f
    James Bramlett        20m
    Nathaniel Nelms       20m

249 John R. Talbot        42m
    Lucy        "         40f
    James S.    "         19m
    Sanders     "         16m
    Callaway    "         14m
    John        "         12m
    Luke        "         10m
    Nancy C.    "          8f
    Netta       "          6f
    Isabella    "          4f
    Serena      "          1m

250 John Bell             50m
    Polly Ann Bell        38f
    Russell     "         20m
    Hattie      "         18f
    Thomas T.   "         15m
    Benajah     "          9m
    Ann         "          2f

251 Isaiah T. Irvin, Jr.
                          31m
    Elizabeth J. "        28f
    Sarah J.    "          9f
    Howlet T.   "          8m
    Charles C.  "          7m
    Jane J.     "          5f
    Benjamin S. "          2m
    Richard T.  "       1/12m
    Mary S. Roberts       50f
                          S C
    Sarah Edgar           30f

252 John P. Johnson       24m
    Nancy       "         24f
    Louisa      "          3f
    William     "          2m
    Lawrence    "       9/12m

253 Reuben Talbot         32m
    Louisianna  "         27f
    Sarah       "          8f
    Caroline    "          6f
    Mary E.     "          1f

254 Christopher Cats      32m
    Rachel      "         27f
    William     "          3m
    Ellen       "          3f
    Peter       "       6/12m

255 William Maxwell       31m
    Catherine   "         65f
                          N C

256 John A. Huguley       24m
    Mary J.     "         17f

257 Elijah Dearring       72m
                          Va
    John B.     "         45m
    Helen B. Henderson
                          48f

258 Israel Wellmaker      48m
    Delilah     "         41f
    John S.     "         20m
    Susan A.    "         18f
    Elizabeth   "         17f
    Mary        "         14f
    Henry O.    "         12m
    Feliso      "          7m
    Mary        "          9f

258 cont'd:
    Caroline Wellmaker     4f
    Frances     "          2f

259 Anderson Littleton
                          28m
    Ada         "         26f
    Josiah      "          6m
    Enoch       "          4m
    Infant      "       9/12m

260 Benjamin B. Hardin
                          39m
    Elizabeth   "         38f
    John M.     "         19m
    Henry T.    "         14m
    Martha R.   "         11f
    Benjamin B."           1m
    James Russell         20m

261 Jane McKnight         60f
                          Va
    Sarah       "         56f
                          Va
    Elizabeth   "         54f
                          Va

262 Thomas Fouche         53m
                          Va
    Sarah       "         36f
    Ann         "         12f
    Margaret    "         10f
    Barbara     "          8f
    Sarah       "          5f
    Eliza A.    "       2/12f
    George T.   "          3m

263 Sarah Jarrett         30f
    Mary        "         20f
    Benjamin F. Hillyard
                          24m
    Oscar       "         21m
    Sarah       "         18f
    Elizabeth   "         50f

264 Arden Evans, Sr.      62m
                          Va
    Martha      "         18f

265 Arden Evans, Jr.      25m
    Mahala T.   "         30f
    Mary E.     "       7/12f
    Stephen Pratt         28m

266 Joseph Evans          72m
                          Va
    Elizabeth   "         62f
                          Tenn
    Rhoda A. Cox          20f
    William R. Cox         4m

267 John Evans            19m
    Sarah       "         20f
    John H.     "          2m
    William T.  "          1m

268 William Slaton        60m
                          Va
    Sarah A. Stephens     33f
    William Slaton        19m
    Alexander   "         17m
    Henry       "         14m
    Franklin    "         12m

269 Mrs. ..... Hardy      60f
                          Va
    Eliza       "         32f
    Nancy       "         25f

270 Samuel Saxon          40m
    Eveline     "         30f
    William H.  "         11m
    Melissa J.  "          9f

270 cont'd.
    Cassandra Saxon        7f
    Victoria E. "          5f
    John T.     "          4m
    Josephine S. "         2f
    V. R. Thornton    "7/12m

271 John Hackney          34m
    Margaret A. "         26f
    Josephine   "          9f
    Antoinette  "          6f
    Catherine   "          4f
    Samuel      "          1m

272 James B. Guest        31m
    Dorothy D.  "         28f
    Matilda A.  "          8f
    James       "          6m
    William     "          4m
    Nancy       "          2f
    Infant      "       2/12f

273 John Saggus           68m
                          Va
    Amelia      "         32f
    Melinda     "         19m
    B. ?        "         10m
    Stephen     "         18m
    Eveline     "         16f
    Julia A.    "         14f
    Antoinette  "          5f
    Nancy       "          3f
    Elbert      "       3/12m

274 Henry Poss            28m
    Mary E. Poss          28f
    Harris T.   "          4m
    Sarah J.    "          3f
    Infant      "       1/12m
    Martha E.   "          1f

275 O. E. Milner          24m
                          N C
    Charity E."           62f
                          N C
    Louisa E.   "         34f
                          N C
    Eveline C.  "         16f
                          Ga
    Huldah E.   "         22f

276 Benjamin Wallace      62m
                          S C
    Catherine   "         63f
    Lettie      "         32f
    Ann Wm.     "          6f

277 William Hampton       41m
    Louisa      "         37f
    Mary Little           50f
    Mary M. Hampton       12f
    Sarah       "         10f
    Elizabeth   "          8f
    Martha      "          3f
    Benjamin    "          5m
    Hester      "          1f

278 John McAry?           24m
    Mahala      "         19f
    Thomas      "         20m
    William Echols        20m

279 Lucinda Welborn       28f
    Frances E.  "         18f
    Mary J.     "         16f

280 James H. Flynt        45m
    Rebecca E.  "         21f
    Sarah A.    "          7f
    John S.     "          5m

281 John S. Saggus        25m
    Eliza       "         20f
```

281 cont'd:
    Euphemia Saggus   2f
    Infant   8/12m

282 Lewis D. Sherrer   28m
    Martha P. "   24f
                    N C
    Mary S. "   3f
    Martha E. "   1f
    Eveline Woodall   20f

283 Allen T. Garrard   50m
    Nancy "   40f
    Sarah "   17f
    Louisa "   16f
    Nancy "   14f
    Martha E. "   12f
    Mary "   10f
    William "   8m
    John "   6m
    James "   4m
    Margaret "   2f

284 George A. Garrard   22m

285 George Poss   22m

286 Martha Hill   67f
                  Va
    Rebecca Hill   40f
                  N C

287 Thomas Y. Pullen   29m
    Mary M. "   32f
    Susan A. "   2f

288 Nelson Vaughn   46m
    Sophia "   37f
    William T. "   17m
    Martha "   14f

289 Mary Pullen   47f
                  Va
    Susan "   22f
    John "   19m

290 James D. Willis   56m
    Nancy "   50f
    Thomas R. "   22m
    William L. "   17m
    Lucy "   14f
    James "   11m

291 Sarah R. Edmunds   59f
                  S C
    Parmelia "   30f
    Lucinda E. "   28f
    Mary "   23f

292 James Edmunds   26m
    Sarah "   25f
    Mary E. "   2/12f

293 Robert T. Barrett   53m
    Diantha "   46f
    Elizabeth "   21f
    Milton "   19m
    Catherine "   16f
    Eugenia "   14f
    Lucy "   12f
    Julia "   6f
    Robert "   4m
    Diantha "   9f

294 George W. Moore   34m

295 Van A. Echols   45m
    Lydia "   40f
    Humphries M. "   19m
    Alexander F. "   16m
    Louisianna "   13f
    Richard T. "   9m
    Wilson L. "   5m

295 cont'd:
    William R. Echols   2m

296 John West   29m
    Elvina West   23f
    Edmund "   4m
    Martha A. "   2f
    John T. "   1m

297 Jacob B. Nash   50m
    Martha "   20f
    Daniel "   18m
    Thomas "   16m
    Joseph "   14m
    Robert "   12m
    Martha "   2f
    Infant "   6/12m

298 Elizabeth Moore   75f
                  Va
    William V. "   32m

299 Harman Runnels   52m
    Polly "   38f
    Margaret "   11f
    Polly "   9f
    Samantha "   7f
    Harman "   4m
    Spencer "   1m

300 Joseph Dunnaway   46m
    Frances N. "   42f
    Louisa A. "   13f
    John N. "   12m
    Joseph J. "   10m
    Benjamin T."   8m
    Wilson L. "   6m
    Mary F. "   1f

301 Charles E. Wingfield   25m

302 W. T. Brown   35m
                  S C
    Nancy Brown   27f
    Martha Brown   8f
    Tilman Brown   4m

303 W. W. Hopkins   32m
    Debba "   28f
    Sarah F. "   12f

304 Wylie T. Holmes   36m
    Elizabeth "   29f
    Alonzo A. J. "   12m
    Henry H. "   10m
    Emma V. "   7f
    Thomas J. "   4m
    John F. "   1m

305 Robert W. Holmes   30m
    Lavenia "   24f
    Nancy J. "   5f
    David S. "   4m
    Lucinda F. "   1f

306 Timothy Holtzclaw   37m
    Nancy "   26f
    Henry "   8m
    Emily "   5f
    Margaret "   4f
    Susan "   1f
    John "   17m
    Catherine Agee   54f

307 Mary Combs   30f
    Henry "   11m
    William F. Combs   9m
    Lucy "   7f
    Sarah "   5f

308 Jane Gresham   52f
    Eliza "   16f

308 cont'd:
    Jane E. Gresham   13f

309 Tilman F. Dozier   36m
    Miriam S. "   29f
    Catherine "   9f
    Ann E. "   6f
    Sarah J. V. "   4f
    James T. "   2m

310 John L. Norman   38m
    Mary "   30f
    Victoria "   12f
    William Franklin"   11m
    Thomas W. "   9m
    Louisa E. "   7f
    Matilda S. "   6f
    Stephen P. "   4m
    Emma M. "   3f
    Amanda R. "   4/12f

311 Nancy Kendrick   56f
    Frances Keeling   17f
    Green M. Kendrick   16m
    Jonathan Gresham   23m

312 Jesse Williams   24m
    Caroline M. "   23f
    Oswell "   4m
    Samuel "   9/12m

313 Robert Harrisburger   31m
    Cassandra "   22f
    Mary E. "   2f
    Infant "   2/12m

314 William Cato   25m
    Lucy "   65f
                  N C
    Mary "   45f
    Sarah "   35f
    Lucinda "   21f

315 Rebecca Gresham   31f
    Martha A. "   13f
    Frances E. "   12f
    Susan "   10f
    Marshall "   9m

316 Holland Revier   53m
    Jacob "   9m
    Felix "   7m

317 Mary A. McKinney   27f
    Jane "   12f
    George Augustus"   10m
    Mary W. "   7f
    Margaret Ann "   5f

318 William Barnett   68m
                  N C
    Elizabeth B. "   55f
    Frances S. "   19f
    Allasanah "   14f

319 John P. Barnett   28m
    Georgia "   19f
    Lucien J. "   5f
    William H. "   4m

320 William Gresham   25m
    Sarah "   22f

321 P. J. Barnett   58m
    Nancy J. "   38f
    Lillis J. "   62f
    Joseph W. "   16m
    Patrick "   14m
    Mary J. "   11f
    John S. "   10m
    Albert A. "   5m
    Julia L. "   3f

321 cont'd:
　　Ann E. Barnett　　7f
322 Russell Bailey　　70m Va
　　Sarah　"　62f Va
　　John　"　19m
　　Gracy　"　15f
　　Sally　"　12f
323 George Bailey　40m
　　Mary　"　45f
　　John　"　22m
　　Joseph　"　15m
　　Milly　"　13f
　　George　"　12m
　　Zoric　"　10f
　　James　"　5m
324 Judith Blakey　50f Md
　　Benjamin C. "　28m
　　Churchill S."　22m
　　George W. "　18m
325 Amanda Saffold　29f
　　Reuben B. "　10m
326 Nancy Bryant　90f Va
　　Sally　"　56f
327 Johnson W. Binns　40m
　　Irena　"　40f
　　Roena　"　9f
　　Felise　"　6f
328 Archibald Bryant　45m
　　Margaret　"　44f
　　Sarah　"　21f
　　Wylie　"　19m
　　Micajah　"　14m
　　Joseph　"　13m
　　William　"　12m
　　Archibald "　7m
329 Moses Sutton　59m N C
　　Sarah　"　50f
　　Frances　"　17f
　　Pamelia　"　14f
　　John A. "　10m
330 Willis Tally　35m Va
　　Nancy　"　32f
　　Almira　"　12f
　　Sarah　"　10f
　　George　"　8m
　　William　"　6m
331 James L. Heard　42m
　　Martha　"　32f
　　John　"　9m
　　George　"　6m
　　Elizabeth "　3f
　　Infant　"　1/12f
332 John A. Heard　40m
　　Elizabeth "　63f
　　Mark L. "　27m
　　Mary A. "　30f
333 William H. Heard　29m
334 Nancy Heard　63f Va
　　Charles M. "　22m
　　Samuel D. "　18m
　　Mary E. "　19f
335 Beverly Barksdale　46m

336 Francis McLendon　53m
　　Frances　"　43f
　　Ann　"　19f
　　Thadeus　"　15m
　　Mary　"　10f
　　William　"　7m
　　Alice　"　4f
337 James W. Howard　45m
　　Asenith　"　42f
　　Sarah E. "　21f
　　Thomas J. "　19m
　　Zebulon P. "　14m
　　Martha J. "　12f
　　Rhoda C. "　10f
　　Wm. Sanders"　8m
　　Amanda F. "　6f
　　George W. "　4m
　　Hiram B. "　3m
338 John M. Muse　32m
　　Tilman W. "　10m
　　Mahala A. "　8f
　　Daniel S. "　7m
　　William S. "　5m
339 William P. Muse　48m
　　Mary　"　40f
　　George　"　22m
　　John　"　19m
　　Jesse　"　17m
　　Joseph　"　14m
　　Zachariah "　6m
　　Thomas　"　4m
　　Elizabeth "　8f
340 William Gibson　33m
341 Marion Curry　33m
　　Jane　"　20f
　　Samuel　"　4m
　　Augustus E. "　2m
　　Frances　"　1f
342 Hardin Woodruff　53m
　　Veria　"　45f
　　James W. "　12m
　　John　"　10m
343 Joseph Jackson　46m
　　Mary A. "　41f
　　James M. "　19m
　　William P. "　16m
　　Joseph　"　10m
　　Martha H. "　17f
　　Mary L. "　12f
　　John Aycock　17m
344 William B. Norman　28m
　　Elizabeth "　22f
　　Beatrice L. "　5f
　　Mary E. "　2f
345 Elizabeth Curry　30f
　　Everett　"　7m
　　Redmond　"　4m
　　Emily J. "　2f

(Note: Numbers skip to 350)

350 Benjamin T. Dunaway　44m
　　Mary　"　40f Tenn
　　Amanda　"　21f
　　Francis　"　20m
　　Richard W. "　18m
　　Charles　"　17m
　　Andrew　"　15m
　　Delia A. "　14f
　　Elizabeth "　13f
　　Emeline　"　5f

350 cont'd:
　　Joseph Dunaway　4m
　　Zack　"　3m
　　William J. "　1m
(Note: Numbers skip to 357)
357 Simpson Curry　43m
　　Cynthia　"　47f
　　Robert　"　45m
　　Eliza Lane　40f
358 John M. Curry　30m
　　Ann　"　28f S C
　　Louisa　"　5f
　　Susan G. "　1f
359 Joseph Wheatley　35m
　　Charles H."　8m
　　Mary L. "　6f
　　Infant　"　1f
360 Susannah Psalmond　52f S C
　　Elizabeth "　23f
　　Corintha "　20f
361 Lewis Turner　45m
　　Orra　"　33f
　　Noah Scott "　8m
　　Elizabeth E. "　7f
　　Lewis　"　5m
　　John D. "　2m
　　Infant　"　2/12m
362 Henry Turner　60m
　　Elizabeth "　50f S C
　　Ludon?　"　15m
363 John W. Rhodes　27m
　　Rhoda A. "　24f
　　Elizabeth "　3f
　　Sarah F. "　1f
364 Richard H. Dent　33m
　　Elizabeth "　24f
　　Lydia A. "　7f
　　Margaret L. "　5f
　　John T. "　3m
　　Infant　"　1m
365 J. Hinton　41m
　　Cynthia Hinton　46f
　　Parthena "　11f
　　John T. "　8m
366 Zelphia Turner　80f
　　Elizabeth "　46f
　　Cynthia　"　15f
367 Mary Carter　45f
　　James Norman　19m
　　Emily　"　17f
　　Thomas　"　15m
　　John　"　14m
　　Winifred "　13f
　　Sarah　"　11f
　　Nicholas "　4m
368 James Cade　50m
369 John McDermont　54m
　　Mary　"　50f
　　Julia　"　17f
　　Cynthia M."　15f
　　Marcus L. "　14m
370 William A. Turner　37m
　　Sarah A. "　25f
　　Moses S. "　10m
　　Frances　"　8f

370 cont'd:
    Elizabeth Turner   6f
    William D.   "   2m

371 Gibson Collins   57m
    Elizabeth   "   54f
                         N C
    John G.   "   24m

372 Joseph Wheatley   81m
                    Delaware
    Nancy   "   45f
    Sally   "   49f

373 William ? Anderson
                         47m
    Sophia   "   40f
    Sarah   "   20f
    Gabriella   "   18f
    Taswell L.   "   15m
    Victoria   "   13f
    Nancy   "   10f
    Pauline   "   8f
    Martha S.   "   6f
    William T.   "   3m
    George S. Binns   52m

374 Toliver Jones   28m
    Lucy W.   "   27f
    Serena   "   10f
    Emma   "   7f

375 Mark A. Blakey   20m

376 S. G. Wheatley   42m
    Margaret   "   21f
    Simeon   "   20m
    Sophronia   "   18f
    Joseph J.   "   16m
    Timothy   "   15m
    Judson   "   14m
    Ezra   "   12m
    Leonard   "   11m
    Sarah   "   9f
    Samuel G.   "   7m
    Arth___   "   5m
    Rhoda   "   3f
    Infant   "   2f
    John Walker   3m

377 Reuben Kendall   47m
                         Conn
    Letitia   "   23f
    James L.   "   15m
    William R.   "   14m
    M. E. A.   "   12f
    George W.   "   4m
    Joel S.   "   1m

378 Joseph Simmons   28m
    Sarah   "   23f

379 Thomas Psalmond   63m

380 Joseph Powell   46m
    Mary A.   "   24f
    Curtis   "   4m
    William   "   6/12m

382 William McElhaney   30m
                         S C

383 John S. Moss   46m
    Ruth   "   40f
    William H.   "   14m
    Nancy   "   6f
    Mary A.   "   2f

384 Thomas J. Cox   31m
    Mary T.   "   21f
    Mary J.   "   7f
    Frederick A. "   4m
    John   "   3m

384 cont'd:
    William Cox   6/12m

385 Dexter Henry   50m
                         R I
    Nancy   "   50f
                         S C
    Paschal Hancock   17m

386 Andrew Owens   65m
    Maria   "   40f
    Asher   "   13f
    Timothy   "   11m
    Gabriel   "   9m
    Franklin   "   7m

387 Christopher Bryant
                         50m
    Mary   "   32f
    Boling   "   8m
    Martha   "   6f
    Zachariah   "   4m
    Amanda   "   2f

388 Henry Turner   25m
    Lucy   "   23f
    Gideon   "   2m
    Infant   "   3/12m

389 Abel Wheatley   70m
                         Va
    Nancy   "   60f
                         Va
    Elizabeth   "   19f
    Lucy   "   17f
    Martha   "   16f
    Jane   "   6/12f

390 Isaac A. McLendon   31m
    Mary A.   "   24f
    Emma   "   6f

391 Benjamin Thurman   30m
    Catherine   "   28f
    William   "   10m
    John   "   8m
    Joseph   "   6m
    Jane   "   4f
    Halsey   "   2m
    Martha A.   "   6/12f

392 James Lindsey   36m
    Barbara A.   "   27f
    John T.   "   6m
    Frances   "   8f
    George   "   5m
    Sarah   "   4f
    Infant   "   3/12f

393 Guilford Sales   27m
    Mirah   "   51f
    Nancy   "   16f

394 Thomas Frasier   48m
    Nancy   "   48f

385 Phillip Thornton   41m
    Rebecca   "   40f
    John   "   19m
    Melinda   "   16f
    William   "   12m
    Sarah   "   10f
    Mary   "   8f
    Henry   "   6m
    Thomas P.   "   4m
    Margaret   "   12f

396 Zadock Smith   63m
                         Va
    Ann   "   52f
    John L.   "   20m
    Ben Franklin "   19m
    James   "   11m

397 Daniel Standard   55m
    Mrs.   "   45f
    Elizabeth   "   18f
    John   "   16m
    Sarah   "   14f
    Eliza   "   12f
    George   "   6m

398 Joseph Downer   41m
    Mary   "   50f
    Elizabeth   "   22f
    Frances   "   18f
    Edwin   "   17m
    Emma   "   14f
    Sarah   "   12f
    David   "   10m
    Alice A.   "   8f
    Celestia   "   6f

399 Richard Gilbert   50m
    Martha   "   41f
    Emeline   "   21f
    Cornelia   "   20f
    Richard   "   18m
    Martha   "   17f
    William   "   14m
    John   "   12m
    Elizabeth   "   9f
    Cornelia   "   6f
    Mary   "   5f
    Frances   "   4f
    James   "   3m
    Alonzo   "   1m
    John Z. Partridge   23m
    Mary Gilbert   51f

400 Stephen G. Pettus, Jr.
                         24m

401 Batty T. Bell   51m
    Margaret   "   45f
    Mary   "   21f
    Caroline   "   18f
    Cassandra   "   13f
    Jo Ann   "   11f

402 Mark S. Anthony   38m
    Jane   "   21f
    Drury Callaway   50m

403 Mary E. Jones   36f
    George S.   "   17m
    Emily J.   "   16f
    John W.   "   14m

404 Nathanial McMekin   31m

405 Benajah Bell   38m
    Evaline   "   30f
    Eliza J.   "   9f
    Martha A.   "   7f
    Delilah F.   "   6f
    Emily   "   3f
    Charity A.   "   4/12f

406 Joel T. Snelson   32m
    Elorah   "   32f
    Joseph Henderson   12m
    Felix   "   8m
    Thomas   "   7m
    Sarah   "   5f
    Emma   "   11f
    Anderson Stone   28m

407 Cassandra Moore   56f
                         N C
    Eveline   "   30f
                         N C
    Cassandra   "   26f
    Catherine   "   25f
    Sarah B.   "   21f
    Lovard   "   19m
    Lewis   "   17m

407 cont'd:			420	Thomas Sutton	60m Va	432	Reuben Smith	39m
	Thomas P. Moore	14m		Jackson Aycock	20m		Comfort D. "	35f
	Susan Bolton	28f		Joseph Binns	17m		John T. "	17m
	George L. Bolton	3m		Mary Aycock	21f		Eliza "	15f
408	D. G. Cotting?	38m Vt	421	Micajah Hammock?	52m		Reuben E. "	11m
	Frances L. "	25f		Elizabeth "	28f		Mary A. "	13f
	Sarah E. "	4f		Susannah L."	19f		James W. "	9m
409	Seaborn Callaway, Sr.	52m		Elizabeth "	12f		Sarah J. "	7f
	Delphia "	46f		Mary "	10f		Elias J. "	5m
	Francis "	17m		John "	8m		Ella L. "	1f
410	Joshua R. Crane	59m Va		Lucinda "	6f		Sarah Wells	10f
	Martha "	56f		James "	1m	433	Caroline Heard	56f
	Pauline M. "	11f	422	Jesse Williams	65m Va		Mary T. "	9f Ala
411	Warren B. Amerson	22m		Sarah "	18f	434	James Arnold	40m
	Jemima "	42f		Elizabeth "	16f		Eliza "	44f
	John "	17m		Ann "	15f		Nancy C. Maxwell	20f
	Manoah "	15m	423	Willims M. Williams	25m		James M. Arnold	14m
	George C. "	8m		Parthena "	25f		Harriett "	10f
412	Mary Williamson	66f		Sarah "	5f		Captain "	6m
413	John C. Williamson	33m		Tabitha "	3f		Elizabeth Arnold	80f N C
	Elizabeth "	20f		James "	1m	435	Wylie M. Pope	29m
	Absilla A. "	4f	424	Charles Thurman	70m Va		Almeda A. "	24f
	Mary L. M. R. "	2f		Rebecca "	70f		Mary E. "	9f
	Micajah T. "	6/12m	425	Sidney Gibson	29m		Sarah L. "	7f
414	Joshua C. Williamson	38m	426	Felix Thurman	39m		John H. "	4m
	Frances "	32f		Bethany "	33f		Huldah Ellington	45f
	John "	13m		Susan F. "	12f		David "	15m
	Thomas "	11m		Lenora "	8f	436	John Wright	47m
	Roxana "	7f		Vincent "	4m		Sarah "	40f
	Varannah "	3f		Thomas "	1m		William "	21m
	Pitt E. "	1m		Charles "	10m		Mary "	19f
415	James H. Lane	28m	427	James C. Wright	39m		James "	17m
	Mary C. "	24f		Ann "	27f		Emily "	15f
	Marshall H. "	5m		Mary F. "	7f		Sarah "	13f
	Richard "	3m		Sarah E. "	6f		John "	11m
	Margaret R. "	6/12f		John T. "	2m		Richard "	9m
	John T. Barnett	25m		Martha A. "	4/12f		Nancy "	7f
	John L. Lane	24m	428	George W. Williams	32m		Henry "	5m
	D. A. Newman	18m		Winifred "	32f		Thomas "	3m
416	John W. Strozier	32m		Martha "	13f		George "	1m
	Roxana "	29f		Anderson "	12m	437	Uratice? Parham	30m
	Cyrus "	12m		Jane "	10f	438	Samuel Rhodes	51m S C
	Frances "	10f		Sophia "	9f		Esther "	49f N C
	Cid "	6m		Sarah "	7f		Nancy "	18f
	Randall "	4m		Caroline "	5f		Simeon "	16m
417	Parker Callaway	60m		Louisa "	2f		Samuel G. "	12m
	Susan "	56f		Robert "	6m	439	Frank G. Wingfield	34m
	Carlton "	30m	429	B. A. Blakey	24m		Elizabeth H. "	26f
	Aristides "	25m		Mary J. "	19f		Felixanna G. "	9f
	Eugenia "	14f		Infant "	1f		William J. "	8m
	Indianna "	12f	430	William Jackson	53m		John J. "	6m
	Ann "	18f		Eliza "	35f		Alexander P. "	9/12m
418	John Jordan	57m		Caroline F."	16f	440	Mary Goldman	35f
	Benj. Franklin "	19m		William D. "	15m		Henry "	12m
	William F. Walker	22m Ala.		Catherine "	13f		William J. "	6m
				Henrietta "	11f	441	Nicholas Wylie	59m
419	James Huling?	50m		George W. "	9m		Nancy "	56f Va
	Sarah "	41f		Laura "	6f		M. D. Andrews	30m
	Elizabeth "	52f		Joseph L. "	3m		Martha A. "	22f
	Henry P. "	21m	431	William Dye	64m Va	442	Henry L. Wylie	26m
	Augustin B. "	17m		Elizabeth Dye	56f		Clara J. "	23f
	Martha B. "	15f		Nancy "	31f	443	Nathaniel Snelson	63m Va
	George T. "	12m		William F. "	28m		Bethany "	47f
	Wesley A. "	9m		Sarah A. Jones	30f		Cordelia "	21f
	Tigner Moss	24m		Elmira W. T. Jones	1f		Rueben "	16m
	Henry Gaines	51m						

443 cont'd:
    Albinus N. Snelson   7m

444 Woodson Callaway   47m
    Mary Ann   "   45f
    John T.   "   22m
    Samuel W.   "   20m
    William J.   "   14m
    James J.   "   12m

445 Francis Armstrong   40m
    Frances A.   "   35f
    William   "   11m
    Martha E. V."   9f
    Mary A.   "   2f

446 James R. Dubose   42m
                         S C
    Elizabeth   "   23f
                         S C
    Wylie H.   "   16m
    James R.   "   14m
    Robert M.   "   10m

447 William M. Booker   49m
    Jemima B.   "   44f
    Jeremiah R."   22m
    Oscar E.   "   20m
    Efford A.   "   5m
    Mary A.   "   3f

448 Timothy Duffy   46m
                         Ireland
    Elizabeth   "   36f
                         S C

449 Richard Booker   73m
                         Va
    Esther   "   62f
                         Va
    James   "   51m
                         Va
    Simpson   "   19m
    Juby?   "   17m
    Martha   "   17f
    Elizabeth   "   15f
    Nancy   "   14f
    Eveline Kendrick   12f
    George A.   "   10m

450 John B. Hammock   50m

451 J. D. Chase   26m
                         N Y
    Catherine Chase   26f
                         N Y
    Harriett   "   4f
    Charles   "   3/12m

452 Mary Sparks   65f
                         Md

453 Gibson Florence   27m
    Catherine J.   "   26f

454 George Gresham   30m
    Nancy   "   26f
    Lucy A.   "   3f
    Edward E.   "   2m

455 Kauffman Gresham   73m
                         Va
    Tempy   "   63f
                         N C
    Margaret   "   27f
    Watson   "   25m

456 Efford W. Booker   22m
    Martha C.   "   20f

457 Samuel Paschall   61m
    Frances   "   61f
    Allen J.   "   35m

457 cont'd:
    Horace Paschall   28m
    Joseph M. Gillespie
                         5m
    Edward   "   7m

458 Dennis Paschall, Jr.
                         34m
    Jane L.   "   29f
    Thomas S.   "   6m
    George D.   "   3m
    Albert E.   "   2/12m

459 John Florence   43m
    Margaret   "   31f
    Savannah   "   16f
    Lucy   "   13f
    Adams   "   11m
    Thomas   "   9m
    Virginia   "   7f
    Mary E.   "   5f
    John   "   4m
    Margaret   "   2f
    Infant   "   1f

460 George Shank   52m
    Terrissa   "   42f
    Ann M.   "   20f
    Leonidas O."   16m
    Frances C.   "   14f
    Narcissa A."   9f
    Joseph A.   "   6m
    Martha E.   "   3/12f

461 Felix Shank   50m
    Mary Shank   36f
    Alvin J.   "   16m
    Martha M.   "   14f
    Frances O.   "   12f
    Adaline   "   11f
    John W.   "   9m
    J ? S.   "   7f
    William B.   "   5m
    Thomas A.   "   4m
    Terrisa J.   "   3f
    Infant   "   1f

462 William McElroy   46m
    Martha   "   26f

463 James R. Elliott   42m
    Susan   "   26f
    William   "   18m
    Mary A.   "   6f
    Martha   "   4f
    Thomas   "   1m
    Infant   "   1_?

464 William T. Holliday
                         27m
    Amanda M.   "   22f
    Thaddeus Griffin   25m
    Enoch   "   19m

465 Thomas J. Burdett   35m
    Almeda   "   36f
    John   "   11m
    Simpson   "   10m
    Frances   "   8f
    Albert   "   6m
    Thomas   "   3m

466 Allen T. Holliday   21m
    Elizabeth   "   18f
    John A.   "   7/12m

467 Thomas Hopkins   25m
    Ann   "   21f
    Amanda   "   3f
    William   "   6/12m

468 Joshua Agee   42m
    Caroline Agee   38f

468 cont'd:
    William Agee   16m
    Adaline   "   14f
    Mary   "   12f
    John   "   10m
    Sarah A.   "   8f
    Susan   "   7f
    Olivia   "   5f
    George   "   3m
    Infant   "   1m

469 Mary Danner   65f
                         Va
    Abram   "   27m
    Elizabeth   "   22f
    David A.   "   1m
    Elvira Callaway   8f
    Boling   "   17m
    John   "   12m

470 John S. Murphy   50m
    John S.   "   19m

471 S. B. Stovall   23m
    Savannah Stovall   21f
    Joseph J.   "   1m
    Mark A. Callaway   24m

472 Jane Carter   40f
    Mary   "   19f
    Robert   "   15m
    James Johnson   35m

473 Jacob Reid   44m
    Sarah R. Reid   44f
    Robert M.   "   20m
    George M.   "   15m
    Mary L.   "   13f

474 Benjamin Paschall   19m
    Ann E.   "   18f

475 Dennis Paschall   55m
    Dicey   "   47f
    Mary Gresham   12f
    Jerry F.   "   5m
    Jane Paschall   42f

476 William Paschall   19m
    Ann E.   "   18f

477 Alexander Jones   35m
    Priscilla   "   40f
    Elizabeth   "   28f
    Benjamin   "   14m

478 John Graves   30m
    Mary   "   23f
    Robert   "   7m
    Savannah   "   5f
    Benjamin   "   4m
    Thomas   "   3m
    William   "   6/12m
    Martha Blackburn   40f

479 Bryan Byrd   30m
    Nancy E. Byrd   29f
    Joseph   "   4m

480 Milly Lynch   40f
    Mary   "   10f

481 David Campbell   40m
                         N C
    Luande? P.   "   35f
    Chapley A.   "   12m
    Mary S.   "   8f
    Elizabeth B."   4f
    John Tankersley   21m

482 Martha Welborn   66f
    Jane Murphy   55f
    Thaddeus Truitt   30m

483	Joseph Cartrell	60m Md	495	Charles M. Moreman	33m	509 cont'd:		
	Elizabeth "	52f		Josephine "	21f		Nancy H. Favor	42f
	Elizabeth "	21f		Franklin "	6m		Louis L. D. "	18m
	Joseph "	19m		Antoinette "	5f		Charles S. "	16m
	Marshall "	17m		James A. "	3m		Martha J. "	13f
	Erasmus "	15m		Margaret E. "	2/12f		Harriett P. "	11f
	Leonidas "	13m		Lafayette Paradise	18m		Major P. "	7m
	Olivia "	10f	496	Nancy Moseley	51f		Thomas P. "	3m
	Theodore "	8m		Aristides "	21m	510	Babger? Hardaman	34m
484	C. H. Bussey	45m N C	497	James H. Willis	31m		Olive "	34f
	Lucretia "	44f S C		Sarah A. "	27f		William "	13m
	Thomas "	21m		Nicholas A. "	3m		Elbert "	12m
	John "	21m		William R. "	2m		Harrison "	8m
	Frances "	12f Ala		Ellen R. "	1/12f	511	Margaret Hanson	55f Md
485	Joseph C. Cammack	28m	498	Creed Hubbard (Note: this household is incomplete.)			Walter "	29m
486	Thomas H. Strother	30m					John "	27m
	Lucinda "	30f	499	John B. Wooten	29m		William "	22m
	Thaddeus B. "	12m		Agnes "	20f		Ann "	19f
	Lavenia E. "	10f		Eliza "	4f		Mary "	17f
	Alfonzo A. "	8m		Ellen "	2f		Kitty "	14f
	William H. "	5m		Penelope Wooten	45f		Henry "	12m
	Melinda Gresham	30f	500	James Tinsley	57m		Eugenia Adams	2f
	J. H. W. "	11m		Mary "	46f	512	Jacob Wolf	60m
	Samuel Strother	28m		Victoria "	19f		Parthenia Wolf	40f
487	Camilla Sims	25f		Frances "	11f		Elizabeth "	16f
	Jacintha "	5f		William B. "	23m		Catherine "	13f
	Joel Nichols	19m		Thomas J. "	18m		Alexander "	11m
	George W. Sims	28m		Albert C. "	12m		Jacob H. "	9m
488	Elias Wellmaker	38m	501	Samuel Dunnaway	50m		Jasper N. "	7m
	Margaret "	38f		Lydia A. "	40f		Thomas "	4m
	Joseph "	17m		Francis M. "	21m		Susan "	2f
	Susannah "	16f		Hiram D. "	19m	513	John F. Jackson	42m
	William "	14m		William L. "	17m		Melinda "	36f
	John "	8m		Alfeus L. "	15m		Daniel "	12m
	Juby "	6/12m		Ann E. "	13f		Glenn "	10m
489	William Nichols	28m		Henry T. "	10m		Sarah "	9f
	Mary A. "	21f		Joseph M. "	8m		Mary "	7f
	Rena? "	3m		Martha J. "	6f		William "	5m
	Mima "	1f		Lucius G. "	2m		Isaiah "	2m
	Benjamin "	15m	502	Zadoc C. Parkerson	50m	514	Sarah Jackson	72f
490	John Nichols	50m		Rhoda "	48f	515	John Short	48m
	Dorcas "	45f		Elizabeth "	60f		Nancy "	47f
	Thomas "	3m	503	F. T. Willis	24m		James "	22m
	Joseph "	1m	504	Philomel Byrd	84f Va		Sarah A. "	20f
491	Lewis Crook	66m Germany		Moses Jones	31m		Eliza "	18f
	Susannan Crook	63f Germany		Artena "	25f		Daniel M. "	16f
	Noah "	23m	505	John P. Byrd	38m		Matilda A."	13m
	Jamison "	21m		Emily "	30f		John "	10f
	William "	4m		William "	8m		George M. D. "	9m
	James "	2m	506	Griffin Tankersley	38m	516	Christopher Binns	6m
492	Isaiah Crook	26m		Phoebe L. "	38f		Lydia "	39m
	Mary A. "	20f		Louisa L. "	7f		John "	32f
493	George Poss	55m		Joseph T. Strother	14m		Martha "	14m
	Sally "	45f	507	John Murphy	39m		George "	11f
	Mary A. "	27f		Almeda "	27f		Enoch "	9m
	Elizabeth "	23f		Rebecca "	43f		Lucy "	7m
	Julia C. "	20f		George A. "	6m		Sarah "	5f
	Sarah "	18f		Martha J. "	4f		Mary "	3f
	Nancy "	16f		Mary T. "	2f			1f
	Delia "	14f	508	Mary Arnold	22f	517	Sarah Binns	72f Va
	John "	10m		James M. "	1m		Willis Armor	23m
	William "	8m		William E. Short	24m			
	Georgia A. "	5f		Mary "	20f	518	Phoebe Jones	42f
494	Martin Poss	25m		Lucy "	1/12f		Mary "	18f
	Eliza "	19f	509	Thomas Favor	49m		Nancy "	16f
							Amanda "	14f
						519	Joseph T. Burdett	38m
							Elizabeth "	42f
							Mary Powell	51f
							Virgil E. Burdett	15m
							George L. "	13m
							Mary A. "	12f

519 cont'd:		
Frances E. Burdett		10f
520 William W. Prather		51m
Sidney	"	47f
Louisa	"	65f
Harriett	"	22f
Susan	"	16f
Nancy	"	12f
Mary	"	6f
Jane	"	4f
David	"	23m
Jabez	"	15m
Richard	"	17m
Thomas	"	8m
521 Presley Aycock		54m
Elizabeth	"	42f
Martha A.	"	13f
Joseph P.	"	12m
Isaac D.	"	10m
Sarah	"	5f
Burwell	"	7m
Daniel	"	4m
Henry	"	2m
522 John Laughter		50m
		N C
Elizabeth	"	60f
		N C
Catherine	"	52f
523 James Nolan		70m
		Va
Frances	"	14f
James	"	13m
Thomas	"	11m
John	"	7m
524 Snowdon Kirkland		30m
Elizabeth	"	25f
Martha Stewart		17f
525 Andrew Wolf		62m
Jacob	"	28m
Elizabeth	"	39f
Frances	"	57f
Viney	"	26f
Celia	"	23f
Martha	"	11f
526 George A. Wolf		22m
Elizabeth	"	24f
William D.	"	2m
Georgia A.	"	5/12f
527 George W. Hopkins		36m
		S C
Mary A.	"	25f
William	"	7m
John	"	3m
Isaac Hopkins (Rev. S.)		
		95m
		Va
528 William Huguley		45m
Elizabeth	"	37f
Charles L.	"	16m
William	"	14m
Julia A. E.	"	10f
Nancy J. A.	"	8f
Serena P.	"	6f
Jesse W.	"	4m
John T.	"	2m
529 Benjamin Tucker		78m
		S C
Tabitha	"	70f
		Va
Benjamin	"	21m
Olly	"	19m
William	"	3m
Mary J.	"	1f

529 cont'd:		
Penneniah Wootten		38f
530 Joshua Green		55m
Nancy	"	31f
Susan	"	4f
Barbara	"	2f
531 Lemuel B. Wynn		49m
Melinda	"	44f
Caroline L.	"	21f
Orra A.	"	19f
Ally J.	"	13f
John T.	"	9m
George O. F.	"	4m
532 George Wolf		53m
Eve	"	49f
		Va
Fanny	"	19f
Mary A.	"	17f
Wettha A.	"	12f
Delia A.	"	8f
William Murphy		28m
533 Peter Gullatt		53m
		Va
Rachel	"	47f
Mary J.	"	18f
Sophronia	"	15f
George	"	12m
Rebecca	"	9f
Nancy Gullatt		78f
		Va
John McGuill		22m
535 Nicholas C. Ware		37m
Matilda	"	28f
Thomas L.	"	13m
Robert A.	"	10m
Jane E.	"	7f
William S.	"	6m
Henry A.	"	4m
Simeon A.	"	2m
James Brock		20m
536 William E. Smith		30m
		Va
Ann W.	"	54f
		N C
537 Wyche Jackson		70m
		N C
Ann W.	"	60f
Margaret Cooper		29f
Thomas Mulligan		24m
538 Amos Huguley		49m
Naomi	"	37f
Mary	"	14f
Rose	"	8f
Josephine	"	6f
Amos Huguley, Jr.		21m
539 John G. Burdett		35m
Frances	"	35f
Jabez	"	10m
Worley	"	9m
Sarah	"	8f
Isabella	"	2f
Celestia	"	9/12f
540 Gideon Cooper		53m
Elizabeth	"	58f
Thomas N.	"	25m
Rebecca J.	"	21f
541 Thomas Elliott		47m
Winifred	"	31f
Ann E.	"	13f
Wesley M.	"	10m
Margaret J.	"	8f
Maletty A.	"	6f

541 cont'd:		
Mary T. Elliott		4f
Elvira C.	"	2f
542 Sarah A. Talbot		42f
		Va
Eliza J.	"	17f
George T.	"	15m
Mathew H.	"	14m
Harriett A.	"	10f
543 Henry Rose		76m
		Va
Elizabeth	"	16f
		N C
544 Mary A. Marlor?		57f
		N C
Sarah J.	"	20f
Catherine A.	"	18f
John T.	"	17m
James H. Combs		30m
545 Green Patterson		25m
Nancy	"	20f
546 John D. Thompson		63m
		Va
547 Margaret Johnson		57f
		S C
Mary	"	40f
Andrew	"	13m
Margaret	"	4f
548 James Cooper		57m
Margaret S.	"	50f
Madison	"	22m
Margaret S.	"	19f
George B.	"	17m
William A.	"	13m
Cornelia	"	12f
549 Susannah Shank		45f
America	"	20f
Caroline	"	17f
Frances L.	"	7f
Susan S.	"	5f
Felix W.	"	18m
George F.	"	16m
Polly _____?		36f
550 Felix Wellmaker		51m
Elizabeth	"	39f
William	"	17m
Augustus	"	15m
Nathan?	"	9m
Celestia	"	13f
Alexander	"	11m
Berrian	"	6m
John A.	"	3m
551 John G. O'Farrell		33m
		Ireland
Mary A.	"	27f
Jennette	"	5f
Isabella	"	1f
552 Elizabeth Mulligan		48f
Martha	"	24f
Eliza	"	20f
553 William H. Burdett		28m
Julia A.	"	23f
Nancy J.	"	3f
Sarah E.	"	1f
554 Lucy Silvey?		57f
		Va
Martha Vickers		99f
		Va
555 Abner Semmes?		17m

555 cont'd:
  Garland Cosby   19m

556 Thomas N. Callaway 22m
  Sarah E.   "   18f
  Margaret J. Y."   1f

557 Carter S. Moss   27m
  Harriett   "   27f
  Mary E.   "   5f
  James R.   "   3m
  Lucius J.   "   1m

558 Samuel Flournoy   51m

559 Joseph W. Cooper   62m
  Julia Ann   "   44f
  James   "   23m
  Sarah Ann   "   17f
  Cassandra   "   15f
  Josephine   "   12f
  William   "   10m
  Mary Louisa   "   6f

560 Redding Sims   33m
  Sarah   "   32f
  Elizabeth A." "   11f
  John J.   "   8m
  James R.   "   6m
  Marshall M. ?   4m
  William M.   "   2m

561 Mary Sneed   52f
  W. A.   "   20m

562 Chenith Callaway   36m
  Emily   "   25f
  John W.   "   3m
  Mary   "   2f

563 N. D. Armor   50m
  Elizabeth Armor   48f
  Martha   "   17f
  Newton   "   16m
  Sabrina   "   14f
  Claybrook   "   12m
  Cicero   "   8m

564 William Arnor   23m

565 Jabez Porner?   23m
  Sarah   "   20f
  Frances   "   1f

566 George Bailey   54m
  Nancy   "   47f
  Delilah   "   19f
  Nancy   "   17f
  Sarah   "   15f
  Amanda   "   13f
  George   "   11m
  Joseph   "   9m
  Harriett   "   8f

567 Dolford Silvey   40m
  Eliza A.   "   35f
  Isaiah   "   10m
  Daniel   "   8m
  Richard   "   4m
  Olivia   "   1m

568 Josiah Farmer   22m
  Sarah   "   17f

569 Charles Gresham   67m
                        Va
  Mary   "   35f

570 Ebenezer Crawford   19m
  Mary   "   16f
  Mrs. Richard   45f

571 Isaiah T. Irvin, Sr.*

571 cont'd:
                       *67m
                        Va
  Isabella Irvin   69f
  Martha J. Brooks   19f

572 James M. Dyson   38m
  M___   "   34f
  Sarah   "   13f
  John   "   10m
  Anna   "   8f
  William   "   5m
  William D. Hamilton
                        18m

573 John Huguley   57m
                        Va
  Susannah   "   55f
  Ransom   "   25m
  George   "   17m
  Thomas   "   15m
  Amos Cox   7m
  Mahala Cox   9f

574 Enoch Callaway   58m
  Martha   "   54f
                        S C
  Abner   "   18m
  Eliza   "   14f
  Brantley   "   11m

575 J. M. Jackson   36m
  Harriett J."   30f
  Julia V.   "   12f
  Hartwell P.   "   9m
  Harriett N.   "   6f
  Sarah A.   "   3f

576 Samuel J. Burns   60m
  Rachel   "   41f
  William A.   "   26m
  Samuel   "   20m
  Eliza   "   18f
  Susan   "   15f

577 A. C. McMekin   30m
  Elizabeth "   58f
  Georgiania "   3f
  Garland Goldman   18m

578 William W. Simpson 36m
  T. J.   "   29f
  Edward W.   "   11m
  Mary E.   "   9f
  Isabella L."   5f
  William N.   "   3m
  Elizabeth   "   21f

579 Elijah Echols   38m
  Elizabeth   "   34f
  Martha   "   12f
  Josephine   "   10f
  Thomas   "   8m
  Henry   "   6m
  Aletha   "   4f
  William N.   "   3m
  Sarah   "   1f

580 Jarvis Seale   65m
                        Va
  Cynthia   "   53f
  William   "   19m
  Letitia   "   14f
  Judith   "   10f
  Sarah   "   8f
  Robert   "   17m
  William W. Rhodes   23m

581 George Norman   32m
  Martha A.   "   18f
  Elizabeth   "   1f

582 Richard H. Norman   34m

582 cont'd:
  Eveline C. Norman   32f
  Martha   "   10f
  Amanda   "   8f
  Sarah   "   5f
  Jedida   "   1f

583 William R. Smith   26m
  Frances J.   "   21f
                        Tenn
  Lavinia J.   "   2f
  Sarah E.   "   3/12f

584 Thomas Owen   38m
  Esther   "   38f
  Elizabeth "   12f
  Sarah J.   "   7f
  Almeda A.   "   5f
  John F.   "   3m
  William M."   1m
  Reuben   "   14m

585 Shal___? Oglesby   28m
  Sarah A.   26f
  Junius G.   "   3m
  Martha E.   "   1f
  Franklin Simpson   18m
  Ann   "   15f
  Allen Mathews   24m

586 Robert Huff   46m
  Sarah   "   37f
  John   "   18m
  George   "   16m
  Narcissa   "   14f
  Richard   "   10m
  Archibald "   12m
  Polly A.   "   4f
  Robert   "   2m

587 Miles Callaway   27m

588 David Cosby   44m
  Alatha   "   40f
  Garland   "   20m
  Shadrack   "   19m
  David   "   16m
  James   "   13m
  Green   "   11m
  Alatha J.   "   8f
  Lucy C.   "   6f
  George   "   3m
  Lucy Cosby   65f
                        Va

589 Jane Staples   38f
  Sarah   "   12f

590 Isaiah T. Talbot   27m
  Mary J.   "   19f

591 Joseph Talbot   75m
                        Va
  Bethana   "   65f
  Ferrely?   "   32f
  Martha A. Jackson   12f

592 Thomas Thaxton   22m
  Rebecca   "   20f

593 Parnal Truitt   47m
  Nancy   "   47f
  James R.   "   28m
  Mary E.   "   19f
  Wiley   "   16m
  Willis   "   16m
  Nancy   "   11f

594 Catherine Dodson   45f
                        Md
  Catherine " , Jr.   21f

595 John B. Thornton   27m

595 cont'd:		
Sarah Thornton		22f
Aurora	"	4f
Willie B.	"	2f
596 John Downer		57m
Elizabeth Downer		45f
John H.	"	18m
Cynthia	"	16f
David P.	"	15m
Sanders	"	13m
George	"	11m
William	"	9m
597 Bedford Cade		55m
Mary A.	"	25f
Anna E.	"	3f
Mary A. Worthen		28f
Ellen (Incomplete)		
Nancy Strawn		26f
598 N. M. Taliaferro		48m
Ann	"	45f
Benjamin J.	"	19m
Melinda	"	17f
Nicholas	"	14m
Miles H.	"	12m
James H.	"	7m
Martha	"	2f
599 Timothy Walton		25m
Elizabeth	"	25f
600 Benajah Prather		50m
Elizabeth	"	42f
Mary Ann	"	22f
James J.	"	20m
Sarah M.	"	13f
Barbara E.	"	8f
Amanda J.	"	5f
601 William Hopkins		23m
Hester A.	"	17f
Eliza J.	"	1f
602 Thomas P. Burdett		44m
Martha	"	28f
George B. Smith		7m
William Mulligan		18m
Henry P. Sims		19m
Mary A. Crew		33f
James Burdett		63m
603 John W. Rogers		48m
Jane	"	44f
Delaney	"	19f
John	"	17m
Lucy	"	15f
Susan	"	12f
Sally	"	11f
Frances	"	10f
Martha	"	7f
604 George Hopkins		19m
Sarah	"	19f
Mary J.	"	6/12f
605 William Green		50m
Frances L.	"	46f
John	"	15m
Susan A.	"	12f
Cornelia	"	10f
Mary F.	"	8f
606 M. D. Arnett		31m
Martha	"	21f
William	"	10m
Frances	"	8f
Mary	"	6f
Emma	"	4f
Infant	"	1m
607 Seaborn Callaway, Jr*		

607 cont'd:		*33m
Olive M. Callaway		24f
Simeon	"	10m
Martha S.	"	8f
Eugenia F.	"	6f
Levi M.	"	4m
Chandler	"	1m
608 Thomas N. Rhodes		27m
Sarah Ann	"	22f
Emma	"	1f
609 Willis Amason		25m
Cassandra	"	24f
610 Lewis Farmer		54m
Susan	"	50f
Elizabeth	"	27f
Jesse	"	20m
Judy	"	18f
James	"	15m
Anna	"	13f
Hughy?	"	10f
Julia	"	9f
Amanda	"	2f
Sally	"	11f
611 William A. Callaway		31m
Jane O.	"	34f
Frederick	"	16m
Lucy	"	14f
John S.	"	11m
Elizabeth	"	9f
Martha	"	7f
Sarah	"	5f
Harriett	"	3f
John Jackson		24m
612 James H. Spratlin		32m
Martha	"	26f
Henry	"	9m
Martha	"	7f
Mary	"	4f
John	"	2m
James	"	1m
613 William L. Worthen		37m
Sophia	"	32f
Sarah F.	"	13f
Mary C.	"	12f
Emma A.	"	10f
Sophia E.	"	9f
Ann E.	"	6f
Laura B.	"	5f
Amelia J.	"	3f
Martha J.	"	1f
614 Mary Bemis		32f
William L. Bemis		12m
John T.	"	10m
Sophia	"	7f
Davis	"	4m
615 James M. Nelms		29m
Frances J.	"	32f
John	"	11m
Elizabeth	"	9f
Serreptha	"	7f
Dicy A.	"	3f
616 H. J. Sherrer		32m
Mary A.	"	26f
Sarah	"	7f
Lucy	"	5f
Eliza	"	3f
617 Moses Arnold		63m
Catherine Arnold		45f
Moses	"	16m
Randall	"	19m
Vincent A.	"	17m

617 cont'd:		
Benjamin F. Arnold		14m
John	"	6m
William	"	7m
Susannah	"	2f
618 Allen J. Arnold		66m
Eunice	"	50f
Richard P.	"	28m
Allen	"	21m
Moses	"	19m
Susan A. D.	"	17f
Oliver	"	15m
619 William Coats		49m
Sarah	"	57f
Anna M.	"	16f
620 John C. Stephens		50m S C
Elizabeth	"	30f
Mary A.	"	11f
Martha	"	5f
Margaret	"	4f
John R.	"	2m
William	"	1m
621 John E. Evans		20m
622 James P. Dorough		36m
Serena A.	"	26f
Thomas L.	"	9m
Mary A.	"	6f
Martha S.	"	4f
Sarah J. D.	"	2f
623 Joshua Dorough		34m
Sarah J.	"	24f
John R.	"	8m
Martha	"	5m
James	"	2m
624 Luke Turner		54m
Mary E. J. Favor		20f
William G. Turner		19m
Luke	"	18m
Mariah Triplett		35f
625 William Sherrer		71m Va
Caroline	"	29f
Frank	"	25m
George W.	"	3m
Henry T.	"	1m
Susannah Frasier		62f N C
626 Welcome Fanning		51m
Louisa	"	49f
Sarah	"	26f
Webster	"	19m
Charles Ann	"	11f
Bryant	"	8m
Ellen	"	13f
A. J. Orr		32m
Martha Orr		21f
627 John M. Ivey		30m
Mrs. C. Ivey		25f
628 Edward Jackson		31m
Caroline	"	30f
Willis	"	11m
Mary Ann	"	10f
John	"	9m
William	"	7m
Martha	"	5f
Enoch	"	6m
629 William Hubbard		56m
Elizabeth	"	52f
Emily Dye		26f

630	Burwell Hood	58m	645	L. S. Brown	60m	659	cont'd:	
	Elizabeth "	49f			Va		Kate Hester	13f
				Sarah A. Brown	52f		John "	12m
631	Avery Hood	19m		Caroline S. Wingfield			Simeon "	10m
	Mildred "	20f			40f		Isabella "	4f
				Charles W. Hancock				
632	Johnson Norman	42m			28m	660	Peter Donnelly	29m
	Rachel "	36f			S C			Ireland
	Susan "	6f		Amanda "	24f		Charlotte "	19f
	George "	4m		Olivia B. "	3f			Ga
	Meda "	2f		Benjamin Randall	20m		Patrick " Ireland	
	Manoah Bottom	7m		F. M. Wylie	18m		Charles L. Turner	22m
					Tenn			
633	Henry Spratlin	36m				661	A. W. Semmes	20m
	Mary "	32f	646	H. M. McMillan	41m			
	William J. "	9m			N C	662	F. Ficklen	48m
	Johnson "	7m		Jane Psalmond	25f			Va
	Susan "	6f					Frances Ficklen	42f
	Mary "	3f	647	Robert H. Vickers	36m		Burwell "	20m
	Sarah "	1f			N C		Georgia "	18f
				Catherine "	32f		Sarah "	16f
634	Mary Spratlin	66f			S C		Mary J. "	14f
	Mary "	12f		Sarah "	2f		William A."	9m
				Henry A. "	3/12m		John T. "	6m
635	Wylie P. Hill	31m		Sarah Rakestraw	37f		James "	3m
	Jane J. "	25f		Eliza Edwards	8f		Ella "	1f
		S C						
	Thomas A. "	3m	648	Garland Wakefield	59m	663	Thomas Semmes	49m
		Ga		Rebecca A. "	49f		Catherine "	34f
	Sarah M. "	2f						Md
		S C	649	John S. Robertson	30m		Alfonzo "	20m
					S C		Roger "	18m
636	Martha Hill	68f		Elizabeth "	29f		Mary "	12f
	Eliza R. Hill	21f		Annie "	7f		Richard "	10m
				Mary "	6f		Jane "	4f
637	L. M. Hill	46m		Catherine "	4f		Virginia "	9f
	Martha "	36f		William "	3m		Ralph? "	6m
	William W. Hill	24m					Thomas "	7m
	John M. "	22m	650	Susan Wingfield	57f		William "	3m
	Wylie P. "	20m		Cornelia "	25f		Julia "	1f
	A. C. "	18m		Leonora "	22f			
	B. P. "	16m		Sabina Terrell	80f	664	A. S. Wingfield	49m
	Duncan C. "	13m			S C		Sarah "	35f
	Ida M. "	15f						S C
	Thomas W. "	11m	651	William Brown	30m		Asbury Tate	16m
	H. J. "	9m			N C		Samuel Wingfield	12m
	James D. "	7m		Mary P. "	25f		Sarah "	5f
	L. M. "	5m					Frances "	1f
	A. W. "	2m	652	V. L. Nunnally	21m			
						665	James E. Wadduy?	32m
638	William R. Cox	35m	653	James B. Landers	31m			Va
	Mary "	58f		Sarah "	21f		Martha F. "	25f
	Mary J. "	27f		Virginia "	4f			S C
	Emily "	26f		Emma W. "	2f		Charles "	4m
	Elizabeth "	21f					Mary R. "	2f
	Nancy "	15f	654	John Moore	20m		Thomas B. "	6/12m
	James "	18m					Martha Jones	50f
	Callaway "	9m	655	David Plumb	63m			Va
					Conn			
639	William H. Pope	50m		Henrietta D."	50f	666	C. L. Bottom	51m
					S C		Mary "	48f
640	John H. Burkes	57m		Alonzo F. "	13m		James N. "	25m
				Ann H. "	7f		Charles L."	16m
641	John H. Dyson	47m		Sophronia "	30f		John F. "	13m
	Emily C. "	32f					Mary "	9f
	Archibald S."	16m	656	J. N. Wingfield	36m			
	Mary S. "	14f		Octavia "	22f	667	R. R. Randolph	50m
	Annie "	11f		Thomas S. "	2m		Mary A. "	28f
	Abigail "	8f		James L. "	1/12m			
	Emily C. "	5f				668	S. C. Ellington	42m
	Grace L. "	1f	657	J. J. Harmon	24m		Mary E. "	33f
	George Dyson	35m		Augusta "	20f		Elizabeth S."	15f
				Mary "	2/12f		Lucretia M. "	13f
642	Nathaniel M. Sneed	29m					Josiah B. "	7m
	Sarah L. "	23f	658	Royland Beasley	57m		Esther J. "	9f
				Catherine "	49f		Charles S. "	5m
643	James R. Sneed	30m		Sarah Jackson	7f		William D. "	2m
	Anna H. "	27f		John B. Weems	25m			
	Mary L. "	9f		Mary E. "	22f	669	Henry Terrell	59m
	Lizzie H. "	7f		Mary J. "	1f		Sarah "	53f
	William M. "	5m						
	Gilbert H. "	4m	659	Simeon Hester	42m	670	Thomas K____gh	58m
				James "	16m			Ireland

130

670 cont'd:		
Jane K____gh		44f
		S C
Elizabeth	"	18f
John	"	16m
Isaac	"	12m
William	"	9m
Mary	"	7f
Susan	"	5f
James	"	2m

671	Albert Bowdrie	28m
	Lucy "	19f
	Charles "	1m

672	E. Bowdrie	64f

673	S. Pettus, Sr.	62m
		Va
	Mary "	64f
		Va
	Mary Ann "	37f
		Ga

674	E. W. Burton	45m
		S C
	V. R. "	35f

675	J. Z. Burton	16m
	Mary J. "	13f
	N. R. "	10m
	J. E. Weems	48f
		S C
	Isabella Weems	21f
	Walter "	16m
	Harriett "	17f
	Samuel "	10m
	Edward "	13m
	James "	9m
	Julia "	8f
	Elizabeth Barnett	50f
	Emma "	21f
	Mary "	19f
	J. R. Semmes	31m
	Lucy "	30f
	Mary "	8f
	Andrew "	10m

676	John T. Branham	30m

677	Sarah E. Branham	27f
	Mary W. "	44f

678	David Mayo	57m
		Mass
	Lucy "	44f
		S C
	Lucy "	22f
	Julia "	16f
	Henrietta "	7f
	Frances A. "	3f

679	M. P. Callaway	36m
	Mary A. "	36f
	Murrell P. "	7m
	Henry J. "	5m
	James B. "	3m
	Isaiah T. "	6/12m
	Mary J. Walton	16f
	John H. "	12m
	William S. "	10m

680	L. Jules Dautel	43m
		France
	S. Ann "	24f
		S C
	Parmelia "	10f
	Louis J. N. P."	7m
	Louisa J. "	6f
	Edward J. "	19m
		N Y

681	James Roberts	42m

681 cont'd:		
Eliza Roberts		30f
?	"	16f
William	"	14m
John	"	12m
Virgil	"	10m
Octavia	"	8f
Benjamin W."		6m

682	Ransom H. Walker	51m
	Temperance "	38f
	Susannah F."	18f
	James T. "	15m
	George H. "	9m
	Martha J. "	6f
	Elizabeth "	3f
	Edmund E. "	2m

683	William h. Evans	36m
	Gabrielle "	20f
	Mary E. "	8f
	William W. "	5m

684	William R. Foote	30m
		Conn

685	Gabriel Toombs	36m
	Mary "	31f
	Eugneia "	5f
	Julia "	3f
	Robert "	1m

686	Thomas Cullen	40m
		Ireland
	Susan R. "	35f
	John M. "	8m
	Sarah J. "	5f
	Sarah Little	37f

687	Benjamin T. Bowdrie	
		36m
	Mary E. "	28f
	Walter "	10m
	Hayes "	8m
	Evelyn "	6f
	Mary E. "	4f
	Isabella "	2f
	Stephen P. "	1m

688	Garnett Andrews	51m
	Annulett "	40f
	John T. "	18m
	Ann C. "	20f
	Henry F. "	15m
	James G. "	13m
	Eliza F. "	8f
	Texas W. "	5f
	Eliza Bell	60f
	Ann E. F. Bowdrie	21f

689	Patrick Gillan	23m
		Ireland
	Rebecca "	27f
	Sarah "	1f

690	Thomas H. Hardy	23m

691	Morris Marcus	30m
		Poland
	Sarah "	23f
	Sarah J. "	4f
	Stanton P. "	2m
	Avashti Mono	16f
	Alexander B. Ephraim	
		27m
		Poland

692	Patrick Fitzpatrick	
		45m
		Ireland
	Elizabeth "	38f
		Ireland
	Alexander "	18m
		N Y

692 cont'd:		
Eliza Fitzpatrick		16f
		N Y
Mary J.	"	8f
M. H.	"	6m
James	"	4m
Ellen	"	3f
Kate	"	1f
John Mines?		30m
		Ireland

693	John R. Smith	37m
		Ireland
	Eliza E. C. W."	31f
		S C
	Joseph J. "	12m
		Ga
	Mary E. "	9f
		S C
	William J."	7m
		S C
	Rebecca W."	5f
		S C
	Eliza "	2f
		S C
	Isabella Belcher	52f
		S C

694	Ann W. Stone	65f
	Samuel Barnett	26m
	Elizabeth A."	25f
	Arena E. "	3f
	Francis W."	1m

695	David E. Butler	32m

696	John Eidson	59m

697	John D. Floyd	39m
		Va
	Parthenia "	47f
	Lucinda B."	20f
	William "	15m
	John "	10m

698	Robert Toombs	40m
	Julia "	36f
	Louisa "	17f
	Sarah A. "	16f
	Julia Pope	12f

699	John B. Green	52m
		Va
	Elizabeth"	37f
	Mary "	17f
	William "	15m
	John "	10m
	Sarah "	8f
	Burwell "	6m
	Theoderick "	4m
	Catherine "	2f

700	William Stone	65m
		Conn
	Mary "	55f
	Alexander "	40m
	Margaret "	18f
	Emma F. Dearing	35f
	Margaret "	8f
		Miss

701	(skipped)	

702	William M. Reese	32m
		Penn
	Lucy "	30f
	Melton "	2m

703	Melton G. Roberts	27m
		S C
	Sarah F. "	23f
	Frances C."	2f
	Ann Pettus	72f

#	Name	Rel	Age
704	Gusta Watkins		55m
	Nancy	"	35f
	John	"	8m
705	James A. Rheam		28m S C
	Harriett	"	27f SC
	Nancy E.	"	6f
	John T.	"	5m
	Minerva	"	4f
	George W.	"	2m
	Amanda	"	1f S C
706	John Hogan		36m Ireland
	Mary A.	"	36f Ireland
	John	"	13m N Y
	Mary C.	"	6f
	Margaret A.	"	4f
	Lucy	"	2f
	George	"	10m
707	James W. Robinson		62m Del
	Caroline B.	"	31f
	Solomon J.	"	17m
	Alexander W.	"	7m
	Llewellen	"	6m
	Laura	"	3f
	Ellen C.	"	2f
708	George W. Palmer		38m
	Sarah E. W.	"	37f
	Stephen R.	"	13m
	George	"	10m
709	Mrs. Mary R. Anthony		50f
	Emma E.	"	21f
	Edward M.	"	14m
	W. Anna	"	12f
	James R.	"	9m
	Julia I.	"	6f
710	Elizabeth Hamilton		53f
	Joseph	"	14m
	James D. Burdett		25m
711	Francis Colley		65m Va
	Frances S.	"	60f Va
	Dimsey	"	25m
	Zebulon	"	19m
712	L. J. Gartrelle		27m
	Louisa E.	"	24f
	Henry C.	"	5m
	Frances B.	"	2m
	Elizabeth Banks		22f
713	Green P. Cozart		40m N C
	Mary	"	28f
	John P.	"	3/12m
714	A. J. Massengale		31m
	Luther J. Carrington		22m Tenn
715	Mrs. Caroline Merry		42f
	Sarah E.	"	14f
	Caroline E.	"	12f
	Bradford	"	10m
	Elizabeth W.	"	6f
	Mary L.	"	3f
716	A. A. Cleveland		50m Conn
	Ellen R.	"	19f
	Harriet E.	"	18f
	Caroline A.	"	16f
	Charlotte	"	14f
	Thomas P.	"	12m
	John W.	"	10m
	Augustus S.	"	5m
	Elly S.	"	3f
717	L. P. Caldwell		22m
	A. B.	"	16m
	William C. Ward		17m
	Car__ J. Hemphill		16f
	Jane Gideon		63f
	William P. Truitt		25m
718	Harriett Petott?		45f N Y
	Mary H.	"	19f S C
	Rosabelle	"	14f Ga
	Mary W. Winslow		47f N Y
	George H. Petrie		38m S C
	Mary J.	"	32f S C
	Mary E.	"	12f S C
	Charlotte P.	"	7f Ga
	George L.	"	10m
	A. Taylor		26f
	E. P.	"	24f N Y
	Antonia Moore		16f
	Mary Wynn		12f
719	G. G. Norman		41m
	S. A.	"	37f
	Martha C.	"	17f
	Thomas C.	"	15m
	Susan M.	"	11f
	Lydia E.	"	9f
	Mary G.	"	5f
	Emma A.	"	2f
720	Alexander Pope, Sr.		60m Va
	Cornelia W.	"	30f
	Hunter C.	"	21m
	Boling	"	19m
	Mary	"	17f
	Sarah	"	14f
	Eliza J.	"	12f
	Ann	"	11f
	William A.	"	16m
	Hopkins W.	"	5m
	Anulet A.	"	4f
	Nathan H.	"	2m
	Lucy S.	"	3/12f
721	A. L. Alexander		47m
	Sarah H.	"	42f
	Harriett V.	"	20f
	Mary C.	"	18f
	William F.	"	17m
	Edward P.	"	16m
	Charles A.	"	12m
	James H.	"	10m
	Marion B.	"	7m
	Alice B.	"	2f
722	R. M. Wright		34m Mass
723	D. P. Hillhouse		60m
724	John H. Pope		68m Va
	William Henry	"	20m
	George C.	"	18m
	Benjamin S.	"	16m
	Martha E.	"	12f
725	James Cull		48m Ireland
	Rozana	"	48f Ireland
	Barney	"	17m S C
	Thomas	"	15m Ga
726	Edward Loyzelle		27m France
	Avonia	"	24f S C
	Edward P.	"	1/12m
727	Dorothy Randolph		73f Va
	Mariah	"	40f
728	John Jesse		55m Va
	Lucy S.	"	44f Va
	Thomas H. Jesse		10m
	Lucy C.	"	8f
729	Frances A. Lipham		63f
	Martha A. Hayes		13f
730	Rachel Barber		37f N Y
	Mary E.	"	15f Conn
731	Nancy Anthony		73f Va
732	Martha E. Carter		26f S C
	Harriett	"	29f S C
	Catherine Callighan		30f D C
733	Mary A. Jones		70f Md
	Sarah Psalmond		35f
734	Diana Kappel		56f Europe
	Benjamin	"	15m

INDEX
1850 Census of Wilkes County, Georgia
Heads of Households

Adams, F. H. 2
Agee, Christopher 190
   Joshua 468
Alexander, A. L. 721
Amason, Willis 609
Amerson, Warren B. 411
Anders, Celia 41
   John 44
Anderson, Edmund W. 157
   E. R. 85
   Thomas 62
   William 373
Andrews, Garnett 250
   William 26
Anthony, Mark S. 402
   Mary 709
   Nancy 731
Armor, N. D. 563
   William 564
Armstrong, Francis 445
Arnett, Albert W. 203
   Berry A. 143
   M. D. 606
   Oliver C. 227
   William G. 120
Arnold, Allen J. 618
   James 434
   Mary 508
   Moses 617
Aycock, Presley 521

Bailey, Ephraim 108
   George 323
   Russell 322
Baird, William W. 121
Barksdale, Beverly 335
Barnett, John P. 319
   P. J. 321
   William 318
Barrett, Richard 177
   Robert T. 293
Beall, Mary 183
Bell, Batty T. 401
   Benajah 405
   John 250
Benson, James 228
   James A. 146
   William 226
Binns, Burwell 79
   Christopher 516
   Johnson W. 327
   Sarah 517
Blakey, B. A. 429
   Joseph T. 153
   Judith 324
   Mary A. 375
Boatwright, R. M. 5
Booker, Efford W. 456
   John M. 152
   Richard 449
   William M. 447
Boren, John 167
Boswell, Charles 66
   Elkanah 24
Bradford, Richard 31
Bradley, Ann 35
Brady, Washington 54
Bramlett, L. W. 247
Brooks, Henry 196
Brown, W. T. 302
Bryant, Archibald 328
   Christopher 386
   Nancy 326
   Rich 67
Bufford, William D. 129
Bunch, Gideon 83
Burdett, James W. 131
   John G. 539
   Joseph T. 519

Burdett (cont'd:)
   Samuel J. 576
   Thomas J. 465
   William H. 553
Bussey, C. H. 484
   H. T. 212
Butler, David E. 695
   John 1
Byrd, Braxton 63
   Bryan 479
   John P. 505
   Philomel 504

Cade, Bedford 597
   James 368
   Joseph H. 7
   William 22
Cahoon, Jesse 100
Caldwell, L. P. 717
Callaway, Chenith 562
   Enoch 574
   Jesse 186
   Levi 151
   Miles 587
   M. P. 679
   Parker 417
   Seaborn, Jr. 607
   Seaborn, Sr. 409
   Thomas N. 556
   William A. 611
   W. J. 51
   Woodson 444
Cammack, Joseph C. 485
Campbell, David 481
Carley, John G. 199
Carrington, David 70
Carter, Joseph W. 245
   Martha 732
   Mary 367
Cato, Thomas 14(Cash?)
   Christopher 254
Chaffin, Jessie M. 118
Chase, J. D. 451
Chivers, James A. 195
   Joel R. 180
   Thomas H. 181
Cleveland, A. A. 716
Coats, William 619
Cofer, Joseph B. 127
   Mary 187
   Thomas L. 169
Colley, Francis 711
   John O. 173
   Spain 101
Collins, Gibson 371
Combs, Elizabeth 87
   Mary 307
   P. F. 86
Cooper, Gideon 540
   James 548
   John D. 23
   Joseph W. 559
   Thomas H. 102
Corban, Thompson 3
Cornelison?, Sarah 107
Cosby, David 588
Cotting, D. G. 408
Cox, Thomas J. 384
   William R. 638
Cozart, Green P. 713
Crane, Joshua 410
Crawford, Ebenezer 570
Crook, Isaiah 492
   Lewis 491
Culbertson, Jefferson 197
Cull, James 725
Cullen, Thomas 680
Curry, Elizabeth 345
   John M. 358

Curry (cont'd:)
   Marion 341
   Simpson 357

Danforth, Samuel 145
Daniel, Samuel 219
Danner, Mary 469
Darracott, Mary 211
Dautel, L. Jules 680
Dearing, Elijah 257
Dent, Richard H. 364
Dickens, Isaac A. 241
Dodson, Catherine 594
Donnelly, Peter 660
Dorough, James P. 622
   Joshua 623
   Willis R. 213
Downer, George 92
   John 596
   Joseph 398
Dozier, E. A. 140
   Tilman F. 309
Drinkard, John T. 240
Dubose, James R. 446
Duffy, Timothy 448
Dunnaway, Benjamin 350
   Joseph 200
   Samuel 501
Dye, William 431
Dyson, James M. 572
   John H. 641

Echols, Elijah 579
   Van A. 295
Edmunds, James 292
   Sarah R. 291
Edmundson, William L. 103
Eidson, John 696
   John S. 175
Elkin, William 198
Ellington, S. C. 668
Elliott, James R. 463
   Thomas 541
Evans, Arden, Jr. 265
   Arden, Sr. 264
   John 267
   John E. 621
   Joseph 266
   William H. 683

Fanning, John C. 96
   Welcome 626
Farmer, Josiah 568
   Lewis 610
Favor, Thomas 509
Ficklen, F. 662
Finley, John 179
Fitzpatrick, Patrick 692
Fletcher, A. S. 158
Florence, George W. 113
   Gibson 453
   John 459
Flournoy, Samuel 558
Floyd, John D. 697
Flynt, James H. 280
Foote, William R. 684
Fortson, B. W. 42
Fouche, Daniel 139
   Thomas 262
Frasier, Thomas 394
Freeman, W. H. 81

Gardner, Joseph 162
Garrard, Allen T. 283
   George A. 284
Gartrelle, Joseph 483
   L. J. 712
Gibson, Sarah P. 112
   Sidney 425

Gibson, William 340
Gilbert, Richard 399
Gill, Thomas Y. 27
Gillan, Patrick 689
Goldman, Mary 440
Graves, John 478
Green, John B. 699
   Joshua 530
   William 605
Gresham, Charles 569
   George 454
   Jane 308
   John B. 699
   Kauffman 455
   Rebecca 315
   William 320
Guest, James B. 272
Gullatt, Peter 533

Hackney, James M. 228
   James T. 126
   John 271
Halliday, Nancy 106
Hambrick, Moses M. 218
Hamilton, Elizabeth 710
Hammock, Elizabeth 233
   John B. 450
   Micajah 421
Hampton, William 277
Hanson, Margaret 511
Hardaman, B.? 510
Hardin, Benjamin B. 260
Hardy, Mrs. ___ 269
   Thomas H. 690
   William D. 164
Harmon, J. J. 657
Harris, Elbert G. 176
   James 119
Harrisburger, Robert 313
Hawkins, John L. 57
Heard, Caroline 433
   James L. 331
   John A. 332
   John W. 90
   Nancy 334
   Thomas A. 89
   William H. 333
   William S. 16
Henley, James 37
Henry, Dexter 385
Hester, Simeon 659
Higginbotham, William 8
Hill, L. M. 637
   Martha 636
   William Y. 235
   Wylie P. 635
Hillhouse, D. P. 723
Hinton, J. 365
   J. R. 40
   Noah 161
Hogan, John 706
Holliday, Allen T. 466
   William T. 464
Holmes, Robert W. 305
   Wylie T. 304
Hotzclaw, Benjamin 166
   David 98
   Timothy 306
Hood, Avery 631
   Burwell 630
Hopkins, George 604
   George W. 527
   Thomas 467
   William 601
   W. W. 303
Howard, James W. 337
Hubbard, Creed 498
   William 629
Hudson, David B. 66
Huff, Leonidas 94
   Robert 586
Huguley, Amos 538
   John 573

Huguley (cont'd:)
   John A. 256
   John T. 174
   William 528
Huling, James 419
Hurley, Henry 110
   Sarah 111
Hyde, David 236

Irvin, Daniel 200
   Isaiah, Jr. 251
   Isaiah, Sr. 271
Ives, Christopher 11
   Stephens 12
Ivey, Charles 128
   John M. 627

Jackson, Edward 628
   J. M. 575
   John F. 513
   Joseph 343
   William 430
   Wyche 532
   Wylie S. 105
   Sarah 514
Jarrett, Johnson T. 192
   Sarah 263
Jesse, John 728
Johnson, James 232
   John P. 252
   Margaret 547
   Thomas 99,231
   Tyre 165
Jones, Alexander 477
   Barrington 172
   Mary A. 733
   Mary E. 403
   Phoebe 518
   Robert 59
   Toliver 57
Jordan, John 418

Kappel, Diana 734
Kendall, Reuben 377
Kendrick, Nancy 311
Killgore, Charles A. 204
Kirkland, Snowdon 524
K___gh, Thomas 670

Landers, James B. 653
Lane, James H. 415
Laughter, Jane 109
   John 522
Lindsey, James 392
   Letitia 33
   William 39
Lipham, Frank A. 729
Little, Archibald 95
Littleton, Anderson 259
   Enoch 223
   John 222
Lockett, J. R. 78
Loyzelle, Edward 726
Lunceford, Peter 122
   William 191
Lyle, James 229
Lynch, Milly 480
Lynn, Sarah E. 214
Lyon, Nathan 55

McAry?, John 278
McCrary, Isaac 178
   James 141
McDermott, John 369
McElhaney, Mary 80
   William 382
McElroy, William 462
McJunkin 65
McKinney, George 220
   Mary A. 317
McKnight, Jane 261
McLendon, Francis 336
   Isaac A. 390

McMekin, A. C. 577
   Nathaniel 404
McMillan, H. M. 646

Mahoney, C. O. 136
   Dennis 137
Marcus, Morris 678
Marlor?, Mary A. 544
Marshall, Thomas C . 88
Mason, Alfred 97
Massengale, A. J. 691
Mathews, Griffin 150
Maxwell, Robert 246
   William 255
Mayo, David 678
Merry, Caroline 715
Milner, O. E. 275
Moore, Cassandra 407
   Elizabeth 298
   George W. 294
   Isabella 244
   John 654
Moreman, Charles M. 495
Moseley, Nancy 496
Moss, Carter S. 557
   Phoebe 68
Mulligan, Elizabeth 552
Murphy, John 507
   John S. 470
Muse, John M. 338
   William P. 339

Nash, Jacob B. 297
Nelms, James M. 615
Newman, Nemantha 69
Nichols, John 490
   William 489
Nolan, James 523
Norman, Amanda 171
   Barton 45
   George 581
   G. G. 719
   Henry W. 74
   James 53
   John 48
   John H. 170
   Johnson 632
   John L. 310
   Richard 582
   William 47
   William B. 25,344
Nunnally, V. L.652

O'Farrel, John G. 551
Oglesby, S___ 585
Owen, Thomas 584
   William D. 34
Owens, Andrew 386

Palmer, George W. 708
Parham, Uratice? 437
Parkerson, Zadock C. 502
Paschall, Benjamin 474
   Dennis 458,475
   Samuel 457
   William 476
Patterson, Green 545
Peteet?, Elizabeth 210
   Martha 208
   Richard 209
   William R. 75
Petott?, Harriett 718
Pettus, Stephen G., Jr.400
   S., Sr. 673
Plumb, David 655
Pool, John J. 224
   William 217
Pope, Alexander, Jr. 234
   Alexander, Sr. 720
   John H. 724
   William H. 639
   Wylie M. 435
Porner?, Jabez 565

Poss, Elijah 61
  Elijah S. 237
  George 285,493
  Henry 274
  John M. 94
  R... n ?.
Prather, Benajah 600
  William W. 520
Psalmond, Elizabeth 30
  Susannah 360
  Thomas 379
  Thomas L. 155
Pullen, Dicy 21
  Elijah 28
  George 36
  James 133
  Mary 29,289
  Silas M. 243
  Thomas Y. 287

Quinn, B. J. 144
  William D. 154

Randolph, Dorothy 327
  R. R. 667
Reese, W. M. 702
Revier, Herbert 77
  Holland 316
Rheams, James A. 705
Rhodes, John W. 363
  Samuel 438
  Thomas N. 608
Rice, John M. 168
  N. G. 163
  Samuel G. 58
Rives, John G. 114
Roberts, James 681
  Melton G. 703
Robertson, John S. 649
Robinson, James W. 707
Rogers, John W. 603
Rose, Henry 543
Runnels, Harman 299

Saffold, Amanda 325
Saggus, John 273
  John S. 281
Sales, Guilford 393
Sanders, Lucy 206
Saxon, Samuel 270
Seale, Jarvis 580
Self, John D. 242
Semmes, Abner 555
  A. W. 661
  Thomas 663
Shank, Felix 461
  George S 460
  Susannah 549
Sheppard, Joseph 52
Sherrer, H. J. 616
  Lewis D. 282
  Terry P. 185
  William 625
Short, John 515
Shumate, Daniel 82
Silvey, Dolford 567
  Lucy 554
Simmons, Joseph 378
Simpson, William W. 578
Sims, Camilla 478
  Redding 560
Slaton, William 268
Smith, Benajah 156
  Elbert 104
  Francis E. 50
  George B. 205
  James 117
  John R. 693
  Joanthan 125
  Reuben 432
  William E. 536
  William R. 583
  Zadock 396

Sparks, Mary 452
Spratlin, Henry 633
  James A. 138
  James H. 612
  Mary 634
Sneed, James R. 643
  Mary 561
  Nathaniel M. 642
Snelson, Joel T. 406
  Nathaniel 443
  William L. 239
Standard, Daniel H. 216
  Daniel S. 397
Stephens, John C. 620
Stinson, Phoebe 64
Stokes, A. T. 132
Stone, Ann W. 694
  William 700
Stovall, S. B. 471
Stribling, Aarah 225
  F. M. 116
Strother, Thomas H. 486
Strozier, John W. 416
Sullivan, John 19
Sutton, Moses 329
  Thomas 420
  William 37

Talbot, Isaiah T. 590
  John R. 249
  Joseph 591
  Reuben 253
  Sarah A. 542
Taliaferro, N. M. 598
Tally, Willis 330
Tankersley, Griffin 506
Tate, L. P. P. 160
Terrell, Henry 669
Thaxton, Thomas 592
Thompson, John D. 546
Thornton, John 91
  John B. 595
  Phillip 395
Thurman, Benjamin 391
  Charles 424
  Felix 426
Tinsley, James 500
Toombs, Gabriel 685
  Robert 698
Towns, Charles 135
Truitt, Parnal 593
Truslow, John A. 159
Tuck, Benjamin W. 230
Tucker, Benjamin 529
Turner, Gibson 46
  Henry 362,388
  Kimbrew 147
  Lewis 361
  Luke 624
  William A. 370
  Zelphia 366

Vaughn, Nelson 288
Vickers, Robert H. 647

Wadduy,? James E. 665
Wakefield, Garland 648
Walker, Charles R. 182
  Ransom H. 682
Wallace, Benjamin 276
Waller, Edward 73
  Nimrod 20
Walton, John H. 84
  R. T. 148
  Timothy 599
  William 49
Ware, Nicholas G. 535
Waters, George 123
  Sarah 124
Watkins, Aug P. 215
  Gusta 704
Welborn, Lucinda 279
  Martha 482

Wellmaker, Elias 488
  Felix 550
  Israel 258
West, John 296
Wheatley, Abel 389
  Joseph 359,372
  S. G. 376
  William J. 38
Wilkinson, H. J. 13
  James W. 18
Williams, George W. 428
  Jesse 312,422
  Martha 6
  William M. 423
Williamson, James W. 18
  John C. 413
  Joseph C. 414
  Mary 412
Willis, F. T. 503
  Isaiah 134
  James D. 290
  Stephen H. 184
Wilson, Thomas 207
Wingfield, A. S. 664
  Charles 221
  Charles E. 301
  Garland 648
  J. N. 656
  Susan 650
Wolf, Andrew 525
  George 532
  George A. 526
  Jacob 512
Woodruff, Hardin 342
Wootten, John B. 499
  John L. 9
  R. W. 248
Worthen, Eli 43
  John 72
Wright, James C. 427
  John 436
Wylie, Henry L. 442
  Nichols 441
Wynn, John L. 201
  Lemuel B. 531

As the previous indexes are "Head of Household" only, the following is a surname index of other persons living in those households for the 1850 and 1860 Elbert County, Georgia and the 1850 Wilkes County, Georgia census.

1850-Elbert County:

Adams 752,777,807,890
Adkins 886
Alexander 5,682,763
Allen 985,993
Allgood 154,492,526,820
Almond 885
Altman 993
Amoss 347
Anderson 334
Andrews 413
Anthony 165
Arnold 30
Ashworth 51,393
Attaway 263
Ayers 215,1134,1152

Bailey 27,359,428
Ballenger/Ballinger 291, 813
Barnard 984
Beck 30
Beggs 824
Bell 173,760
Black 292
Blackmon 929
Blakely 823
Bobo 712,960
Bond 19,97,546
Booth 849
Bowman 82
Bradford 497
Brawner 506
Bridges 604,606,705
Brown 448,462,582,854
Burch 784
Butler 238,239

Caldwell 503
Campbell 1037
Carlton 796
Carpenter 965
Carter 496,893
Cason 396,790,849,1132
Cauthen 962
Chapman 1061
Cheek 278
Childers 675
Christian 219
Clark 1,374,393,395,702, 854,878
Cleveland 53,836
Coats 465
Cobb 712
Cohn 989
Coker 1089
Colbert 1180
Collier 728
Cook 984
Cooper 943
Cornell 1044
Corrigan 384
Couch 260
Cox 925
Craft 683,873,962,974,982
Crawford 545,664,685
Crenshaw 458
Crocker 550
Cube___? 808

Daniel 769
Dickerson 390
Dickson 482
Dike 989
Dillard 922
Dockins 1160
Downer 177

Dubose 382
Duncan 1165
Dunn 579,853,879
Dye 13
Dyer 485,561

Eaton 828
Edwards 1,349,362,381,482
Ellington 987
Ephram 993

Fleetwood 892
Fleming 462,706,949
Ford 169,889
Fortson 6

Gaines 130
Galloway 535
Gibbs 347
Goolsby 1054
Gray 674
Gunter 521

Hairston 719
Hais 635
Hall 27,396,864,1094,1096, 1168
Hamm 808,854
Hanks 562
Hansford 780,1090
Harbin 1166
Hardaman 840
Harper 897,1000
Harris 360
Harrison 50
Hawes 1056
Haynes 822
Henry 1,173
Hickman 768
Hierscross 1171
Higginbotham 239
Higgins 882
Hill 357,564,763,1107
Holway 351
Horton 248
Howard 23
Hughs 580
Hulme 843
Hun___? 77
Hunt 831,889,900
Hutcherson 893

Jackson 351
James 2
Johnson 166,339,465,633
Johnston 984
Jones 6,29,361,364,440,500, 536,889,912,945,1138
Jordan 571
Jos? 1118

Keaser 997
Kellar 351

Lawtons 294
Lomi___ 468
Lowry 1110
Lumm 515

McDaniel 22
McGhee 601
McLanahan 772
McMullan 601,635

Macbeth 577
Madden 199
Marcus 993
Maxwell 806

Means 861
Miles 169
Mobley 334
Moore 963
Morgan 478,677
Mulchy 30

Narrett? 1079
Nash 778
Nelms 270,378,920,1158
Nunnally 457

Oglesby 234
Owens 1065

Page 1155
Palentine 936
Paramore 906
Parker 962
Parrott 18,503
Pass 782
Pendleton 839
Phelps 293
Pledger 300
Pool 565
Porter 996
Powell 617,980
Prather 27,52,1052
Pritchett 621
Pulliam 27,379,885

Ramsey 570,584
Ray 1103
Renne 1079,1109
Rice 734,765
Richardson 599
Riley 45,256,659
Ripley 473
Risner 595
Robbards 312,346,906,1053, 1068
Roebuck 769,1174
Rogers 926
Rosser 248
Rowzee 720
Russell 218

Salmon 999
Sanders 240,415,425
Sayer 662
Seals 580,743
Simmons 179
Simpson 287
Smith 171,342,889,986,1112
Spool 167
Stalnaker 856
Stanton 463
Stark 461
Stevens 988
Stock 763
Stovall 98
Strickland 48
Sullivan 712,1103
Swindle 273

Tate 882
Taylor 152,530,858,924
Teasley 825
Tennell 841
Terrell 211
Thomas 993
Thompson 151
Thornton 24,650,916,1016, 1078
Thrasher 572
Threlkeld 285
Tibbett 897
Tucker 53,844

1850 Elbert Co. cont'd:

Turner 20,515,580,993
Tyner 114,743,780,1090

Upshaw 712

Vanduzer 995
Vapar 531
Vasser 104,144,178,329
Vawter(s) 391,635
Vickery 539

Walker 1030
Wanslow 76
Ward 674
Warren 640
Watson 1035
Weston 19
White 27,992
Wiley 114
Wilhite 120,139,234,986,
   1014
Wilkerson 1118
Williams 291
Williford 712
Wood 988

Yeargin 432
Young 760,782

1860 Elbert County:

Adams 415,570
Akerman 811
Alexander 22,376.773
Almond 401
Allen 21
Allgood 250,903
Andrews 299,303
Anthony 815
Ashworth 593,646,870

Bailey 72,875
Beasley 208,475
Bell 803
Bird 196
Blackwell 872
Bond 305,488
Bradbury 822
Bradford 158
Bradley 515
Brag 689
Branscomb 264
Brawner 709
Brewer 143
Brown 5
Buffington 403,452,643
Bullard 162
Burch 16,50,895
Busbee 750
Butler 305,843

Carlton 87
Carter 394
Cash 631
Cavendish 527
Christian 65
Clark 5,26,162,870
Cohen 36,37,156
Coker 436,456,466,677
Colson 22
Colwell 186
Cook 902
Cosby 162
Craft 651
Crony 204

Daniels 308
Deadwyler 293
Deerberg 888
Dennard 852,865
Dickerson 572

Dixon 262
Downer 245
Dye 161

Eaves 63,903
Eberhardt 20,193,342,669
Edwards 16,60,282
Elders 33
Elliott 165,411
Erwin 266
Evans 252

Finstin 37
Fleming 190
Fortson 907
Franklin 162

Gaines 106,905
Galloway 283
Gray 157,232,875
Guess 50
Gulley 86,368

Hall 528,862
Harben 43
Hamm 134
Harper 231
Harris 202,442
Harston 460
Henry 853,869
Herndon 391
Hickman 886
Highsmith 521
Hill 870
Hubbard 337
Hudson 133,167,205
Hulme 409,414,882

Johnson 259,440,533,899
Jones 103,166,255,305,876
Kerby 566
Kerlin 159
King 431,448,554
Kirkpatrick 703

Lively 498
Lofton 16
Lovett 33
Lunsford 354

McCarty 902
McClenden 567
McCoy 907
McCurry 905
McDaniel 525
McGee 624
Madden 667
Marcus 43
Marsh 443
Martin 63
Mason 735
Maxwell 74,765,907
Milwee 60
Mize 486
Moore 500
Morrison 875
Motes 20
Nash 143,180,446
Nelms 481,506
Nunnelee 283

Oglesby 191,337,783,849

Page 760
Patterson 527
Payton 362
Pearson 529
Penn 135
Perry 303
Perryman 63,377,410,415
Prather 205,441,461
Pruitt 243
Pulliam 70,258,559,813

Ramsey 24,61
Ridgeway 325
Roberts 72
Rogers 124
Rosenthal 68
Rowzee 61,71

Sanders 331
Saxon 253
Scanler 436
Scott 422
Seymour 734,843
Sharp 902
Shoats 130
Smith 33,203,842,859,911
Sorrow 503
Stalnaker 872
Steele 42
Stephens 131
Stovall 120
Stone 143
Stowers 631
Stratton 666

Tait 903
Tate 831
Teasley 554
Teber 527
Terrell 809
Terry 662
Thompson 249,465
Thornton 121,870
Threlkeld 760
Tibbitts 86
Tucker 27,381,480,736
Turner 249

Vasser 312,520,731

Walseman 44
Wansley 665
Ward 907
Weston 21
Wheelis 859
White 418,520
Whitfield 111
Whitney 851
Wiley 572
Wilhite 312
Williams 2,31
Willingham 746
Willis 66
Wooten 152
Wyche 6

Yarborough 32
Young 859

1850 Wilkes County, Georgia

Adams 511
Agee 306
Albridge 217
Anderson 201
Andrews 441
Armor 517
Arnett 107
Ashmore 82
Aycock 66,343,420

Banks 712
Barnett 415,675,694
Beamans 7
Belcher 117,693
Bell 111,688
Bentley 79
Berry 216
Binns 35,373,420
Blackburn 478
Bolton 407
Bottom 632
Bowdrie 688
Bradford 34

1850 Wilkes Co. cont'd:

Bramlett 248
Brock 535
Brooks 571
Brown 201
Bryant 145
Buchanan 107
Bunch 156
Burdett 710

Caldwell 159
Callaway 92,402,469,471
Callighan 732
Carrington 714
Charlton 121
Coats 4
Coleman 128
Collins 145
Combs 213,544
Cooper 537
Cosby 555
Cox 266,573
Crew 602
Cullen 81

Dallas 143
Dearing 700
Dowdy 145
Downer 216
Dupriest 237
Dye 629

Echols 278
Edgar 251
Edwards 647
Ellington 435
Embry 141
Ephraim 691

Favor 624
Farmer 205
Florence 147
Fouche 125
Frasier 625
Freeman 30

Gaines 419
Gideon 717
Gillespie 457
Goldman 577
Graham 154
Gresham 311,475,486
Grey 119
Griffin 464

Hackney 117
Hamilton 572
Hammock 245
Hammond 152
Hancock 385,645
Hardy 195
Harris 166
Hayes 729
Heard 154
Hemphill 717
Henderson 257,406
Hewell 230
Hillyard 263
Hinton 154
Hubbard 64

Irvin 675

Jackson 76,210,591,611,658
Jennings 242
Johnson 192,472
Jones 64,88,431,504,665

Keeling 311
Kendrick 449
Kirkland 124

Lane 155,357
Laws 30
Little 115,277,686
Lowe 156

Mallory 216
Marler 95
Mathews 585
Maxwell 434
Mines 692
Mono 691
Moore 718
Moss 419
Mulligan 537,602
Murphy 482,532

McGuill 533
McKinney 220

Nelms 160,248
Newman 415
Nichols 487
Norman 82,200,217,367

Orr 626

Paradise 495
Parker 212
Partridge 399
Petrie 718
Pettus 703
Pinkston 111
Pool 217
Pope 698
Poss 206
Powell 519
Prather 113
Pratt 265
Psalmond 157,646,733

Rakestraw 647
Randall 645
Rhodes 65,580
Richard 570
Roberts 251
Russell 260

Sales 224
Scott 161
Semmes 675
Short 508
Simpson 585
Sims 602
Smallwood 115
Smith 57,80,602
Staples 73
Stephens 268
Stewart 158,213,524
Stone 406
Strawn 9,597
Strother 220,506

Tankersley 481
Tate 664
Taylor 718
Terrell 650
Triplett 624
Truitt 49,482,717
Turner 660

Vickers 554

Walker 212,376,418
Walton 139,201,679
Ward 717
Weems 658,675
Wells 432
Wheeler 154
Williams 78
Willis 51
Wingfield 645
Winslow 718
Wigginton 159

Woodall 282
Wootten 529
Worthen 597
Wylie 645
Wynn 220,718